SEXOMONARCHIE

Henri de Romèges

SEXOMONARCHIE

Ces obsédés qui gouvernaient la France

Michel Lafon

11-13, boulevard Paul-Émile-Victor – Île de la Jatte
92521 Neuilly-sur-Seine Cedex

www.michel-lafon.com

AVERTISSEMENT

La chronique galante des rois de France a donné lieu à une littérature plus qu'abondante : des milliers d'opuscules, de brochures, de journaux, de souvenirs, de mémoires, d'études, de livres…

Disons-le tout de suite : on y trouve tout et son contraire. Des faits parfaitement avérés comme des événements totalement fictifs. La tentation était grande, pour un certain nombre de journalistes et de polygraphes, d'exploiter ce filon croustillant. Du coup, ils n'ont pas hésité à en rajouter.

Il est vrai qu'on ne prête qu'aux riches et que la matière était abondante. Mais tout historien qui se respecte doit démêler le vrai du faux, comme, en sens inverse, combler les trous, les omissions et les réserves. Il doit naviguer entre l'excessive pudibonderie de certains universitaires – qui ont souvent tendance à faire l'impasse sur tel aspect peu reluisant de leur héros – et l'imagination débridée d'auteurs guidés par le goût du sensationnel ou la malveillance pure et simple. Il doit écarter les libelles, se méfier des mémoires apocryphes, prendre avec des pincettes des témoignages de deuxième ou troisième main, faire la part des préventions de chacun, et recouper,

recouper sans cesse. Dès qu'il y a un doute sérieux, tel ou tel comportement, telle ou telle anecdote doivent être écartés. Et quand il y a contradiction ou divergence entre spécialistes, elles doivent être scrupuleusement rapportées.

Certains auteurs affirment par exemple, et sans l'ombre d'un doute, que la reine Margot, la première femme d'Henri IV, a été la maîtresse de ses trois frères : Charles IX, Henri III et le duc d'Alençon ; d'autres que ce n'est que pure calomnie ; d'autres enfin, qu'elle n'a couché qu'avec un seul des trois, ou bien avec deux… Sur le cardinal Dubois, Premier ministre pendant la Régence, les opinions sont tout aussi tranchées : pour les uns, c'était un fieffé coquin, coureur de ribaudes, pourvoyeur de filles pour son maître le duc d'Orléans, participant régulier des orgies que celui-ci organisait dans ses différentes demeures ; pour les autres, c'est absolument impensable… Qui dit vrai ? D'autant que les auteurs ont souvent de pompeux titres universitaires à faire valoir, et des sources tout aussi impressionnantes…

Ce travail de sélection a conduit à ne retenir ici que ce qu'il y a d'avéré. Il n'y a pas de place pour les ragots et les calomnies manifestes. D'ailleurs, si l'on devait prendre pour argent comptant tout ce qui a été écrit, le propos perdrait en vraisemblance, donc en force. Trop, c'est trop. Les personnages deviendraient des pantins obscènes, sans autre épaisseur que celle de leur sexe. Or, ils étaient bien autre chose…

AVANT-GOÛT…

Pendant près de quatre siècles, la France a été gouvernée par des obsédés sexuels, souvent doublés de dépravés.

Qu'il s'agisse des Valois au XVIe siècle, des Bourbons aux XVIIe et XVIIIe ou des Bonaparte au XIXe, le constat est le même : un coït ininterrompu. Un bal d'adultères, de partouzards, de bisexuels, d'échangistes, de satyres, de violeurs, d'incestueux et de pédophiles. Sur les onze souverains (en incluant le Régent) qui occupèrent le trône de France entre Henri IV (1589) et Napoléon III (1870), seuls trois – Louis XIII, Louis XVI et Louis-Philippe – étaient des hommes à peu près « normaux » de ce point de vue[1]. Tous les autres n'ont cessé, d'un bout à l'autre de leur règne, de se vautrer dans le sexe – le plus chaste étant Napoléon Ier, qui a quand même eu

1. On a délibérément passé sous silence Louis XVIII et Charles X. Le premier, obèse et goutteux, a été quasiment impuissant toute sa vie. Le second, qui fut un coureur patenté pendant la première partie de son existence, s'est ensuite confit en dévotion, fidèle jusqu'au bout à sa vieille maîtresse. Sa personnalité, très fade, ainsi que son court règne, simple intermède, ne méritent guère qu'on s'y attarde.

une soixantaine de maîtresses... Tous les autres, et aussi quasiment toute leur famille, ainsi que leur proche entourage.

L'histoire de la monarchie française est à cet égard une longue chronique sexuelle. Sexuelle, plus encore qu'érotique, car pour qu'il y ait de l'érotisme il faut un peu d'amour, et d'amour, il n'y en eut guère – ou fort peu. C'était plus affaire de consommation que de sentiment.

À côté des turpitudes de nos rois, les aventures de nos princes républicains contemporains font figure d'aimables fredaines. Par rapport aux pratiques de leurs lointains prédécesseurs, ce sont des enfants de chœur.

Comment expliquer cette frénésie ?

Personne, ou presque, pour les réprimander

Écartons tout de suite la rengaine bien connue : « Tous les hommes de pouvoir sont des obsédés ! » Il faudrait déjà la nuancer, et distinguer la politique des autres formes de pouvoirs – économique, financier, culturel, médiatique, etc. Les chefs d'entreprise, par exemple, et tous ceux qui sont fascinés par l'argent, sont rarement dans ce cas : leur obsession est ailleurs. Harpagon est totalement indifférent au sexe. La politique, en revanche, est au départ affaire de séduction, et celle-ci est l'antichambre des plaisirs.

En outre, s'il est vrai que beaucoup d'hommes politiques – hier comme aujourd'hui – ont une hyperactivité sexuelle, celle-ci tient essentiellement à trois facteurs. D'abord à l'énergie hors du commun qu'exige leur activité. Le rythme de la vie politique est épuisant : tous ceux qui ont approché de près ceux qui s'y consacrent ont été frappés par la passion qui les anime, leur dynamisme exceptionnel, leur résistance à toute épreuve. Il n'est donc pas très étonnant qu'ils soient, dans le domaine du sexe comme dans d'autres, des forces de la nature. Ensuite, la conquête du pouvoir est une excitation permanente, donc un aphrodisiaque puissant. Enfin, la notoriété qui l'accompagne attire les femmes – et les hommes – comme un fanal les lucioles.

Pourtant, chez nos monarques – à part ce dernier trait commun –, point de nature prédisposée, et point de conquête, le pouvoir leur étant le plus souvent dévolu par le simple jeu de la succession. Il faut donc chercher d'autres explications.

La première, c'est l'ennui. Tous ces hommes et ces femmes (hormis Napoléon) ont été placés sur le trône, ou sur ses marches, par le hasard de la naissance. Rien, dans leur caractère, ne les prédisposait à exercer le pouvoir, encore moins un pouvoir absolu.

Rares sont les hommes faits pour être rois. Il faut un tempérament bien particulier. Et rien, dans l'éducation de nos monarques, souvent approximative quand elle n'était pas bâclée, ne les avait préparés à cet exercice particulièrement ardu. Les princes étaient mal élevés, c'est une constante de l'histoire – même s'ils avaient parfois des précepteurs fameux, comme Bossuet ou Fénelon. Convaincus de la supériorité naturelle de leur race, confiants dans la solidité du système héréditaire, leurs géniteurs négligeaient leur apprentissage.

Personne, enfin, dans leur entourage, n'osait leur dire leurs quatre vérités. Il arrivait qu'ils choisissent des collaborateurs compétents (Sully, Richelieu, Colbert, Turgot...), mais ceux-ci étaient soumis au bon plaisir du prince et révocables quand bon lui semblait. Et dans leur sphère privée, le sujet était tabou : seuls leurs mères ou leurs confesseurs osaient les admonester – ces derniers toutefois avec prudence –, mais il était rare qu'ils les écoutent. La plupart du temps, ils étaient livrés à eux-mêmes.

Ils ont dû accepter une charge écrasante, une contrainte quotidienne, qui, neuf fois sur dix, contrariait une nature faite pour la chasse, l'architecture, la poésie, la botanique, la serrurerie, les voyages, ou les joies simples d'une vie ordinaire. Joies qui leur étaient interdites, car leur fonction, précisément, n'était pas ordinaire. Il fallait bien trouver des distractions, des compensations aux obligations de leur rang, et la plus facile, celle qui s'offrait en permanence, c'était le sexe. L'obséquiosité et la dévotion qui les entouraient étaient telles qu'ils n'avaient qu'à se baisser. Un seul regard du roi, et l'objet du désir – quel que fût son sexe – se livrait à ses moindres caprices.

Ce faisant, les souverains ont allègrement foulé aux pieds les règles de bienséance de leur temps. Les mœurs avaient beau être, à certaines époques, plutôt permissives – notamment sous la Renaissance et au XVIIIe siècle libertin –, les affaires du sexe avaient beau être plus « naturelles » qu'aujourd'hui et moins encombrées de morale, il y avait quand même des codes, des choses autorisées et d'autres non, des pratiques tolérées et d'autres réprouvées, voire interdites. Quelques époques furent même très sourcilleuses sur ce chapitre : le XVIIe siècle, le Premier Empire, et tout le XIXe siècle, de pudeur bourgeoise.

Du XVIe au XVIIIe siècle, en effet, l'Église et la monarchie n'ont cessé de combattre la sexualité extraconjugale. « Les concubins, lit-on dans le *Dictionnaire de l'Ancien Régime*, qui étaient nombreux dans tous les milieux au Moyen Âge, ont été systématiquement dénoncés en chaire, et excommuniés jusqu'à ce qu'ils se séparent. » Cette politique a rencontré un réel succès : au XVIe siècle à Nantes, par exemple, 50 % des naissances illégitimes (conçues hors mariage) étaient le fruit d'une union stable ; il n'y en avait plus que 2,5 % à la fin du XVIIIe.

Le siècle de Louis XIV, notamment, fut particulièrement vertueux. Les naissances illégitimes devinrent extrêmement rares : à peine 1 %, niveau exceptionnellement bas. Au moins 80 % des jeunes filles non mariées étaient globalement chastes. À cette époque, on ne badine pas avec l'amour.

Quant aux pratiques sexuelles, elles étaient elles aussi soumises à un code des plus sévères. L'homosexualité (comme la sodomie, le « vice ultramontain ») était une pratique réprouvée : ses adeptes encouraient le bannissement, la prison et l'excommunication. On la rencontrait surtout chez les hommes privés de femmes (soldats, prisonniers, marins, galériens), mais aussi, et à foison… chez les grands seigneurs de la cour[1] !

Au moment même où les souverains faisaient preuve à titre personnel d'une sexualité débridée, et souvent

1. Toutes ces études et statistiques sont tirées de Lucien Bély (dir.), *Dictionnaire de l'Ancien Régime*, Paris, Presses universitaires de France, 1996, et de François Bluche (dir.), *Dictionnaire du Grand Siècle*, Paris, Fayard, 2005.

dévoyée, ils imposaient à leurs sujets une conduite irréprochable. En 1560, en pleine époque des Valois, réputés pour leur vie licencieuse, François II prit une ordonnance qui interdisait purement et simplement la prostitution – en raison de la progression inquiétante de la syphilis –, tandis que la cour était le théâtre d'épisodes plus que scabreux. En 1658, Louis XIV ordonna d'emprisonner à la Salpêtrière les femmes coupables de prostitution, de fornication et d'adultère, alors que lui-même ne cessait d'entretenir des relations avec des femmes mariées. Deux siècles plus tard, le Second Empire s'érigera constamment en gardien de la morale publique, poursuivant Flaubert (*Madame Bovary*), et faisant condamner Baudelaire (*Les Fleurs du mal*) pour obscénité, alors que Napoléon III était, de longue date, un grand consommateur de prostituées et un habitué de parties fines...

On pourrait penser que ce libertinage à contre-courant était celui d'un ordre – la noblesse –, qui jouissait déjà d'énormes privilèges (notamment fiscaux) et avait une tendance naturelle à s'affranchir des règles applicables au commun des mortels. Il n'en n'est rien : dans le domaine sexuel, la plupart des représentants de cet ordre avaient une vie plutôt rangée. Le hobereau de province, s'il lui arrivait de faire quelques entorses à la morale en vigueur et de s'amuser dans sa jeunesse avec des filles de paysans, retrouvait vite le droit chemin une fois marié.

L'immense majorité des contemporains de Louis XIV, de Louis XV ou de Napoléon III ne se roulaient donc pas dans le stupre : la décence la plus élémentaire, l'Église ou la morale bourgeoise veillaient.

S'il fallait enfin une ultime preuve de l'anomalie de la conduite des princes et de leur entourage par rapport aux mœurs de leur temps, elle nous est apportée par les intéressés eux-mêmes. Henri III, Louis XIV et Louis XV sont régulièrement la proie d'épouvantables remords. Ils ont bien conscience de transgresser non seulement la morale commune, mais aussi les lois naturelles et, plus encore, les préceptes de l'Église, qui, pour eux comme pour leurs contemporains, sont l'expression des commandements divins. Ils connaîtront tout au long de leur vie – et pas uniquement dans la vieillesse ou à l'approche de la mort – de terribles angoisses qui leur vaudront bien des nuits blanches et déboucheront parfois sur de véritables crises mystiques. Ils ont une peur panique d'être condamnés sans appel et de rôtir en enfer. Perspective dont leurs confesseurs, les prêtres et les prélats qui les entourent – et parfois le pape lui-même – ne cessent de les menacer. « Reprenez-vous, Sire, ou vous serez damné dans la vie éternelle ! » Tel est le péril qui les poursuit sans relâche. Ils font alors acte de contrition, exilent leur favorite du moment et promettent solennellement de rentrer dans le droit chemin. Sur le coup, ils sont sincères. Mais ils retombent très vite dans leurs habitudes…

Une caste hors du monde

Ce mépris de la bienséance était contagieux. Ce qui frappe, c'est à quel point leur entourage était aussi dépravé qu'eux. Il est vrai que l'exemple venait de haut et que, pour les parents du monarque, soigneusement écartés du pouvoir et cantonnés dans des rôles de pure représentation, la tentation était encore plus grande. L'oisiveté est la mère de tous les vices, dit l'adage. Ces altesses inutiles – frères, sœurs, enfants, cousins, neveux, etc. – se livraient à la débauche autant que leur souverain. L'exemple des Valois et des Bourbons est à cet égard édifiant : c'est un concours d'adultères et d'orgies. Citons un seul exemple – entre mille –, celui d'Henri II de Guise, le petit-fils du Balafré, au XVIIe siècle : archevêque de Reims à quinze ans, il entretient à vingt ans une liaison avec ses deux cousines, Bénédicte et Anne-Marie de Gonzague ; la première est abbesse d'Avenet, la seconde cloîtrée dans le même monastère. Cet homme d'Église qui ne croit en rien revêt l'une de ses maîtresses d'un habit de chanoine avant de la trousser ; en visite dans un couvent dirigé par sa sœur, il saute sur deux nonnes. « Dieu est trop honnête pour craindre d'être cocu ! » répond-il à ceux qui lui reprochent de s'en prendre aux « épouses de Jésus-Christ ».

Les familiers des monarques ne sont pas en reste. Courtisans, favoris, ministres et même les domestiques rivalisent d'imagination. La cour, avant même qu'elle soit organisée et codifiée par Louis XIV, a toujours été un lupanar. Tout le monde couchait avec tout le monde. La monarchie n'était pas à l'unisson du peuple : c'était un repaire de princes et de seigneurs vivant à l'écart, dans ce domaine comme dans bien d'autres. Une caste à part.

Cet affranchissement des règles communes tenait aussi à l'ordre social en vigueur. De même que les rois et les princes sont imbus de leur rang, la haute noblesse, surtout à partir des Valois, l'est tout autant du sien.

Toute la haute noblesse, non seulement les familles « d'extraction chevaleresque » comme on disait – c'est-à-dire la vieille noblesse d'épée – mais aussi les familles de la grande bourgeoisie récemment anoblies par l'achat de charges – la noblesse de robe –, adopte très vite la mentalité de l'ancienne aristocratie dont elle vient grossir les rangs. Ces bourgeois s'étaient pourtant élevés par le travail et le mérite, mais leur évolution illustre parfaitement le mot de Chateaubriand : « L'aristocratie commence dans les honneurs, se poursuit dans les privilèges, et finit dans les vanités. »

Le gratin des deux premiers ordres (le clergé et la noblesse) considère de bonne foi qu'ils forment une caste d'exception face à un tiers état (90 % de la population) essentiellement composé de paysans. À eux donc le pouvoir – tous les pouvoirs –, les emplois, les offices, les prébendes. Le népotisme – le meilleur moyen qu'on ait jamais trouvé pour confisquer le pouvoir – atteint alors des sommets. Quelques familles vont, de père en fils, monopoliser les plus hautes fonctions – comme les Colbert, les d'Argenson ou les Phélypeaux. Cette dernière dynastie occupera pendant deux siècles, sans interruption, des postes au sommet de l'État – secrétaires et ministre d'État.

Ce n'est pas qu'ils se croient tout permis : tout leur est *effectivement* permis. Leur suffisance, qui nous paraît aujourd'hui insupportable, est autant le fruit de l'organisation de la société qu'une manifestation de leur nature. Tout leur est dû. Comment s'étonner, dans ces conditions, qu'ils agissent à leur guise dans leur vie privée et envoient promener les conventions ?

Leur sexualité était souvent double, « à poil et à plume » comme on disait au XVIIe siècle – c'est-à-dire à voile et à vapeur. Comme à l'époque des Romains. On sait que César, par exemple, était bisexuel. Un grand nombre de Valois et de Bourbons étaient des homosexuels patentés, ce qui ne les empêchait pas de faire de nombreux enfants – à leurs épouses légitimes comme à leurs maîtresses. Quant aux amours saphiques, elles n'étaient pas rares : la princesse de Monaco (qui fut la maîtresse passagère de Louis XIV), les comtesses de Frontenac et de Fiesque – pour ne citer qu'elles – étaient connues pour ce goût et ne s'en cachaient pas.

Les conventions du mariage, à commencer par la première d'entre elles, la fidélité conjugale, n'entraient pas en ligne de compte, pas plus chez les femmes que chez les hommes, puisque les unions n'étaient que de convenance, contractées pour des raisons politiques (des alliances), financières (des dots) ou sociales (rester dans son milieu) – et souvent même les trois. Il arrivait qu'il y eût de l'estime entre époux, très rarement de l'amour. Dès lors, l'infidélité était largement tolérée de part et d'autre – plus pour les hommes, il est vrai, que pour leurs épouses, essentiellement pour des questions de convenance. D'où la résignation des femmes trompées et la complaisance des maris cocus, surtout quand ils devaient ce statut au roi.

À force de forniquer, ils en étaient venus à considérer le sexe comme la chose la plus banale du monde. Ils ne se cachaient guère et ne faisaient pas montre d'une pudeur excessive. Comme ils s'y livraient eux-mêmes, les débordements en tout genre de leurs familiers n'influençaient en rien leur jugement sur les hommes, leurs projets matrimoniaux, encore moins leurs décisions politiques. On n'a jamais vu un prince écarter quelqu'un pour inconduite dans ce domaine : la morale et le sexe étaient totalement déconnectés.

L'amour et le sexe aussi. On a vu des rois et des princes se languir pour des femmes – ou des hommes –, dévorés par la passion la plus élevée, la plus chaste, souffrir pour l'élu(e) de leur cœur et continuer cependant à mener une vie dissolue. Ils envoyaient des billets doux à leur dulcinée à midi et en troussaient une autre à minuit.

*
**

Les historiens ne font pas l'impasse sur le sujet ; la plupart des biographes rendent compte des mœurs, pour le moins baroques, de ces princes, sans fausse pudeur, n'hésitant même pas, parfois, à donner quelques détails croustillants pour pimenter leur récit. Mais la question n'est jamais traitée en tant que telle : elle est abordée au détour de chapitres sur la vie privée, la cour, les arts, l'argent, la diplomatie, la religion, le système social, la guerre ou la politique. On l'évoque à telle ou telle page, le lecteur s'indigne ou sourit, mais cet éparpillement ne lui permet pas de prendre la mesure du phénomène. Celui-ci n'est jamais considéré, en somme, comme une dimension constitutive du pouvoir monarchique. Ce qu'il est pourtant.

De plus, ces biographes, tous épris de leur sujet, sont d'une constante indulgence envers ces dérèglements[1]. Henri IV était un violeur récidiviste ? Peut-être, mais quel bon prince il fut ! Le Régent était incestueux ? Oui, mais il a eu une enfance difficile... Louis XV était pédophile ? Allons, allons, on a beaucoup exagéré... Ils étaient tous vérolés au dernier degré ? Les pauvres, on savait si mal soigner en ce temps-là... Et puis, que voulez-vous, affirment-ils tous en chœur, c'étaient les mœurs de l'époque !

Un passe-temps ruineux

Au-delà du jugement que chacun est libre de porter, cette addiction ne fut pas sans conséquences financières et politiques. Passons sur le fait qu'elle empiétait largement sur le temps que les souverains étaient censés accorder aux affaires de l'État : on peut affirmer sans se tromper que la plupart de nos rois ont consacré bien plus d'heures à la galanterie – pour employer un euphémisme – qu'à la conduite des affaires.

Mais ils y ont aussi consacré des fortunes ! Les monarques n'ont cessé de doter grassement leurs maîtresses ou leurs amants, ainsi que toute la famille de ces

1. Même le vertueux François Bayrou, auteur d'une biographie d'Henri IV, trouve à son héros toutes les circonstances atténuantes. Quant à Jacques de Saint-Victor, dans un ouvrage fort bien documenté sur madame du Barry, il écrit que « si le roi vient se divertir avec des filles de quatorze, quinze ans, parfois même plus jeunes, ce n'est pas pour satisfaire un goût pédophile, mais pour prévenir tout danger vénérien »...

derniers : parents, frères, enfants, oncles, neveux, cousins, sans oublier les obligés… Il n'était pas rare qu'Henri IV verse à sa maîtresse Gabrielle d'Estrées l'équivalent de plusieurs millions d'euros. Sully, son Premier ministre, ne cessera de s'alarmer des dépenses personnelles du roi. Il note dans ses Mémoires : « Je voyais avec un regret profond dissiper un argent qui aurait pu être si utilement employé. J'ai calculé ce qu'Henri dépensait ordinairement chaque année en bâtiments, pour son jeu, pour ses maîtresses, pour ses chiens de chasse, et j'ai trouvé qu'il n'en allait pas moins de douze cent mille écus [plus de 100 millions d'euros…], somme suffisante pour entretenir quinze mille hommes d'infanterie… »

Quant à Louis XIV, la liste de ses libéralités est impressionnante.

Une année, pour leurs seules étrennes, les deux enfants que Louise de La Vallière avait donnés au roi reçurent 300 000 livres (4,5 millions d'euros[1]). À la même époque, le total des pensions accordées aux artistes et écrivains atteint 118 000 livres, soit même pas la moitié.

Le Roi-Soleil ne s'en tient pas là. Il dépense 40 000 livres (600 000 euros) pour l'entretien des autres enfants qu'il a eus avec la marquise de Montespan. Dans le même temps, la troupe de Molière reçoit 1 000 livres (15 000 euros), et Racine 2 000 (30 000 euros). Louis XIV protecteur des arts et des lettres, certes, mais d'abord de ses multiples familles adultérines !

---

1. Pour les modalités de conversion d'écus, de livres et de francs en euros, voir la « Note sur la conversion des monnaies aux différentes époques » p. 73.

En 1668, il commande pour la Montespan la construction du château de Clagny, à Versailles, pour 2 millions de livres (30 millions d'euros). Ce château mobilisera plus de mille ouvriers. C'est 2 % du budget de l'État[1] ! Deux mille fois la somme accordée à Molière ! Il la couvrira régulièrement de bijoux, une fois pour 600 000 livres (9 millions d'euros).

En 1674, il offre à Françoise Scarron – qui n'était encore que la gouvernante des bâtards qu'il avait eus avec la Montespan avant de devenir marquise de Maintenon – une gratification de 100 000 livres (1,5 million d'euros), ce qui lui permet d'acheter le château dont elle portera le nom.

En 1680, en guise d'adieu à sa dernière favorite, Angélique de Fontanges, il lui octroie une pension de 20 000 écus (900 000 euros). La même année, lorsque sa fille adultérine Marie-Anne, dite « Mademoiselle de Blois », se marie avec le prince de Conti, il lui fait une dot royale : un million de livres (15 millions d'euros), plus une rente de 100 000 livres (1,5 million d'euros). Pour ses noces, il lui octroie 50 000 écus (plus de 2 millions d'euros), auxquels il ajoute 100 000 livres pour le trousseau (1,5 million d'euros).

Encore faut-il ajouter les innombrables gratifications, pensions, rentes, dotations, versées à la famille de ses favorites. La marquise de Montespan, notamment, était insatiable, contrairement à madame de Maintenon qui montra toujours, dans ce domaine comme dans d'autres,

1. Quand Colbert est aux affaires, le budget de l'État est de l'ordre de 100 millions de livres (ces chiffres sont tirés des ouvrages de Jean-Christian Petitfils, notamment de son *Louis XIV*, Paris, Perrin, 1995).

une certaine décence. La Montespan, elle, n'avait de cesse d'arracher au roi de l'argent et des places pour sa nombreuse parentèle. Elle fit nommer son père gouverneur de Paris et sa sœur abbesse de Fontevraud, obtint des régiments pour son frère, maria sa nièce et son neveu aux plus riches partis de France… La princesse de Soubise, une autre maîtresse de Louis XIV, fit nommer son frère cardinal, et son mari, un homme pourtant médiocre, lieutenant général, puis gouverneur…

Au total, sur toute la période de son très long règne (soixante-douze ans), le sexe a dû coûter à Louis XIV – c'est-à-dire à la France, les finances publiques n'étant pas vraiment dissociées de la cassette royale – des centaines de millions d'euros, engloutissant une part non négligeable du budget de l'État. Presque autant que le château de Versailles[1]…

Et si le Roi-Soleil était particulièrement généreux, tous les souverains ont agi de la sorte.

Louis XV, qui était pourtant près de ses sous, versait à sa dernière maîtresse, madame du Barry, 300 000 livres (3 millions d'euros) de pension mensuelle et lui offrit pour plus de 10 millions d'euros de bijoux. Au cours des cinq années qu'a duré son règne, elle a reçu près de 15 millions de livres, soit 150 millions d'euros. On sait,

1. Les bâtiments et les jardins de Versailles ont coûté 70 millions de livres, soit environ un milliard d'euros. Si l'on ajoute la machine de Marly, la dérivation de l'Eure, l'ameublement et les achats d'œuvres d'art, on arrive à un total de 1,5 milliard. C'est, chaque année pendant trente ans, 3 à 4 % du budget de l'État (d'après Jean-Christian Petitfils, *Versailles, la passion de Louis XIV*, Boulogne-Billancourt, Timée Éditions, 2005).

par un calcul précis[1], qu'elle engloutissait chaque année 10 % des dépenses de la maison du roi, soit 1 % du budget de l'État ! Par ailleurs, Louis XV dotait systématiquement ses « petites maîtresses » – avec qui il ne passait parfois qu'une heure – de 500 000 euros, plus une rente annuelle de 50 000 euros. Or, il en eut un nombre incalculable…

Napoléon III n'est pas en reste : il versera 5,5 millions de francs (60 millions d'euros) à sa maîtresse anglaise – qui, il est vrai, lui avait avancé de fortes sommes. Durant sa liaison avec la comtesse de Castiglione, qui n'était même pas la favorite en titre et qu'il trompait abondamment, il lui octroyait 4 millions d'euros par mois…

On comprend dès lors l'empressement des candidates et de leur famille : on se bousculait au portillon. On ne compte plus les rivalités féminines pour conquérir les sens du roi ou de l'empereur, les complots, les comédies, les faux-semblants, les calomnies, les pièges, les chausse-trappes, les « philtres d'amour » : un vrai nœud de vipères. Ni les intrigues pour mettre une fille ou une nièce dans le lit du monarque. Outre l'honneur, c'était la fortune assurée. Ce fut une bonne partie de l'occupation des milliers d'oisifs de la cour.

Car les amours royales étaient souvent vénales : le père d'Henriette d'Entragues, l'une des dernières passions d'Henri IV, négociera, en proxénète qui se respecte, la virginité de sa fille pour un château ainsi que les terres environnantes, plus 100 000 écus (près de 10 millions

1. Dans Jacques de Saint-Victor, *Madame du Barry. Un nom de scandale*, Paris, Perrin, 2002.

d'euros). Il demandera même un bâton de maréchal ! Et il sera loin d'être le seul à bénéficier des largesses royales. Un siècle et demi plus tard, quatre des cinq filles du marquis de Mailly-Nesle furent, quasiment en même temps, maîtresses de Louis XV : la famille, qui n'était déjà pas pauvre, en ressortit plus riche que jamais. Les exemples de ce type sont innombrables.

Les conséquences politiques ne furent quant à elles pas négligeables. Rares, il est vrai, furent les maîtresses royales qui eurent une grande influence sur la conduite des affaires. Mais lorsque c'était le cas, elle pouvait être déterminante. On n'en citera que deux : Gabrielle d'Estrées et la marquise de Pompadour. En 1598, la première fit tout pour convaincre Henri IV de signer l'édit de Nantes, qui accorda la liberté de culte aux protestants et mit fin à des décennies de guerres civiles. La seconde installa Bernis, puis Choiseul, le tout-puissant ministre de Louis XV, et ne cessa jamais d'appuyer leurs initiatives : à eux deux, Bernis et Choiseul réorientèrent la diplomatie française en se rapprochant de l'Autriche, l'ennemi héréditaire, et convainquirent Louis XV d'abandonner le premier empire colonial français.

Quelques gouttes de sang royal...

Une autre conséquence, plus insolite, des folies sexuelles de nos monarques est que chaque Français a de fortes chances d'avoir quelques gouttes de sang royal ou impérial dans les veines.

Il est impossible de compter avec précision le nombre d'enfants naturels issus des liaisons royales, qu'elles aient été passagères ou durables. Une seule certitude : ils sont légion.

Deux généalogistes érudits et réputés, Joseph Valynseele et Christophe Brun, ont consacré un ouvrage à la descendance des enfants illégitimes de Louis XV[1]. Après s'être livrés à une analyse pointilleuse et avoir écarté ceux pour lesquels subsiste le moindre doute, ils n'ont retenu que huit enfants naturels et recensé plus de cinq cents familles descendant d'eux aujourd'hui – donc directement du roi par la main gauche. C'est-à-dire, quand même, plusieurs milliers d'individus[2].

1. Christophe Brun et Joseph Valynseele, *Les Bâtards de Louis XV et leur descendance*, Paris, Perrin, 1992.

2. La généalogie obéit à la règle de base suivante : si l'on considère qu'un couple a en moyenne deux enfants par génération (trente ans), un homme (ou une femme) né en 1950 a deux enfants en 1980 et quatre petits-enfants en 2010. Son père, né en 1920, qui a eu également deux enfants, a quatre petits-enfants et huit arrière-petits-enfants. Le nombre théorique de descendants est égal à 2^n, n étant le nombre de générations.

On arrive très vite à des chiffres importants. Ainsi, un homme né autour de 1700 (dix générations), comme Louis XV, a théoriquement aujourd'hui mille descendants. Un homme né autour de 1600 (quatorze générations), comme Louis XIII, a seize mille descendants. Et un homme né autour de 1500 (dix-sept générations), comme François Ier, a cent trente mille descendants.

Cette loi est évidemment contrariée par la nature, sinon la Terre serait aujourd'hui peuplée de milliers de milliards d'hommes... À lui seul, Charlemagne aurait mille milliards de descendants ! La mortalité infantile – qui a été, jusqu'à une date récente, considérable –, les épidémies, les guerres, l'émigration et, surtout, l'union entre parents, même éloignés, font considérablement chuter cette moyenne. Au moins sur le long terme.

Leur estimation, aussi rigoureuse soit-elle, est certainement très en dessous de la réalité, tous les historiens en conviennent. Louis XV, en effet, a couché avec des centaines de femmes, peut-être mille, peut-être plus encore[1]. Nos généalogistes ne recensent que huit enfants naturels sûrs (d'autres évoquent le double…), parce que, les concernant, il y a des témoignages concordants, et parfois même des traces écrites. Mais huit enfants pour un homme qui, pendant quarante ans, a connu tant de femmes, c'est quand même étonnamment peu. Certes, elles ne sont pas toutes tombées enceintes. Certes encore, la mortalité infantile était à l'époque très élevée. Mais la pilule n'existait pas non plus…

En outre, pour Louis XV comme pour tous les autres souverains, beaucoup de naissances, surtout celles issues d'aventures hâtives avec des femmes de basse condition, étaient soigneusement cachées et rarement recensées. Quand elles n'étaient pas tout simplement ignorées des intéressés eux-mêmes. Une fille séduite une nuit, ou une heure, pouvait disparaître dans la nature et ne plus jamais donner signe de vie. Henri IV a-t-il su que la paysanne avec qui il avait passé quelques minutes dans une botte de foin, sur une route de France, avait mis au monde neuf mois plus tard un petit garçon ? Louis XIV a-t-il appris que la domestique qu'il avait troussée à la hâte, dans un recoin du château de Saint-Germain, avait dû quitter son emploi six mois plus tard parce qu'elle était grosse ? Louis XV a-t-il eu connaissance de toutes les naissances qui ont eu lieu après ses visites dans son

1. Voir chapitre 4.

bordel privé, où on lui réservait des jeunes filles vierges ? La réponse est clairement « non ».

Il est même arrivé à Louis XV, comme à Henri IV, à Louis XIV ou à Napoléon Ier, qui le raconte[1], de ne rien savoir de la femme qu'ils avaient brièvement tenue dans leurs bras : ni son identité, ni son origine, ni sa situation, ni ce qu'elle était devenue…

Admettons cependant la comptabilité concernant Louis XV : une dizaine d'enfants illégitimes seulement. Il ne s'agit pourtant là que d'un seul souverain. Depuis François Ier, ils sont une quinzaine à avoir occupé le trône de France. La plupart ont eu, eux aussi, de nombreux bâtards. On en dénombre officiellement une quinzaine (connus) pour Henri IV, autant pour Louis XIV, une dizaine pour Napoléon III.

Mais surtout, ils avaient tous des frères, des fils, des cousins, des neveux, qui ont, comme eux, collectionné les aventures et les maîtresses. Sur près de quatre siècles (1500-1870), cette population de princes de sang royal ou impérial qui ont mené la belle vie se chiffre à plusieurs centaines de personnes. Ils ont eu, en tout, des milliers d'enfants illégitimes. Ce sont donc des centaines de milliers de familles – et donc des millions d'individus – qui ont aujourd'hui du sang royal ou impérial dans les veines…

Ces individus appartiennent à toutes les couches de la société, de la plus haute à la plus modeste. En effet,

1. Voir chapitre 5.

les rois et les princes n'étaient pas regardants sur l'origine sociale de leurs passades, voire de leurs favorites en titre : le fils aîné de Louis XIV, qui aurait dû être roi si la mort ne l'avait emporté avant son père, vécut avec des comédiennes ; la comtesse du Barry, maîtresse de Louis XV, née Jeanne Bécu, était la fille d'une domestique ; la compagne du prince de Condé était une ancienne prostituée ; Napoléon III, avant d'être empereur, vécut avec une lingère dont il eut deux enfants…

Tous ont troussé allègrement beaucoup de filles du peuple ou de la petite bourgeoisie, sans se soucier de leur origine. Les enfants qui furent issus de ces brèves rencontres, illégitimes et non reconnus – ce qui est le cas de la plupart d'entre eux –, n'étaient pas toujours au courant de leur filiation : on en a beaucoup d'exemples. Ils furent élevés dans le milieu où ils étaient nés : ce pouvait être une ferme, une boutique ou un château… Il y a trente ou quarante ans, l'historien André Castelot dénicha une descendante directe de Louis XIV qui était… femme de ménage.

Et qui sait ? Cette femme de ménage pouvait très bien descendre d'une marquise ou d'une comtesse, qui avait confié le fruit de son amour clandestin à une modeste famille d'adoption. Car même quand ces enfants étaient issus de « femmes de condition » – comme on disait à l'époque –, ils restaient des bâtards, dans une société qui ne plaisantait pas avec la naissance, même au plus haut niveau : la princesse Palatine, mère du Régent, fut outrée du mariage de son fils, le duc d'Orléans, avec une fille adultérine de Louis XIV[1].

1. Voir chapitre 3.

Les bâtards n'étaient pas admis dans le milieu dont ils étaient issus et pouvaient déchoir très vite. L'un des deux fils naturels de Napoléon Ier, Charles Léon, qu'il avait pourtant eu avec une femme de bonne famille, dégringola rapidement dans l'échelle sociale : joueur, viveur, arnaqueur, il fit de la prison pour dettes, se maria avec une couturière et mourut dans la misère. Son petit-fils, qui épousa une modiste, était, en 1950, contrôleur d'autobus. Trois générations seulement le séparaient de l'Empereur…

— 1 —

HENRI IV

REPÈRES

13 décembre 1553. Naissance à Pau. Fils d'Antoine de Bourbon, d'une branche cadette des Capétiens, et de la protestante Jeanne d'Albret, reine de Navarre.

1561. Son père l'emmène vivre à la cour du roi de France, Charles IX.

1570. Combat pour la première fois à la bataille d'Arnay-le-Duc. Désormais, l'essentiel de son existence va se passer sur des champs de bataille, dans les guerres qui opposent catholiques et protestants.

1572. Devient roi de Navarre. Est marié à Marguerite de Valois, sœur de Charles IX, dans une tentative de réconciliation des deux religions. Épargné lors du massacre de la Saint-Barthélemy, mais doit se convertir au catholicisme.

1576. S'enfuit de Paris pour se réfugier dans ses États de Navarre. Abjure le catholicisme.

BIOGRAPHIQUES

1589. Mort d'Henri III. Il devient officiellement le nouveau roi de France. Mais les catholiques ne le reconnaissent pas pour roi.

1593. Se convertit de nouveau à la religion catholique.

1594. Entre enfin dans Paris, après cinq années de lutte.

1595. Déclare la guerre à l'Espagne, qui ne cesse et ne cessera de fomenter des complots pour mettre un autre souverain sur le trône de France.

1598. Signe l'édit de Nantes, qui accorde la liberté de culte aux protestants.

1600. Épouse la très riche Marie de Médicis, dont la fortune va aider à rétablir les finances du royaume.

14 mai 1610. Assassinat par François Ravaillac.

Vendredi 14 mai 1610, 16 heures

Il fait un temps radieux. Henri IV est sorti du Louvre en carrosse avec quelques-uns de ses proches. Derrière suivent des gentilshommes à cheval et des valets de pied, mais le roi a refusé toute escorte. À Vitry, au capitaine des gardes du corps de service qui lui faisait valoir que les rues étaient dangereuses et insistait pour l'accompagner, il a répondu : « Il y a plus de cinquante ans que je me garde tout seul ! » Et c'est vrai : il aime depuis toujours se promener seul dans Paris, ou juste accompagné de quelques amis.

Il a dit à la reine qu'il voulait aller voir Sully, son Premier ministre, qui est malade, et qu'il en avait pour une heure. En ce moment, les deux époux s'entendent bien ; la veille, Marie de Médicis a été couronnée reine de France dans l'abbaye de Saint-Denis et elle est toujours sous l'empire de cette cérémonie fastueuse.

Henri est de bonne humeur. Il s'apprête à envahir les Pays-Bas espagnols. La date de départ est fixée au 16 mai, dans deux jours. Trois armées, comptant près de trois cent mille hommes, sont sur le pied de guerre. C'est la plus grande concentration militaire en Europe depuis les croisades ! Le matin même, un officier de renseignement lui a donné des nouvelles très encourageantes, lui assurant que la population n'attendait que lui et qu'on criait partout « Vive la France ! ».

Pourquoi cette guerre ? Pour les beaux yeux de Charlotte de Montmorency, une ravissante blonde dont il s'est follement épris l'année précédente, quoiqu'elle ait plus de quarante ans de moins que lui, qui en a cinquante-six… Pour l'avoir sous la main, le roi lui a fait épouser son neveu, le très fade prince de Condé, dont on murmure qu'il est en réalité son fils… Mais le jeune marié est jaloux et, las d'être cocu, il s'est enfui avec sa femme à Bruxelles.

Depuis des mois, Henri est obsédé par l'idée de la retrouver, de l'installer définitivement à la cour, de l'épouser s'il le faut, quitte à répudier Marie de Médicis. Ce ne serait pas la première fois qu'il envisagerait d'épouser une maîtresse : à toutes, ou presque, il promettait le mariage.

Il n'y a pas trente-six façons d'agir : il assiégera Bruxelles et délivrera sa belle !

Il a mal dormi et, après avoir vaqué aux occupations d'une journée ordinaire, a eu envie de prendre l'air.

« Où va-t-on ? demande le cocher. – Sors-nous déjà d'ici… », répond le roi.

Sully habite à l'Arsenal. Mais le carrosse ne prend pas le chemin le plus direct. À plusieurs reprises, le cocher demandera quelle direction emprunter, comme si le roi avait changé d'avis ou bien voulait faire un détour. Au croisement de la rue Saint-Honoré et de la rue de l'Arbre-Sec, Henri IV donne l'ordre d'aller vers le cimetière Saint-Jean. Il a deux idées en tête : en profiter pour admirer les arcs de triomphe qui ont été érigés rue Saint-Denis en prévision de l'entrée solennelle de la reine à Paris et… rendre visite, peut-être, à la petite Diane Paulet, une jolie rousse surnommée « la Lionne » qu'il a poursuivie de ses assiduités. Si elle lui ouvre les bras, il ne dira pas non à cette fleur capiteuse de dix-sept ans, mais il veut aussi lui demander de prendre en main « l'éducation » de l'un de ses fils naturels, le jeune duc de Vendôme, dont l'homosexualité le contrarie. Si elle accepte, sa fortune est faite.

Le carrosse s'engage dans la rue de la Ferronnerie, étroit boyau déjà encombré, où deux charrettes, l'une chargée de foin, l'autre de barriques de vin, ne parviennent pas à se croiser. Un embouteillage se forme.

Henri est à la fenêtre gauche, dont il a fait relever les rideaux de cuir, absorbé par une conversation qui tourne précisément autour des préparatifs de guerre. C'est alors qu'un homme, que personne n'a vu venir, montant sur une borne voisine ou sur le marchepied, se penche dans l'habitacle et frappe brutalement le roi de trois coups de couteau. Le premier le blesse entre deux côtes ; le deuxième transperce le poumon gauche et atteint l'aorte ; le troisième se perd dans la manche du voisin d'Henri. « Ce n'est rien, ce n'est rien… », balbutie Henri IV, avant de s'effondrer, un flot de sang dans la bouche.

On rentre au Louvre dans la précipitation. On transporte le roi dans le petit cabinet de la reine, où accourt un médecin. Mais Henri, le teint cireux, la chemise ensanglantée, est déjà mort.

Ravaillac a-t-il agi seul ? De nombreux auteurs – dont récemment Jean-Christian Petitfils, historien qui fait autorité – se sont penchés sur la question. D'innombrables thèses ont été élaborées. Mais ce ne sont que des hypothèses : aujourd'hui encore, on n'a aucune certitude. La seule chose qui soit sûre, c'est que beaucoup de personnes avaient objectivement intérêt à la disparition du roi : la reine, le parti espagnol, Condé, les protestants fanatiques, les princes du sang, les anciens ligueurs…

Quoi qu'il en soit, la dague de Ravaillac a frappé un homme de cinquante-six ans et demi, usé par une vie trépidante, qui n'aurait de toute façon pas fait de vieux os. « Le roi est si chenu, notait déjà l'ambassadeur de Venise huit ans plus tôt, qu'à l'âge de quarante-huit ans seulement il a l'air d'en avoir soixante. » Les guerres incessantes qu'il mène depuis trente ans, son hygiène déplorable, son appétit féroce et désordonné ont gravement détérioré un corps qu'il n'a pas ménagé. Et surtout, depuis de longues années, il est rongé par un mal dont il ne se défera jamais : la blennorragie.

Tout au long d'une vie occupée à courir la gueuse, le Vert Galant a contracté un nombre invraisemblable de maladies vénériennes, et c'est miracle qu'il n'y ait pas succombé. Les mémorialistes et les médecins du temps en ont recensé quelques-unes : en 1576, il en attrape une avec la « putain d'un palefrenier », dans une étable de Thignonville. À l'automne de 1592, en plein siège de Paris, il souffre atrocement d'une « maladie des bourses ». En 1595, un accès violent se déclare lors d'un voyage en Bourgogne. Une autre crise survient en octobre 1598, alors qu'il séjourne chez sa maîtresse Gabrielle d'Estrées. Le mémorialiste Pierre de L'Estoile, qui fut secrétaire du roi, rapporte qu'« une chaude-pisse, pour avoir été négligée, lui causa une rétention d'urine qui manqua l'envoyer dans l'autre monde ». Il est pris de vomissements. Son entourage est persuadé que ses jours sont comptés. Miraculeusement, il s'en remet. À la Pentecôte de 1603, il est de nouveau à l'article de la mort. Nouvelle attaque en octobre de la même année, provoquant une forte fièvre aggravée de diarrhées et de vomissements. Le jour même de sa mort, il est en proie à une infection urinaire fébrile. L'historien Raymond Ritter écrit : « De toutes ses servitudes physiques, les plus fâcheuses, à coup sûr, et celles qui le préoccupèrent par-dessus toutes les autres, furent les conséquences des maladies vénériennes qu'il contracta en ses battues galantes où, on le sait, il ne se montrait pas difficile quant à la qualité du gibier. »

Ces « chaudes-pisses » à répétition – appelées ainsi car elles causaient d'intenses brûlures lors de la miction – ont détraqué la santé du roi, qui restera pourtant jusqu'à la fin un invétéré coureur de jupons. Il vivra trente ans avec cette maladie et devra subir des traitements fort douloureux. L'un de ses médecins, Guillaume Loyseau, raconte qu'il « était tellement travaillé d'une difficulté d'urine, à cause d'une carnosité de longtemps engendrée par une gonorrhée, qu'en marchant il [lui] fallait souvent mettre pied à terre pour le faire uriner par le moyen d'une bougie, et le plus souvent par une sonde ou canule d'argent, tellement qu'un jour [il] lui [trouva] la verge enflée, froide, mollasse et insensible, dont [il fut] en crainte d'une mortification… ». Le traitement consiste à « introduire dans l'urètre, à l'aide d'une seringue métallique à piston, une préparation renfermant diverses substances réduites en poudre et incorporées à du beurre frais, dans le but de réduire l'ulcération par cautérisation chimique[1] ». C'est très, très désagréable…

Ces infections ne seront pas sans conséquences sur la virilité du roi. Henri IV a beau être resté jusqu'à sa mort un chaud lapin, l'âge venant, les défaillances se multiplient. Gabrielle d'Estrées comme Henriette d'Entragues, deux de ses favorites, s'en moquaient même ouvertement : « Capitaine bon vouloir… », le nomma Henriette un jour, et Henri IV lui-même, dans une de ses lettres à sa maîtresse, écrit qu'il fera « ce qu'il pourra »…

*
**

La vision qu'avaient les contemporains d'Henri IV est bien différente de la nôtre, influencée par la légende du « bon roi Henri », qui voit le jour au XVIIIe siècle et s'affirmera au XIXe. Celle-ci célèbre sa clémence envers ses anciens ennemis, son esprit de tolérance – l'édit de Nantes mettra fin à des décennies de guerres de Religion –, son « panache blanc », l'essor économique du royaume, son souci du bien-être des paysans – le laboureur et la « poule au pot » –, son humanité pendant les guerres, enfin son caractère de bon vivant et sa bonhomie.

En vérité, sa popularité est très largement posthume. De son vivant, Henri n'est guère apprécié de ses sujets.

---

1. Philippe Delorme, *Henri IV. Les réalités d'un mythe.*

Ses allées et venues incessantes entre le protestantisme et le catholicisme – au gré de ses intérêts, il changera trois fois de religion[1] – lui ont valu l'inimitié des deux camps, qui le considèrent comme parjure et peu fiable. Les guerres incessantes qu'il a menées ont livré le pays aux soudards et aux bandes qui écument les campagnes et font régner une atmosphère de peur et de violence. Ces guerres, les Français n'en veulent plus, et celle qu'il s'apprêtait à mener contre l'Espagne suscitait une réprobation générale. De surcroît, sous son règne, les impôts ont fortement augmenté. Quant à ses nombreuses conquêtes féminines, elles ne rencontraient pas l'indulgence de ses contemporains, qui s'inquiétaient plutôt de leur caractère frénétique, les désapprouvaient moralement – « A-t-on jamais vu pareil bordel ! s'écrie le chanoine italien Giovannini, qui pourtant en a vu d'autres. Il les veut donc toutes ? » – et craignaient leurs répercussions politiques.

Car le bon roi Henri est priapique, et depuis toujours. Son existence est une suite ininterrompue de relations sexuelles, qui peuvent être passagères ou durables, à la diable ou amoureuses, forcées ou consenties. Ses biographes peuvent citer quelque soixante-dix liaisons, mais ils sont tous d'accord pour estimer qu'il y en eut beaucoup plus, que l'histoire n'a pas retenues. Tout lui était bon : la paysanne, la prostituée, la bourgeoise, la marquise, la cousine, la nonne… Son obsession dépassait toute mesure, à tel point qu'elle était sans doute maladive,

1. Protestant, il se convertit au catholicisme après la Saint-Barthélemy en 1572, abjure le catholicisme en 1576 et se reconvertit en 1593 quand il monte sur le trône de France (voir « Repères biographiques », p. 32-33).

ce que nombre d'observateurs de l'époque pensaient. Un témoin remarque, alors qu'Henri IV a déjà plus de cinquante ans : « Son agitation lubrique est si impérieuse, et dépasse de si loin le penchant à la paillardise, qu'on en arrive à se demander si elle ne décèle pas quelques troubles morbides. »

Il est vrai qu'on ne lui résistait guère. D'abord parce qu'il était le roi – de Navarre, puis de France –, ensuite parce qu'il savait se montrer généreux, enfin parce qu'il était sympathique. La légende n'a pas tout à fait tort : Henri est un homme joyeux qui ne s'embarrasse pas de vanité, plein de vie et d'entrain, facétieux, blagueur, bon camarade, spontané, d'un abord facile, ni susceptible ni rancunier. Il doit cette simplicité à un pragmatisme de bon aloi acquis dans sa jeunesse. Il a beau avoir été élevé à la cour des Valois, ce n'est pas un prince sophistiqué de la Renaissance, mais un campagnard qui ne sera jamais aussi heureux qu'au milieu des paysans béarnais, des soldats et des gens simples.

Pour autant, son éducation n'a pas été négligée. Il a eu un excellent précepteur en la personne d'un certain La Gaucherie, ce qui fait que, bien qu'étant plus homme d'action que contemplatif, Henri n'est pas un ignare. Il a poursuivi ses études à Paris, au collège de Navarre, excellente institution. Il a pu observer le jeu des intrigues à la cour de France, où il était un peu le parent pauvre et plouc, et acquérir un certain sens politique. Enfin, sous la férule de sa mère Jeanne d'Albret, sévère calviniste, il a appris très jeune le métier de roi, en matant une révolte en Basse-Navarre.

C'est aussi un homme de cœur, un miséricordieux. Vertus d'autant plus louables qu'il n'a cessé toute sa vie d'être la victime de complots pour le renverser, et de multiples tentatives d'assassinat – on en dénombre une douzaine depuis qu'il est roi de France, et il y en eut d'autres avant... Il se montre d'une indulgence sans borne avec sa favorite Henriette d'Entragues, son père et son frère, alors qu'il a en main les preuves de leur trahison. Il ne se résout pas à faire arrêter le duc de Biron, qu'il apprécie, et qui conspire contre lui avec le duc de Savoie et le gouverneur espagnol du Milanais pour dépecer le royaume. Dix fois, il tente de lui arracher des aveux en échange de son pardon. Dix fois, l'autre nie, contre l'évidence. Et c'est la mort dans l'âme qu'il le fait finalement enfermer à la Bastille. Biron sera décapité. En 1594, un illuminé de dix-neuf ans lui assène un coup de couteau au visage : il a la lèvre percée et une dent brisée. En fouillant le jeune homme, on trouve sur lui ce billet : « Seigneur, donnez-moi la force d'exécuter Henri de Bourbon. » Les premiers mots d'Henri sont : « Laissez aller ce garçon… »

Dans cette période troublée et dangereuse, où s'entremêlaient les rivalités des princes et les guerres de Religion, où les conspirations et les meurtres étaient courants, rien n'était définitivement acquis. Le jeune prince puis roi de Navarre échappera plusieurs fois à la mort, parfois de justesse, sur le champ de bataille, au moment de la Saint-Barthélemy, etc. Puisque tout est précaire, à quoi bon jouer l'important ? Soyons nous-mêmes et, si possible, jouissons ! Et son tempérament l'y porte.

*
**

Les femmes, donc. Avec lui, on est dans la paillardise pure et simple. C'est un gai luron, un trousseur de jupons qui ne s'embarrasse pas de préliminaires, qui s'adonne aux plaisirs entre deux cavalcades, deux batailles, qui arrive trempé, fumant, en sueur, fait son affaire à la belle (pas toujours très belle, d'ailleurs), puis remonte à cheval. Pas de sentiments, mais des rires, du vin, des plaisanteries de corps de garde, des assauts rapides et violents. L'amour, pour lui, c'est le repos du guerrier. Or, il a passé sa vie à guerroyer dans tous les coins de France, il a sillonné le pays pendant trente ans, dormant n'importe où, dans des châteaux, des auberges, des cabanes de bûcheron, sous une tente, à la belle étoile… Dès qu'il apercevait une frimousse qui lui plaisait, marquise ou ribaude, il descendait de cheval et la lutinait, à même le sol, contre un arbre, dans une étable…

Il aurait commencé à quatorze ans, au hasard d'une promenade en forêt, dans la cabane d'un charbonnier, avec la charbonnière ; puis, très vite, avec la fille du jardinier, une certaine Fleurette, au fond d'une grange (d'où l'expression « conter fleurette »). C'est le début d'une très longue liste… Un jour, chevauchant dans la campagne, il aperçoit une nourrice en train d'allaiter. « Corbleu, les beaux tétons ! » Devant tout son équipage, il se met à les sucer et somme la femme de le rejoindre le soir à l'auberge. La nurse de Casteljaloux fut culbutée comme les autres. Une autre fois, à la nuit tombée, il aperçoit une pauvre femme, souillon étendue sur le sol. Du bout de sa botte, il touche le pied nu de la fille, qui se réveille et lui dit avoir été violée par la soldatesque. Il lui met un écu dans la main, l'embrasse sur la bouche et s'éloigne en lançant : « Adieu, la belle, tu pourras dire qu'un roi t'a embrassée ! » Plus tard, à Meulan, il se fait emmener dans le clocher de l'église par la fille du sacristain, pour pouvoir observer les mouvements de l'ennemi. Le roi et la jeune fille s'y attardent plus que de raison, quand un coup de canon vient frapper le clocher, dont une partie s'effondre. Ils réussissent à descendre par la corde du bourdon. « Rappelle-moi de la doter », dit Henri IV à l'un de ses compagnons en remontant à cheval. En Béarn, il fait la connaissance d'une jeune fille, « la Fanuche », dont on lui a assuré qu'elle était vierge. Trouvant le chemin « assez frayé[1] », il se met soudain à siffler. « Que se passe-t-il ? demande la Fanuche. – Oh, rien, j'appelle tous ceux qui sont déjà passés par ici… »

Il y en eut tellement d'autres : deux sœurs abbesses, qu'il courtise pendant le siège de Paris, l'une de Montmartre, l'autre de Longchamp, à qui il offrira, en récompense de leurs services, deux magnifiques abbayes ; deux jumelles au cours d'une promenade en barque ; la fille d'un aubergiste, celle d'un garde-chasse, d'un médecin, d'un austère huguenot, avocat du présidial de La Rochelle ; la femme d'un conseiller au Parlement, une chambrière, une jeune danseuse…

Tout lui est bon pour parvenir à ses fins. Il jette son dévolu sur Jeanne de Tignonville, mais la belle se refuse. Son ami le poète Agrippa d'Aubigné lui conseille alors de la marier, arguant que les femmes mariées sont moins

1. André Castelot, *Henri IV le passionné.*

farouches. Aussitôt dit, aussitôt fait, et Jeanne tombe dans ses bras. Une autre fois, il troque sa propre sœur, Catherine de Bourbon, contre une parente du vicomte de Turenne, à condition que celui-ci plaide sa cause auprès d'elle. À toutes celles qu'il désire, il promet le mariage, même à des femmes de petite condition, qui n'ont aucune chance d'épouser un prince mais se laissent parfois embobiner. Un jour, en campagne, il fait halte dans un château dont le propriétaire est absent. Il trouve la châtelaine à son goût, mais celle-ci est fidèle. Il lui met le marché en main : « Si vous cédez, rien dans ce château ne sera touché, et mes hommes ne chercheront pas à forcer vos servantes. » La dame céda.

Il se moque des conséquences de ses frasques. Catherine de Luc, qu'il a abandonnée après l'avoir séduite, se laisse mourir de faim avec son enfant, tandis qu'il est dans les bras de sa servante. Anne de Cambefort, forcée par le Béarnais, se défenestre pour échapper au déshonneur.

Car le bon roi Henri n'hésite pas à violer, si nécessaire. C'est une vieille habitude. L'ambassadeur d'Espagne rapporte que le roi de Navarre « va à la chasse tous les jours, mangeant avec le menu peuple, et forçant, lui et ceux qui l'accompagnent, un grand nombre de femmes ». Dans la biographie qu'il lui a consacrée, François Bayrou relate un événement probable survenu en 1576, à Agen : au cours d'un bal, Henri ordonna d'éteindre les lumières, et nombre de femmes présentes, ainsi que leurs filles, furent violées sans autre forme de procès…

Or le bonhomme n'est pas ragoûtant. Henri est petit, nerveux, les cheveux châtains tirant sur le roux, qui grisonneront très vite, le nez aquilin, le teint coloré, toujours hirsute, la barbe mal taillée, les moustaches hérissées découvrant une denture mal tenue, la peau du cou pas nette… Car le roi, s'il lui arrive de prendre des bains, ne se lave pas beaucoup et pue comme un bouc – « comme charogne », dira même Henriette d'Entragues, l'une de ses favorites. Toutes les femmes qui l'ont approché de près sont unanimes sur ce point, à commencer par la reine. Il a les ongles noirs, de la crasse aux pieds, sent la transpiration et l'ail, est couvert de poux. Agrippa d'Aubigné note : « Il était envahi de parasites. Ces poux espagnols qui, las de posséder les parties basses, ou étant trop pressés au logis, avaient pris un domicile évident dans les aisselles et le rond des cheveux. » Et il n'a aucune élégance : il est généralement habillé comme l'as de pique, le pourpoint usé par le frottement de la selle ou de la cuirasse, le chapeau râpé… Mais c'est le roi, et il a le visage mobile, les yeux bleus et vifs, la plaisanterie facile…

Et surtout, il paie, la plupart du temps. Aussi bien les filles de ferme que les dames de haut rang. Henri IV n'a pas été un roi très aimé : la quasi-totalité de ses maîtresses étaient intéressées, et ne se privaient pas d'avoir d'autres amants à côté. C'est qu'on connaît sa réputation. On sait qu'il ne fait la cour que pour la bagatelle et qu'il disparaîtra aussitôt après : du coup, on monnaie. Et parfois très cher. Comme il n'a jamais d'argent sur lui et qu'il dilapide sa fortune personnelle, il puise dans les finances publiques : Sully, son Premier ministre, ne cessera de recevoir des instructions pour payer telle ou telle… Sans même évoquer les prostituées, qu'il fréquente régulièrement. Il y recourra beaucoup à la fin de sa vie, par l'entremise de son ministre des plaisirs, un certain sieur de Sigogne, qui lui fournissait des filles à foison, organisait des parties fines ou entraînait carrément le roi au bordel.

La fidélité lui est une notion totalement inconnue, malgré les multiples serments d'amour qu'il prodigue et les lettres enflammées qu'il ne cesse d'écrire. Même quand il se croit amoureux, il ne peut s'empêcher d'aller voir ailleurs. Cette frénésie d'aventures, la plupart sans lendemain, cette soif de possession vont de pair avec un formidable égocentrisme. Il arrive, il fait la cour, il promet monts et merveilles, au besoin il force, il prend, il s'en va, il oublie.

Des innombrables femmes qu'il a connues, cinq ont véritablement compté dans sa vie. Soit qu'il en ait été vraiment épris, soit qu'il ait eu pour elles un sentiment profond où se mêlaient le désir et l'estime : Margot, Corisande, Gabrielle, Henriette et Charlotte. Les deux premières sont des femmes élégantes et sensibles, les trois dernières de jeunes intrigantes.

Margot

Marguerite de Valois, dite la « reine Margot » depuis Alexandre Dumas, est une authentique princesse de la Renaissance, raffinée, cultivée, humaniste. Danseuse accomplie, brillante, subtile, c'est à elle que Montaigne dédiera une partie des *Essais*. C'est une femme de lettres reconnue, un esprit éclairé, et une mécène très généreuse. Elle est de surcroît fort belle.

Fille du roi de France Henri II, sœur des rois François II, Charles IX et Henri III, elle se retrouve mariée au roi de Navarre qu'est Henri pour des raisons purement politiques : il s'agit alors de réconcilier les catholiques et les protestants. Elle ne s'y résout pas de bon cœur : pour elle, Henri est un rustre, un hérétique, chef d'un petit royaume négligeable.

Ils vont néanmoins s'entendre assez bien, comme des amis plus que comme des amants. Ils sont tous les deux de mœurs fort libres et ferment les yeux sur leurs aventures respectives. Avant de devenir sa femme, Margot a eu de nombreux amants, dont, semble-t-il, ses propres frères… L'un d'eux, Henri III, lui fait un jour une scène devant toute la cour en lui reprochant sa vie dévergondée. « Eh quoi ! lance-t-elle en sortant, ne sait-il pas que c'est lui qui m'a mise le premier au montoir ! »

Henri n'est pas jaloux et laisse Marguerite coucher à droite et à gauche, pendant que lui s'amuse également de son côté. En 1579, ils s'installent à Nérac, petite capitale de l'Albret, où Marguerite va animer une cour raffinée, que fréquentent notamment Agrippa d'Aubigné et Montaigne. On y cultive – surtout Margot, car Henri n'a pas cette délicatesse… – la poésie, le théâtre, la musique, la danse, et l'amour, à travers un curieux mélange d'amour platonique visant à la fusion des âmes et de relations sexuelles débridées. Ces drôles de paroissiens s'emballent pour un idéal de chasteté tout en forniquant à tout-va… Shakespeare s'inspirera de la cour de Nérac pour le cadre de sa comédie *Peines d'amour perdues.*

Dans ce lieu licencieux où tout est conçu pour le plaisir de l'esprit et des sens, le roi de Navarre – selon Gonzague Saint Bris – aurait même entretenu, dans les appartements secrets du château, un harem de beautés exotiques venant d'Afrique. Il y entraînait un seigneur espagnol, amateur du beau sexe lui aussi, tout à la fois horrifié et ravi…

Margot aime bien Henri. Ils ont en commun le goût des plaisirs de la chair, de la bonne chère et du vin (Henri appelait Margot « l'ivrognesse »), ils ont affronté le danger ensemble (au moment de la Saint-Barthélemy), et puis elle a le sens du devoir : elle défendra toujours les intérêts de son mari, qui, si ses frères n'ont pas d'enfants, est appelé à monter sur le trône. Malgré sa saleté repoussante, elle a pour lui de l'affection et fait preuve de fidélité – si ce n'est conjugale, au moins politique. Elle en profite pour essayer de le dégrossir un peu, mais la tâche est rude. Lui, de son côté, est parfaitement à son aise dans cette ambiance libérale qui lui permet de conquérir impudemment les filles d'honneur de sa femme. Il ne se cache pas, faisant volontiers ménage à trois ou à quatre, et, comme la délicatesse ne l'étouffe pas, il demande même à son épouse de s'occuper de ses maîtresses.

Une nuit, Henri réveille Margot pour qu'elle assiste Françoise de Montmorency-Fosseux, dite « la Belle Fosseuse », jeune fille de quinze ans qu'il a mise enceinte et qui est sur le point d'accoucher. Elle obtempère, se rend au chevet de la parturiente – qui met au monde un enfant mort-né – tout en conseillant à Henri d'aller à la chasse pour faire taire les commérages. À peine revenu, celui-ci réveille à nouveau Marguerite pour qu'elle vienne avec lui consoler la pauvre jeune mère. Et, devant son refus, entre dans une belle colère…

Il lui demande même de le soigner des maladies vénériennes qu'il attrape en batifolant…

Ce mélange de désinvolture et de goujaterie est bien dans la manière du roi. Et, quoique fort tolérante, Marguerite avoue dans ses Mémoires avoir été blessée plus d'une fois par ces infidélités si peu discrètes.

Il est vrai que Marguerite, on l'a dit, est aussi volage qu'Henri est coureur. Seulement elle aime l'érotisme, alors qu'Henri n'aime que le sexe. Elle aura jusqu'à la fin de sa vie de nombreuses aventures, avec des hommes de plus en plus jeunes.

Si elle n'avait été stérile, elle serait restée la femme d'Henri. Mais leurs routes se séparent. Henri continue de chevaucher à droite et à gauche, tandis que Marguerite se lance dans un jeu dangereux en ralliant la Ligue, qui regroupe les catholiques intransigeants hostiles à la politique d'Henri III. Celui-ci est furieux et accuse en outre sa sœur de débauche, de s'être prostituée à tous les cadets de Gascogne, d'avoir même avorté…

Elle le paiera de vingt ans d'exil et ne réapparaîtra à la cour qu'en 1605, obèse et confite en dévotion, sans avoir pour autant renoncé aux plaisirs de la chair. Elle s'affiche dans une tenue démodée, son décolleté ouvert sur une poitrine flétrie. Henri IV est stupéfait en voyant ce qu'est devenue son ancienne épouse, qui a passé les dernières années dans son lit à manger des sucreries. Elle est toujours accompagnée de jeunes amants, des tendrons qui ont trente-cinq ans de moins qu'elle : l'un d'eux se fait assassiner en sa présence, en revenant de la messe, par un prédécesseur jaloux… Folle de douleur, elle fait exécuter sans pitié le criminel. Elle se console bientôt avec un autre jeune homme, d'une bêtise totale mais beau comme un apollon, qu'elle oblige à s'habiller à la mode d'Henri III, celle de sa jeunesse…

Entre-temps, elle a divorcé pour permettre au nouveau roi de France de donner un héritier à la dynastie.

Corisande

Corisande est sans doute l'amour le plus sincère d'Henri IV – pour autant qu'il en soit capable. Il fait sa connaissance au début des années 1580. Cette jeune veuve de vingt-six ans s'appelle en réalité Diane d'Andoins ; elle a pris le pseudonyme romanesque de Corisande en référence à un personnage d'*Amadis de Gaule*, ouvrage alors fort à la mode qui magnifiait l'idéal chevaleresque et l'amour courtois. Réputée pour être une femme d'esprit et de culture, elle est l'amie d'Étienne de La Boétie, qui lui rendra un bel hommage. « Grande et mince, la chevelure noire et abondante, elle a plus de distinction que de beauté[1]. » D'une belle noblesse d'âme et de maintien, elle appelle Henri « mon petiot » et le traite comme un enfant. Avec elle, pas question de pince-fesses et de mains baladeuses. Elle est sa première grande passion, exerçant sur lui un ascendant plus affectif et intellectuel que sensuel. Il lui écrira des dizaines de lettres débordantes d'amour, lui racontant tout, ses campagnes, ses états d'âme, ses calculs, ses

1. Philippe Delorme, *Henri IV. Les réalités d'un mythe.*

enthousiasmes, ses déceptions… C'est sa confidente et sa conseillère : « Faites voir à vos serviteurs et à vos ennemis un visage constant et assuré au milieu des désastres… Fiez-vous en peu de personnes, et parlez moins que vous n'avez fait. Vos affaires ne s'en porteront que mieux. »

Réfugiée dans son château des Landes, elle refusera de l'accompagner partout et de s'afficher comme maîtresse officielle, tout en le soutenant en argent et en soldats dans les campagnes qu'il mène. « Elle l'a ensorcelé », disent les compagnons de débauche du roi.

Pas tant que cela, en vérité. Car, au cours de leur liaison qui va durer huit ans, Henri IV ne cessera de la tromper. Corisande, d'ailleurs, n'est pas dupe. Dans une lettre où il lui jure « fidélité jusqu'au tombeau », sur l'original, elle a ajouté la syllabe « in » devant « fidélité »… Chaque fois qu'il couche avec une autre, il lui écrit pour lui dire qu'il n'y a qu'elle qui compte. Ce qu'il fait, notamment, au cours de sa liaison avec la fille d'un avocat rochelais qui tombera enceinte de ses œuvres – l'enfant fut le premier de ses nombreux bâtards.

Leur idylle s'effilochera au fil du temps, lui coureur invétéré, elle finissant en digne châtelaine dans son Sud-Ouest, tout de même un peu vexée de la légèreté d'un homme qu'elle avait cru, un moment, pouvoir ancrer.

Gabrielle

Entre alors en scène Gabrielle d'Estrées, et avec elle le ballet des courtisanes bien décidées à tirer le meilleur parti d'un obsédé vieillissant que seule, désormais, la chair fraîche émeut.

Elle a dix-sept ans, il en a près de quarante, le physique marqué par les combats et les chevauchées incessantes.

Un soir de novembre 1590, alors qu'Henri IV est roi de France en titre mais doit sans cesse guerroyer pour reconquérir son royaume, son vieil ami Roger de Bellegarde lui vante les charmes exceptionnels de sa maîtresse du moment, la fille de l'ancien gouverneur de la place forte de La Fère, en Picardie. Le roi, alléché, l'interrompt et lui demande tout de go : « Et où donc se trouve cette merveille ?... » Pas loin, justement, au château de Cœuvres, près de Villers-Cotterêts. Le hasard et sûrement un peu de curiosité les y amènent bientôt, et Henri IV aperçoit pour la première fois la jeune Gabrielle dans la grande galerie lambrissée du château. C'est le coup de foudre immédiat. Les contemporains la décrivent comme « blonde, dorée, d'un teint d'une blancheur éclatante », les yeux bleus, avenante et potelée. Le célèbre tableau de l'école de Fontainebleau la montre dans son bain, avec sa sœur qui lui pince le sein. Elle est peut-être un peu fade, sans esprit notable, mais avec dans le regard ce semblant de candeur qui ne nuit pas au charme. Et c'est une belle plante.

Gabrielle est loin d'être une vierge effarouchée et, surtout, elle a de qui tenir. On disait de sa grand-mère qu'elle était passée des bras de François Ier à ceux du pape Clément VII, puis de l'empereur Charles Quint. Elle avait eu sept filles qu'on appelait les « sept péchés capitaux ». Et sa petite-fille, malgré son jeune âge, n'est pas en reste, ayant sans doute été la maîtresse d'Henri III, d'un duc, puis de nombreux gentilshommes.

Quoi qu'il en soit, pour l'heure, c'est Bellegarde qui lui plaît, et lorsque Henri IV enjoint ce dernier de la lui céder – ce à quoi l'autre consent, dans un premier temps –, elle dit vertement au roi : « J'entends être libre de mes inclinations, et, de toute façon, je ne vous aimerai jamais ! » Au moins, elle est sincère. Henri ne lui plaira jamais, en effet. Si, par la suite, elle entretiendra avec lui une longue liaison, ce sera uniquement par intérêt : elle se voyait bien reine de France, ce qu'Henri lui fera miroiter. Mais elle ne se privera pas d'avoir par ailleurs de nombreux amants.

Pour l'instant, toutefois, elle se refuse. Et plus elle se refuse, plus la passion du roi augmente. Pour la conquérir, après avoir pris tous les risques et épuisé mille subterfuges – il traverse les lignes ennemies, se déguise en bûcheron –, il achète le père. De l'argent, beaucoup d'argent, un poste, un château… Il oriente même la conduite de la guerre en fonction des intérêts de la famille, et n'hésite pas à quitter précipitamment le front pour la rejoindre et tenter de parvenir à ses fins.

Mais Gabrielle résiste. Elle ne l'aime pas, définitivement. Alors il la marie à un homme riche et laid, le baron de Liancourt, petit noble picard réputé impuissant – alors qu'il a déjà quatre enfants d'un précédent mariage ! Le roi l'a prévenu : « Je vous nomme gentilhomme de ma chambre, mais vous ne serez qu'un mari honoraire. » Le bonhomme acquiesce.

Gabrielle cède, bien qu'Henri la dégoûte physiquement. La pression familiale est trop forte. Le roi est aux anges. Au soir des batailles, il lui écrit, ou lui fait écrire, des lettres enflammées et jalouses… « Il n'y a rien qui ne continue plus mes soupçons, ni qui les puisse plus augmenter que la façon dont vous procédez en mon endroit… » Gabrielle, en effet, ne se gêne pas pour poursuivre sa liaison avec Bellegarde, ce qui n'est un secret pour personne. Tout en faisant office de maîtresse officielle du roi. Car Henri IV la veut partout à ses côtés : dans ses nombreux voyages, à la cour, à la chasse, à la cérémonie du sacre, dans les réceptions les plus officielles. Il la comble de titres – marquise de Montceaux, duchesse de Beaufort –, de seigneuries, d'argent : un million d'euros une année, 3 millions l'année suivante.

La putain du roi

Le bon peuple savait parfaitement à quoi s'en tenir sur la vie « sentimentale » du roi et sur les largesses dont il comblait ses maîtresses.

Un soir qu'il regagne le Louvre, vêtu à la diable comme d'habitude, Henri avise un batelier et lui demande de lui faire traverser la Seine. Pendant la traversée, il engage la conversation : « Il paraît qu'on va avoir la paix avec les Espagnols… – La paix, la paix, c'est bien beau, répond le batelier, mais est-ce que ça va faire baisser les impôts ? On en est écrasés ! Tenez, moi, avec mon petit bac, là, si vous saviez ce que je paie ! – Mais le roi doit pouvoir faire quelque chose ! hasarde Henri. – Oh, le roi ! C'est un brave homme, y a pas à dire ! Seulement ça vous a des maîtresses à qui il faut des robes, des bijoux, des châteaux à n'en plus finir ! Et dame, ça coûte, ça ! C'est bien simple, elles nous ruinent ! Surtout la dernière, là, la Gabrielle ! Passe encore si elle était à lui seul, mais à c'qui paraît, elle se prive pas d'en avoir d'autres, c'te putain ! »

Le lendemain, deux gardes du Louvre lui mettent la main à l'épaule et le conduisent au palais. Mis en présence du roi, il s'aperçoit, à sa grande terreur, que c'est son client de la veille et qu'à ses côtés se tient sa favorite, Gabrielle d'Estrées, la putain en question. Goguenard, le roi lui demande de répéter ce qu'il lui a dit. L'autre, se tortillant, convaincu que sa dernière heure a sonné, balbutie quelques propos inintelligibles, au milieu desquels on comprend quand même que c'est sur le peuple que retombent les frasques de la maîtresse du roi. Gabrielle, qui est soupe au lait, entre dans une violente colère : « Il faut pendre ce misérable ! » hurle-t-elle. Henri IV la calme et, l'œil rieur, se tourne vers le batelier : « Si tu acceptes de chanter tous les jours "Vive Henri et vive Gabrielle !", tu ne paieras plus jamais d'impôt pour ton bateau… »

Et pourquoi Gabrielle ne deviendrait-elle pas sa femme officielle ? Il y a belle lurette qu'il ne vit plus avec Margot. Et il lui faut un héritier. Il en a déjà sûrement en pagaille – avec des filles de ferme culbutées dans le foin ou des bourgeoises prises à la hussarde –, mais il l'ignore, ou l'a oublié. Or voici que Gabrielle lui en donne un, en 1594. Un fils, César, duc de Vendôme, futur trublion qui sèmera la pagaille trente ans plus tard. La cour murmure que l'enfant est en fait celui de Bellegarde, mais Henri ne veut rien savoir. Il fait divorcer Gabrielle. La cause est toute trouvée : non-consommation du mariage. L'époux de complaisance, le sieur de Liancourt, doit jurer devant l'évêque d'Amiens : « Je n'ai pas connu charnellement ladite dame, parce que, durant mon veuvage, je suis tombé de cheval et me suis blessé, ce qui m'a rendu impuissant… J'ai consulté deux médecins, dont je ne puis donner le nom… et qui sont d'ailleurs morts tous les deux… » Personne n'est dupe de cette comédie, mais l'Église prononce le divorce. Dans son testament, Liancourt écrira qu'il craignait pour sa vie s'il ne s'était pas incliné, qu'il n'était pas du tout impuissant et qu'il avait honoré son épouse à plusieurs reprises…

De son côté, Henri presse Margot de consentir au divorce pour qu'il puisse épouser Gabrielle. Mais elle refuse : le roi de France doit épouser une princesse de sang royal, et non une petite intrigante ; elle est appuyée par le pape Clément VIII, qui pense de même. Tout comme Sully.

Henri s'obstine. D'autant que Gabrielle lui donne deux autres enfants. Elle, maintenant, ne pense plus qu'à cela : être reine de France et voir un de ses fils monter sur le trône. Reine de France, elle l'est déjà dans les faits : concubine officielle, omniprésente, influente. Elle est même devenue la conseillère dont Henri ne peut plus se passer, jouant un rôle certain dans l'ultime abjuration du roi et dans la promulgation de l'édit de Nantes, qui va enfin réconcilier protestants et catholiques. Influence que Sully lui-même reconnaîtra. Le roi reçoit les ambassadeurs en sa présence, sollicite son avis. Le jour où Corisande réapparaît à la cour, il exige qu'elle fasse une révérence à Gabrielle, ce qui mortifie son ancienne amante…

Il ne lui manque que la couronne.

Mais Henri a aussi conscience de ses devoirs de monarque. Tout en répétant à sa favorite qu'il va l'épouser, il laisse se dérouler des pourparlers officieux avec la cour de Toscane, en vue d'un éventuel mariage avec une princesse de Médicis. Gabrielle, qui a eu vent de ce double jeu, décide de précipiter les choses. Elle tient toujours Henri par les sens, et en use : en mars 1599, elle obtient enfin un engagement ferme. La date de la cérémonie est arrêtée. Elle est alors enceinte de son quatrième enfant.

Mais le 7 avril, elle est prise de terribles malaises. Les chirurgiens accourent et la délivrent d'un enfant mort-né. Elle s'éteint le lendemain, des suites de cet accouchement dramatique, après une douloureuse agonie. Le roi est au désespoir. Il lui organise des funérailles quasi royales.

Cependant, son chagrin ne va pas durer bien longtemps.

Henriette

Très vite, Henri reprend sa vie de débauche, notamment avec de nombreuses prostituées. Et, trois semaines après la mort de sa bien-aimée, il fait la rencontre d'Henriette d'Entragues. Elle a vingt ans, lui quarante-sept. Sa mère, Marie Touchet, dont l'anagramme était « Je charme tout », a été la maîtresse de Charles IX, dont elle a eu un fils. Henriette est une fort belle femme, une brune séductrice, au décolleté avantageux, au sourire enjoué, au regard canaille. Elle a la langue bien pendue, la repartie vive, l'esprit caustique. Henri tombe amoureux d'un coup, comme dix ans plus tôt de Gabrielle. Les mêmes scènes vont d'ailleurs se répéter. Henri la bombarde de déclarations d'amour et lui fait, à elle aussi, miroiter le mariage :

> *« Vous êtes mon unique amour*
> *Jour et nuit pour vous je soupire*
> *Si vous m'aimez à votre tour*
> *J'aurai tout ce que je désire*
> *Je vous offre sceptre et couronne*
> *Mon sincère amour vous les donne. »*

La belle se refuse, tandis que les parents font monter les enchères. Ils obtiennent pour leur fille, après un superbe collier d'or en guise d'apéritif, une dotation de 100 000 écus (près de 10 millions d'euros), la terre de Verneuil érigée en marquisat, et une lettre signée du roi par laquelle il s'engage, si Henriette tombe enceinte, à l'épouser. Après six mois de cette cour fort coûteuse, Henriette consent à céder. Bien décidée à avoir un enfant pour obliger le roi à tenir sa promesse, elle tombe rapidement enceinte, mais accouche, elle aussi, d'un enfant mort-né.

La voie est libre pour un mariage avec une Médicis, les tractations n'ayant jamais été rompues. Et pour cause : après trente ans de guerres quasi ininterrompues, les caisses du royaume sont vides. Et les Médicis – banquiers de l'Europe – sont immensément riches. La dot de Marie de Médicis doit être de un million d'écus (100 millions d'euros). De plus, on a fait croire au roi, pour l'appâter, que la promise était de toute beauté. Les ambassadeurs dépêchés sur place lui en ont dressé des portraits on ne peut plus flatteurs.

C'est, évidemment, tout le contraire. Marie est une blonde vénitienne corpulente, un peu grasse, sans taille, aux traits épais, alanguie, sans vivacité ni charme. Pour ne rien arranger, elle a mauvais caractère. Elle entre dans des colères violentes qui la transforment en véritable harpie – Henri IV s'en rendra compte rapidement. Enfin, elle n'est pas de première jeunesse : vingt-sept ans, ce qui, pour une femme de l'époque, est un âge déjà avancé. Si le roi de France n'avait pas eu besoin d'argent et d'héritier, elle aurait fini vieille fille.

Impatient de rencontrer sa promise qui arrive d'Italie, il va au-devant d'elle.

« J'ai été joué ! », s'exclame-t-il en l'apercevant pour la première fois. Cela ne l'empêche pas de rester fidèle à sa réputation : à peine cette phrase prononcée, il s'avance dans la salle à manger de l'archevêché de Lyon, où Marie l'attend avec toute sa suite, se précipite sur elle et la baise « à la française », c'est-à-dire sur la bouche… avant de lui annoncer qu'il la rejoindra la nuit même ! La Florentine est pétrifiée. On la met au lit en la réchauffant avec des linges brûlants. Bientôt le roi la rejoint, en effet, et elle fait connaissance avec sa légendaire puanteur…

Le lendemain, très content de lui, il se vante partout « d'avoir engagé le combat à trois reprises ». L'attrait de la nouveauté…

Pendant ce temps, Henriette ne décolère pas. Depuis des mois, elle fait scène sur scène à Henri, le traitant de tous les noms, prenant des amants pour se venger. Elle a tenté jusqu'au bout d'empêcher ce mariage, débarquant même sans crier gare à Grenoble, alors que le roi y fait halte sur la route pour accueillir sa nouvelle épouse.

Commence alors un ménage à trois. À peine arrivée à Paris, Henri présente Henriette à Marie : « Voici celle qui fut ma maîtresse, et qui souhaite aujourd'hui devenir votre servante. » Henriette esquisse une vague révérence devant celle qu'elle surnomme « la grosse banquière », et le roi doit appuyer sa main sur son épaule pour que cette révérence soit un peu plus profonde, tout en la forçant à baiser le bas de la robe de la reine, comme le veut l'étiquette… Un mois plus tard, Marie est enceinte. Et Henriette aussi.

Henri est ravi. Il a ses deux femmes au Louvre, logées l'une près de l'autre. Il passe beaucoup plus de temps chez Henriette que chez Marie, et les courtisans se bousculent à la porte de la maîtresse, tandis que l'antichambre de la reine est vide. Cela ne l'empêche pas de trousser d'autres femmes, dont la propre sœur d'Henriette, Marie d'Entragues, la jeune sœur de son ancienne maîtresse Gabrielle d'Estrées, et une fille d'honneur italienne de Marie, qu'il embrasse devant elle à bouche que veux-tu, et dont il veut absolument vérifier la prétendue virginité... Le Vert Galant, en vérité, n'a jamais été très galant.

Les deux femmes, bien sûr, se détestent cordialement et ne cessent de s'affronter. Le climat s'alourdit. Marie de Médicis, jalouse et susceptible, dotée d'un tempérament de matrone italienne et pour qui Henriette est la « poutane », hurle sur le roi quand il revient de chez sa maîtresse, n'hésitant pas à se précipiter sur lui, à le gifler, à le griffer… « Une nuit, j'ai vu qu'en quittant la chambre conjugale, qui résonnait des cris de la reine, le roi avait le visage tout égratigné », rapporte dans ses Mémoires

Sully, qui doit souvent s'interposer entre les deux époux. La reine harcèle son mari toutes les nuits, au point qu'Henri demande à son ministre de lui aménager un appartement chez lui, à l'Arsenal…

Henriette, de son côté, folle de rage à l'idée d'avoir été évincée du trône, participe à un nouveau complot, dans lequel trempe toute sa famille, qui vise à assassiner le roi pour mettre à sa place son propre fils, le jeune duc de Verneuil, qui n'a que trois ans. Les conspirateurs – le père et le frère d'Henriette – sont embastillés, et elle est assignée à résidence. Mais à force de dénégations, et surtout de cajoleries, elle obtient la grâce pour toute la famille et rentre dans les faveurs du roi, à nouveau conquis. « Je te jure que tout le reste du monde ne m'est rien auprès de toi », lui écrit-il.

Coincé entre ces deux femmes possessives, Henri, en réalité, n'en a cure : il les fait monter dans le même carrosse ; dès que l'une est enceinte, l'autre l'est aussi ; il mélange allègrement ses deux familles. En 1604, il décide, par commodité, de faire élever tous ses enfants, les légitimes comme les bâtards, au même endroit, au château de Saint-Germain-en-Laye, avec la même gouvernante et le même médecin. Il y en aura jusqu'à une douzaine : les cinq enfants que lui a déjà donnés Marie de Médicis – dont le futur Louis XIII –, les trois de Gabrielle d'Estrées, les deux d'Henriette d'Entragues, plus deux autres qu'il a eus avec des maîtresses de passage. Le père arrive, embrasse et joue sans distinction avec toute sa progéniture, issue de cinq mères différentes… La reine s'élève contre « pareille honte », mais doit s'incliner.

Il se montre plus sévère avec l'héritier qu'avec ses autres enfants. Sans pouvoir se départir de sa grivoiserie naturelle. Jean Héroard, le médecin de la famille, rapporte qu'Henri fait venir son fils dans son lit, l'invite à admirer la vigueur de son sexe, l'engage à se servir du sien dès qu'il pourra, lui fait et lui raconte « force privautés ». L'enfant, qui est d'un naturel très pudique, témoin des infidélités répétées de son père et des pleurs de sa mère, qui assiste régulièrement à l'apparition d'un nouveau petit frère ou d'une nouvelle petite sœur qui n'est pas de sa mère à lui, en concevra un dégoût profond pour le sexe. Louis XIII, on le sait, sera un homme chaste, qui n'aura jamais de favorite, éprouvant vis-à-vis des femmes à la fois crainte et dédain.

Quant à son père, il continue de mener sa vie de patachon avec de joyeuses luronnes, malgré des alertes médicales très sérieuses. En mai 1603, il tombe gravement malade et se croit à l'article de la mort. Son médecin – un autre Diafoirus – explique son état par le fait qu'il lui a donné « des boissons chaudes pour inciter au coït, ce qui lui a en grande partie consumé l'humide radicale *(sic)* », alors qu'il avait tout simplement pris froid. Six mois plus tard, il est pris d'une violente crise de goutte. On lui recommande l'abstinence. Peine perdue. Il a une liaison avec Charlotte des Essarts, qui lui donne des jumelles ; une autre avec Jacqueline du Bueil, jeune orpheline de seize ans – il en a cinquante et un – que, selon ses bonnes habitudes, il paie grassement (30 000 écus, soit près de 3 millions d'euros) et marie à un homme complaisant qui s'empresse de disparaître le soir des noces ; une autre encore avec la duchesse de

Nevers ; sans compter les demoiselles d'honneur, les femmes de chambre, les danseuses…

Toutes ces femmes, d'ailleurs, ne se gênent pas pour avoir d'autres amants. Henri surprend Jacqueline en compagnie du prince de Joinville. « C'est pour la bonne cause, lui dit-elle, il a promis de m'épouser ! – Ah, bon, alors… », répond le roi. Charlotte s'arrange pour lui faire croire qu'il est le premier. Ravi, il la meuble princièrement, jusqu'au jour où il apprend qu'elle avait déjà connu plusieurs amants avant lui. Jusqu'à Henriette, qui, croit-on, a eu quelques faiblesses pour… Bellegarde, un revenant ! « Je n'ai jamais rien vu qui ressemblait plus à un bordel ! », note l'ambassadeur de Toscane.

Vaudeville royal

Il faut dire que depuis Gabrielle d'Estrées, le roi a l'habitude de trouver Bellegarde dans le lit de ses belles, ou plutôt dans le placard à côté…

Pendant le siège de Dreux, par exemple, Henri a coutume de rejoindre tous les soirs Gabrielle au château voisin de Bû, où elle réside, et de partir le matin pour suivre l'avancée des opérations. Mais un jour, alors qu'il ne se passe rien sur le front, il décide de retrouver sa belle plus tôt que d'ordinaire et galope à bride abattue vers Bû. La chevauchée lui a donné faim. Arrivé sur place, il demande à la servante de lui préparer des confitures. Celle-ci ne répondant pas, il se dirige vers le petit cabinet communiquant avec la chambre de sa maîtresse, où elle est censée dormir. Or la porte du cabinet, contrairement à l'habitude, est fermée. Il tente de l'ouvrir, appelle en vain et perçoit des bruits suspects. C'est Bellegarde, qui, affolé par le retour inopiné du roi, s'est caché précipitamment dans le cabinet. Henri frappe alors à la porte de Gabrielle. Il fait un tapage du diable, rameute tout le château et hurle : « Je sais qu'il est là ! Ouvrez la porte, ou je l'enfonce ! » Gabrielle finit par ouvrir, en pleurs, jurant à Henri qu'il se fait des idées, lui reprochant de la traiter comme une moins que rien… Mais Henri veut absolument ouvrir la porte du cabinet. Alors Gabrielle l'entraîne vers le lit, tandis que Bellegarde saute par la fenêtre…

Une autre fois, le capitaine des gardes, qui déteste Gabrielle, réveille le roi au château de Fontainebleau afin qu'il prenne en flagrant délit la favorite et son amant. Henri, furibond, se précipite en chemise de nuit vers la chambre de Gabrielle. Pourtant, toujours amoureux d'elle, il s'arrête soudain, renonce à l'esclandre : « Cela la fâcherait trop… », et regagne, piteux, sa chambre. Non sans avoir ordonné d'arrêter Bellegarde. Celui-ci n'a que le temps de s'éclipser. Il sera provisoirement renvoyé de la cour et sommé de se marier…

Henri n'est pas dupe. On raconte qu'un jour où il mangeait des prunes dans la chambre de sa maîtresse étendue sur leur couche, il se mit à en lancer sous le lit. « Que faites-vous donc là, beau sire ? demanda Gabrielle. – Allons, ma mie, répondit le roi, ne faut-il pas que tout le monde vive ? »

Au fond de lui-même, finalement, il a une nature assez partageuse. Et puis, il ne peut pas se passer de Gabrielle…

Cependant, avec l'âge, les grossesses, l'oisiveté et surtout une addiction aux banquets pantagruéliques, Henriette, qui était mince, voire sèche, a pris du poids, au point de devenir « si grosse qu'elle en était monstrueuse », note Tallemant des Réaux. Au bout de presque dix ans, elle n'exerce plus la même emprise sur les sens du roi. Il ne la désire plus : du coup, ses yeux se sont enfin ouverts sur la véritable nature de celle qu'il avait failli épouser : sans cœur, méchante, cupide, ambitieuse et retorse. Quant à elle, on le sait, elle ne l'a jamais aimé : ils se séparent sur une dernière altercation. Elle lui survivra près de vingt-cinq ans.

Charlotte

Un jour de janvier 1609, la reine Marie invite le roi à assister dans une des galeries du Louvre à la répétition d'un petit ballet qu'elle envisage d'organiser pour le Mardi gras. Il n'y a là que des nymphettes, vêtues d'un simple voile de crêpe diaphane, choisies parmi les plus jolies demoiselles de la cour. Henri IV tombe en arrêt devant l'une d'elles, une ravissante et fragile blonde qui grelotte dans un voilage ne cachant pas grand-chose de son anatomie. La princesse de Conti raconte dans *Les Amours du grand Alcandre* (qui sont celles d'Henri IV) que « le roi, en la voyant danser un dard à la main, se sentit percer le cœur si violemment que cette blessure lui dura aussi longtemps que la vie ». « Qui est-ce donc ? demande-t-il à Bellegarde. – Charlotte de Montmorency, la fille du connétable… Vous devez vous souvenir de sa mère, c'est une beauté … Elle est promise à Bassompierre… – Nous verrons ça… », grommelle le roi.

Il est envoûté. Il ne pense plus qu'à elle. Il a cinquante-six ans passés et elle quatorze, et alors ? Une terrible crise de goutte le cloue au lit. Il fait venir la petite et l'interroge sur ce projet d'union avec Bassompierre. « J'en suis heureuse et toute prête à obéir à mon père. » Il convoque Bassompierre. « J'ai un projet pour toi : tu vas épouser mademoiselle d'Aumale, et je rétablirai le duché à ton profit. De toute façon, il est hors de question que tu épouses Charlotte : j'en suis amoureux comme jamais je ne l'ai été… » Bassompierre, qui n'a pas vraiment le choix, s'incline, comme Bellegarde l'avait fait avant lui. Il se consolera dans les bras de Marie d'Entragues, qui était elle aussi passée dans le lit du roi.

Quant à Charlotte, il lui a déjà trouvé un mari : son neveu, le prince de Condé. À moins que ce ne soit son fils, comme le murmurent certains… Peu importe, l'essentiel étant qu'Henri de Condé est petit, laid, fauché, insignifiant, et passe pour être homosexuel ; du coup, il ne risque pas de faire grand mal à Charlotte… Et puisqu'il aime la chasse, on lui donnera 100 000 livres par an (3 millions d'euros) pour qu'il puisse s'y adonner à loisir.

Le mariage est bientôt célébré. Charlotte a quinze ans et n'y arrive pas intacte. Henri IV y a déjà goûté. Pour approcher cette enfant dont il pourrait être le grand-père, le roi se déguise en bûcheron, en valet de chiens, en postillon… Il retrouve une nouvelle jeunesse. On le voit jouer comme un gamin à la « bague », qui consistait à décrocher un anneau suspendu à un poteau au moyen d'une lance. Il se met même à se laver plus que de coutume. La jeune et naïve Charlotte est flattée de cette attention. Elle l'appelle « mon astre adoré ». Henri en est fou. Elle passe toutes ses nuits auprès de lui. Il ne se lasse pas de contempler ce corps frais et gracile. Il l'expose à tous les regards dans le plus simple des déshabillés, la fait peindre nue.

Mais Condé, l'idiot utile, se cabre. Il ne supporte plus d'être la risée de tous et demande au roi l'autorisation de quitter la cour avec sa femme. Hors de question ! Ils ont une entrevue orageuse. Le roi rappelle à Condé les doutes qui subsistent sur l'origine de sa naissance : il n'est que le fils d'un laquais ! Sa mère, en effet, avait couché avec un simple page. Mais aussi avec lui-même… « Mon père ? Ne l'aurais-je pas devant moi ? », rétorque Condé.

Il s'enfuit, avec Charlotte dans ses bagages. D'abord près de Soissons, avant de se réfugier à Bruxelles, qui est sous le contrôle des Espagnols. Une façon de se mettre hors de portée du roi de France. Henri IV leur a donné la chasse, en vain. Il fulmine. Alors il sombre dans la dépression, perd l'appétit, ne dort plus, traîne comme une âme en peine. À Bruxelles, la beauté de Charlotte fait des ravages chez les archiducs et leur entourage. Quant à elle, retenue contre son gré, elle lui envoie des missives enflammées. Du coup, il réactive un vieux projet, défendu de longue date par Sully : libérer les Flandres de la tutelle des Habsbourg, l'ennemi héréditaire. Mettre sur pied une expédition militaire et fondre sur Bruxelles.

En attendant, il mûrit le projet de kidnapper Charlotte, qu'une fois de plus il se dit prêt à épouser. Il charge le marquis de Cœuvres, le frère de Gabrielle d'Estrées, de monter une expédition pour arracher la princesse à sa geôle. Tout est prévu : des gentilshommes masqués grimperont jusqu'à sa fenêtre à partir d'une brèche pratiquée dans la muraille. Un cavalier la prendra alors en croupe et galopera vers la France. Un relais de chevaux lui permettra de ne pas faire de halte et d'échapper ainsi à d'éventuels poursuivants. Henri reprend espoir et, naïvement, en parle à sa femme. Marie de Médicis prévient aussitôt le représentant du pape et informe secrètement l'ambassadeur d'Espagne, qui prévient Bruxelles, où l'on se met sur le pied de guerre. La tentative d'enlèvement avorte. Furieux, le roi ordonne d'accélérer la mobilisation et les préparatifs militaires pour envahir les Pays-Bas espagnols. Et, pour tromper son impatience, il se met à courtiser l'une des demoiselles d'honneur de la reine…

Au même moment, Ravaillac rôde dans les rues de Paris…

Et Charlotte ? Que va-t-elle devenir ? Elle lui survivra quarante ans, menant une vie somme toute assez sage. Rabibochée avec son mari, elle mettra au monde le futur « Grand Condé », celui qui battra les Espagnols à la bataille de Rocroi, mettant fin à l'hégémonie européenne des Habsbourg, qu'Henri IV se préparait à défier pour les beaux yeux de sa mère…

BIBLIOGRAPHIE SÉLECTIVE

ANDROUTSOS, Georges, « Henri IV le Grand (1553-1610) et ses maladies urogénitales », *Progrès en urologie*, vol. 8, n° 4, septembre 1998, p. 593-598.

BÉLY, Lucien (dir.), *Dictionnaire de l'Ancien Régime*, Paris, Presses universitaires de France, 1996.

BIET, Christian, *Henri IV. La vie, la légende*, Paris, Larousse, 2000.

CASTARÈDE, Jean, *1610 : l'assassinat d'Henri IV. Un tournant pour l'Europe ?*, Paris, France-Empire, 2009.

CASTELOT, André, *Henri IV le passionné*, Paris, Perrin, 1998.

CONSTANT, Jean-Marie, *Henri IV, roi d'aventure*, Paris, Perrin, 2010.

DECKER, Michel (de), *Henri IV. Les dames du Vert Galant*, Paris, Belfond, 1999.

DELORME, Philippe, *Henri IV. Les réalités d'un mythe*, Paris, L'Archipel, 2010.

KERMINA, Françoise, *Henri IV et Corisande. Un amour de jeunesse*, Biarritz, Atlantica, 2010.

PETITFILS, Jean-Christian, *L'Assassinat d'Henri IV. Mystères d'un crime*, Paris, Perrin, 2009.

PIGAILLEM, Henri, *Dictionnaire des favorites*, Paris, Pygmalion, 2010.

RITTER, Raymond, *Henry IV : lui-même, l'homme*, Paris, Albin Michel, 1944.

TALLEMANT DES RÉAUX, *Gédéon, Historiettes*, Paris, Gallimard, 1960.

VINCENT, Marylène, *Henri IV et les femmes. De l'amour à la mort*, Bordeaux, Éditions Sud-Ouest, 2010.

NOTE SUR LA CONVERSION DES MONNAIES AUX DIFFÉRENTES ÉPOQUES

Quand ils parlent d'argent, la plupart des historiens se contentent d'évoquer les monnaies de l'époque – sous, deniers, écus, livres, louis, francs, francs Napoléon, etc. –, sans donner leur équivalent en euros. Ce qui fait que le lecteur n'a généralement aucune idée de la valeur réelle des sommes en question…

Il est vrai qu'il est très malaisé de convertir les anciennes devises en monnaie d'aujourd'hui. Les équivalences que donnent les économistes et les quelques historiens qui s'y risquent sont toujours à prendre avec des pincettes, eux-mêmes reconnaissant leur valeur approximative. Elles peuvent d'ailleurs différer sensiblement d'un historien à l'autre, voire chez un seul et même historien.

Il est néanmoins possible de dégager des estimations. La meilleure façon de procéder consiste à recouper deux types d'indicateurs. D'une part, le pouvoir d'achat : c'est la méthode de l'Insee, qui a établi des équivalences sur le XXe siècle, mais ce mode de calcul ne prend pas en compte l'évolution des prix du foncier et de l'immobilier ;

d'autre part, les revenus : on compare le salaire ouvrier horaire moyen d'une époque à celui d'aujourd'hui, ce qui permet de déterminer des équivalences monétaires, mais il faut aussi tenir compte de l'évolution du prix des denrées de base (pain, viande, vin, etc.). Dans les deux cas, il faut donc appliquer des correctifs.

XVIIe siècle

L'éminent Pierre Goubert, grand spécialiste de l'Ancien Régime, affirme, dans sa biographie de Mazarin, qu'il est « vraisemblable qu'une famille modeste pouvait vivre décemment avec 25 livres par mois au milieu du XVIIe siècle […] Le Smic de 1990 étant voisin de 5 000 francs, on aboutit, si l'on y tient, à un coefficient de 200 pour la conversion de livres en francs ». Soit 30 euros pour une livre. Si l'on effectue le même calcul par rapport au SMIC mensuel de 2013 (1 120 euros nets), on arrive à un coefficient de 44.

Ce même Goubert indique par ailleurs, dans *Le Siècle de Louis XIV*[1], recueil d'études rédigées tout au long de sa vie d'historien, que 1 000 livres correspondent à 60 000 francs de 1982 (date de l'étude en question). Ce qui donne, selon l'Insee, 20 000 euros, soit 20 euros pour une livre – deux fois moins que sa précédente estimation.

1. Pierre Goubert, *Le siècle de Louis XIV*, Paris, Éditions de Fallois, 1996.

Le *Dictionnaire du Grand Siècle*, sous la direction de François Bluche[1], signale quant à lui qu'au milieu du XVIIe siècle, un maçon ou un charpentier gagnait en moyenne une livre par jour, soit environ 300 livres par an (la solde d'un soldat était, elle, de 10 livres par mois en 1629, soit 120 livres par an). Aujourd'hui, le salaire net moyen d'un ouvrier qualifié (comme l'étaient à l'époque les maçons et les charpentiers) est de l'ordre de 20 000 euros nets par an. Ce qui met la livre à environ 65 euros.

Si l'on raisonne, cette fois-ci, non plus dans le temps mais dans l'espace, 100 000 livres (le cadeau fait par Louis XIV à madame de Maintenon) correspondent à plus de trois cents années de travail d'un ouvrier de l'époque. Soit 4,5 millions d'euros d'aujourd'hui, ce qui donnerait un coefficient de 45.

Ces dernières équivalences sont sûrement exagérées, car il faut tenir compte du coût de la vie : les produits de première nécessité, notamment, étaient à l'époque beaucoup moins chers qu'aujourd'hui.

Pour la fin du XVIe siècle et le début du XVIIe (époque correspondant au règne d'Henri IV), on a retenu l'équivalence communément admise de 30 euros pour une livre. Pour le milieu du XVIIe, l'une des valeurs de Goubert : une livre équivaut à 15 euros. C'est aussi celle que donne Frédéric Tiberghien dans son *Versailles. Le chantier de Louis XIV*[2]. Mais c'est sans doute une estimation très basse.

1. François Bluche (dir.), *Le Dictionnaire du Grand Siècle*, Paris, Fayard, 2005.

2. Frédéric Tiberghein, *Versailles. Le chantier de Louis XIV (1662-1715)*, Paris, Perrin, 2002.

Enfin, dans le *Dictionnaire de numismatique*[1] sous la direction de Michel Amandry, il est précisé qu'entre 1570 et 1620, un écu correspond à 3 livres. C'est aussi la valeur que retient l'historien Bernard Pujo dans sa biographie de Condé.

XVIIIe siècle

Cette approximation se retrouve pour les autres époques. L'agrégé d'histoire Jean Meyer, professeur à la Sorbonne, estime qu'une livre de 1718 (à l'époque du Régent) vaut environ 10 euros d'aujourd'hui[2]. De son côté, Jean-Pierre Thomas, spécialiste du XVIIIe siècle, lauréat de l'Institut, estime qu'au même moment, les revenus annuels du cardinal Dubois, le Premier ministre du Régent, s'élèvent à 574 000 livres, « soit environ une trentaine de millions d'euros d'aujourd'hui[3] ». Ce qui met la livre à quelque 50 euros…

Dans une tout autre étude, l'universitaire Guy Lemarchand[4] estime qu'à la fin du XVIIIe siècle, un journalier agricole gagnait entre 220 et 250 livres par an. Si l'on compare ce revenu au SMIC net annuel de 2013 (13 440 euros), on obtient une équivalence de près de 60 livres pour un euro.

---

1. Michel Amandry (dir.), *Dictionnaire de numismatique*, Paris, Larousse, 2001.
2. Jean Meyer, *Le Régent, 1674-1723*, Paris, Ramsay, 1985.
3. Jean-Pierre Thomas, *Le Régent et le cardinal Dubois. L'art de l'ambiguïté*, Paris, Payot, 2004.
4. Guy Lemarchand, *L'économie en France de 1770 à 1830*, Paris, Armand Colin, 2008.

Mais, là encore, ces calculs monétaires ne tiennent pas compte du pouvoir d'achat. On a donc retenu comme estimations 15 euros pour la livre de 1700 et 10 euros pour la livre de 1770.

XIXe siècle

Pour la conversion des francs du Second Empire, l'historien Fabrice Laroulandie indique, dans le *Dictionnaire du Second Empire*[1], que le salaire quotidien d'un ouvrier parisien en 1860 est de 4,5 francs et qu'il monte à 5 francs dix ans plus tard. Mais il est moitié moindre en province... On y apprend aussi qu'en 1869, Jules Simon – futur président du Conseil de la IIIe République – considère qu'un ménage de quatre personnes ne peut vivre dignement à moins de 1 700 francs par an.

Enfin, dans son livre *Le Second Empire. Politique, société, culture*[2], Jean-Claude Yon fixe à 5 000 francs annuels le revenu minimum à Paris pour être considéré comme un bourgeois de la classe moyenne. Comparés aux revenus moyens actuels établis par l'Insee, ces montants donnent une équivalence de l'ordre de 10 euros d'aujourd'hui pour un franc de l'époque.

1. Jean Tulard (dir.), *Dictionnaire du Second Empire*, Paris, Fayard, 1995.
2. Jean-Claude Yon, *Le Second Empire. Politique, société, culture*, Paris, Armand Colin, 2004.

— 2 —

LOUIS XIV

REPÈRES

5 septembre 1638. Naissance. Fils de Louis XIII et d'Anne d'Autriche, fille du roi d'Espagne.

1648-1653. La jeunesse de Louis XIV est marquée par la Fronde ; à plusieurs reprises, la famille royale doit se mettre à l'abri pour échapper aux troubles.

1659. Traité des Pyrénées avec l'Espagne, l'ennemi héréditaire, qui fixe les frontières entre les deux royaumes. Un an plus tard, Louis XIV épouse l'infante Marie-Thérèse d'Autriche.

1661. Mort de Mazarin, qui jusque-là gouvernait le royaume. Le roi va progressivement mettre en place son règne personnel.

1665. Arrivée de Colbert aux affaires. Début de la monarchie absolue. La France est alors la première puissance démographique, militaire et diplomatique d'Europe.

BIOGRAPHIQUES

1666. Début de sa longue liaison avec la marquise de Montespan. Début d'une série de guerres qui vont durer plus de trente ans.

1680. Création de la Comédie-Française. Protecteur des arts et des lettres.

1682. S'installe définitivement à Versailles, dont les travaux ont commencé il y a plus de vingt ans.

1683. Épouse en secret Françoise de Maintenon.

1700-1715. La fin du règne est endeuillée par une série de revers militaires et de disparitions familiales.

1er septembre 1715. Mort de Louis XIV, après le règne le plus long de l'histoire de l'Europe.

Trente ans de séduction, autant d'années de sagesse... relative

Louis XIV a régné plus de soixante ans. Pendant trente ans, ce fut un coureur de jupons frénétique. À quarante-cinq ans, brusquement, il se calme. S'assagit. Non pas sexuellement mais, au lieu de trousser toutes les femmes à sa portée, il réservera désormais pendant trente ans sa fougue à une seule, la sienne : Françoise d'Aubigné, veuve Scarron, que le roi a faite marquise de Maintenon et qu'il épouse secrètement, une nuit d'octobre 1683, dans la chapelle du château de Versailles. Moins de trois mois après la mort de la reine Marie-Thérèse, madame de Maintenon devient « madame de Maintenant ».

A-t-il trouvé en elle ce qu'il cherchait depuis tant d'années chez les autres ? Est-ce une passion érotique, ou le résultat de l'amour ? Ni l'un ni l'autre. Françoise de Maintenon, sans être laide, n'est pas spécialement une beauté. Elle n'est pas du tout portée sur la chose, contrairement à son époux. Elle a connu ses premières expériences avec un vieux mari difforme – l'auteur dramatique Paul Scarron, libertin de vingt-cinq ans son aîné qui était affligé d'une arthrite tordant son squelette : elle en a conçu un dégoût certain pour le sexe. Elle a quarante-huit ans – trois ans de plus que Louis XIV – quand elle devient la favorite du roi, alors que la dernière en date, Angélique de Fontanges, en avait vingt. Elle n'est pas très drôle. Elle n'est pas bête, mais pas d'une intelligence hors du commun. Elle ne joue pas un rôle politique de premier plan : Louis XIV a toujours écarté les femmes du pouvoir, et il en sera de même avec elle.

On n'a aucune marque d'une passion irrésistible du monarque vieillissant pour celle qui fut la gouvernante de ses bâtards. Il est arrivé à Louis XIV d'être enflammé (rarement), mais il n'a jamais confié à quiconque éprouver un sentiment puissant pour madame de Maintenon, jamais manifesté en public les signes d'une affection débordante. Il l'estime, lui est reconnaissant de ce qu'elle a fait pour ses enfants, apprécie son calme en toutes circonstances et la sûreté tranquille de son jugement. « Qu'en pense Votre Solidité ? », lui demande-t-il parfois en se tournant vers elle… D'humeur égale, elle le repose des cabales de la cour, des jalousies des favorites, de la pesanteur de l'étiquette, des charges de l'État. En somme, un modèle de vertu domestique, qui lui offre une union raisonnable et lui apporte un foyer douillet loin des tracas du monde. Le printemps et l'été de Louis XIV ont été un ballet de courtisanes, l'automne et l'hiver s'enfoncent dans un ronron des plus communs. Le Roi-Soleil finit dans les pantoufles d'un bon bourgeois.

Pourquoi ce revirement, alors que les femmes et le sexe ont tant compté pour lui ?

Une personnalité mystérieuse

On a peu de témoignages de l'enfant qu'il fut, quand la nature s'exprime encore avant que l'éducation et les contraintes de la fonction viennent la brimer.

Ce n'était pas un garçon porté vers l'étude. Aux cours de latin, d'histoire ou de mathématiques il préférait de loin les exercices physiques, et il se révélera très vite excellent cavalier et très bon danseur. Il aimera toujours les arts, le beau, sans trop priser la spéculation intellectuelle.

Le petit Louis est silencieux, raisonnable, sérieux, voire grave. C'est un enfant renfermé, volontiers boudeur, au contraire de son jeune frère Philippe (le futur duc d'Orléans), beaucoup plus vif, plus joueur, plus extraverti. Il n'a pas l'esprit très délié et ne sera jamais un homme brillant. Il en concevra d'ailleurs un certain complexe toute sa vie durant, tout en ne pouvant se défendre d'une certaine admiration pour les beaux esprits. Mais il est ouvert, curieux, et doté d'une excellente mémoire.

Il est déjà naturellement peu disposé à dévoiler sa pensée, mais les circonstances politiques troublées de son enfance en feront un dissimulateur, et il le restera toute sa vie. Personne n'a jamais su ce que le roi pensait réellement. Au Conseil, il ne donne pas son avis, laissant parler les autres, décidant ensuite seul, même quand l'unanimité est contre lui ; aux nombreuses requêtes, il répond invariablement : « Je verrai… » Il entre très rarement en conflit ouvert avec quelqu'un : il déteste ça et, quand il cède, notamment à ses maîtresses, c'est toujours pour éviter une scène. Il est tout en contrôle de soi, jamais un mot plus haut que l'autre, jamais une colère ; c'est un sphinx : il peut se montrer charmant à 18 heures avec un courtisan et l'exiler dans l'heure suivante. Tout au long de son règne, nombreux sont ceux qui ont fait les frais de ce trait de caractère et n'ont jamais compris le pourquoi d'un renvoi ou d'une disgrâce.

Ce goût de la dissimulation, Louis a dû l'apprendre très tôt. Il a vécu toute son enfance dans la crainte de perdre sa couronne et, pis encore, peut-être même la vie. Il a dix ans quand la Fronde (1648-1653) éclate. La monarchie doit faire face à l'opposition parlementaire, puis populaire, et enfin à celle des princes, les grands du royaume menés par Condé, le cousin du souverain, qui contestent l'autorité royale. Il a entendu les mousquets crépiter aux portes du Palais-Royal. Par deux fois, la famille a dû s'enfuir, de nuit, dans le plus grand secret, quittant Paris qui n'était plus sûr. On réveille le jeune roi à 3 heures du matin, on l'habille en silence, ils sortent dans un froid coupant, montent dans un carrosse et filent vers un vieux château vide, glacial et lugubre.

Louis en sera traumatisé et profondément humilié. Depuis son plus jeune âge, on lui a répété qu'il était le roi, un homme au-dessus de tous les autres, choisi par Dieu, et dit que chacun lui devait respect et obéissance, que son lignage le distinguait du commun des mortels, que sa personne était sacrée. Il en a conçu un orgueil incommensurable, alimenté par celui de sa mère, Anne d'Autriche, une Habsbourg, arrière-petite-fille de Charles Quint, pénétrée de la grandeur de sa maison. Elle a transmis à son fils la conviction d'être sorti de la cuisse de Jupiter et l'a persuadé que nul n'arrive à leur cheville. D'où la blessure de la Fronde, jamais refermée, qui explique bien des aspects de la politique de Louis XIV (notamment sa volonté constante d'asservir la noblesse) et aussi de son comportement.

Le traumatisme de la Fronde est une des clés du personnage : d'un côté autoritaire, susceptible, chatouilleux, imbu de son sang et de son rang, attendant qu'on lui rende l'hommage et la dévotion qui lui sont dus par la naissance, ne supportant pas la moindre familiarité, très à cheval sur l'étiquette et les préséances, n'oubliant aucune offense ; de l'autre, se souvenant des mésaventures de sa jeunesse, prudent, méfiant, suspicieux, étouffant dans l'œuf les moindres velléités de complot, veillant à ne jamais confier trop de responsabilités à une seule personne ou à un seul clan, divisant pour mieux régner, écartant systématiquement du pouvoir tous les membres de sa famille susceptibles de lui faire de l'ombre… Il en ira avec les femmes comme avec les hommes : il se séparera de celles qui pourraient exercer trop d'emprise sur lui ou qui, se targuant de leur position, veulent se donner une importance qu'il n'est pas prêt à leur accorder.

Mais pour découvrir Louis XIV, il faut aussi tenir compte d'un autre de ses traits de caractère : ce n'est certes pas un intellectuel, mais c'est un homme plein de bon sens. Il n'est pas dupe de la flagornerie des courtisans ni des odes à sa gloire, même s'il les encourage et les apprécie. Un épisode est à cet égard révélateur. En 1662 (il a vingt-quatre ans), on lui propose le soleil comme emblème, et « *Nec pluribus impar* » (« À nul autre pareil ») comme devise. Sa première réaction est de trouver celle-ci ostentatoire, prétentieuse, en un mot ridicule. Il finira par céder, de guerre lasse et pour des raisons de prestige, mais ne l'arborera jamais. Le roi est tout en majesté, l'homme est au fond assez simple. Ni tordu, ni vicieux, ni pervers. S'il détestait qu'on lui désobéisse, il évitait toujours d'humilier gratuitement. Les femmes aimaient chez lui la simplicité dont il faisait preuve en privé, qui contrastait tant avec le spectacle qu'il donnait quand il était en représentation. Dans leur chambre, Louis était un homme comme les autres, d'un commerce agréable, pas prétentieux, bon enfant, indulgent, attentif. Dès qu'il sortait, il redevenait le roi, personnage lointain, inatteignable.

L'homme couvert de femmes

À dix ans, Louis est un bel enfant blond qui suscite l'admiration de tous. À quinze ans, il est un adolescent balourd, éteint, sans grâce. Mais à vingt ans, le papillon est sorti de sa chrysalide. Le jeune homme a de l'allure. D'abord, il est très grand : un mètre quatre-vingt-quatre, un géant pour l'époque. Bien bâti, musclé grâce aux exercices physiques auxquels il s'adonne sans cesse, à commencer par la chasse, le plaisir favori des Bourbons, qu'il pratiquera toute sa vie, deux, voire trois fois par semaine. Des yeux clairs fendus en amande, la bouche charnue, le nez un peu fort. Il aime jouer de la guitare, danser dans les ballets. Il est devenu l'un des plus beaux princes d'Europe, doté d'une énergie physique exceptionnelle. Il parcourt à cheval des lieues et des lieues, tombant, se démettant l'épaule, se cassant le bras, remontant dès qu'il le peut. Il est d'une résistance peu commune à la maladie et à la douleur, et Dieu sait si elles ne lui furent pas épargnées : Louis XIV sera affligé toute sa vie de maux épouvantables, vapeurs, nausées, saignements de nez, dysenteries, indigestions, infections, rages de dents, fistules, coliques, vertiges, goutte, ténia, migraines, furoncles, flatulences, rhumatismes... Tous ses médecins témoignent de son impassibilité face aux saignées, aux lavements, aux arrachages de dents, aux opérations – dont l'une lui enlèvera une partie du palais. Le corps du roi est une grande plaie, mais l'esprit reste indomptable.

Enfin, il y a le sexe, témoin ultime de cette vigueur qui forçait l'admiration. Louis XIV est un glouton. Il n'en a jamais assez. À peine est-il déniaisé, à quatorze ans, par une suivante de la reine[1] qu'il est atteint de frénésie sexuelle. « Tout lui fut bon », rapporte Saint-Simon : les amies de sa mère, les demoiselles d'honneur, les domestiques... Il n'hésitait pas à emprunter les toits, à courir sur les gouttières, à descendre par la cheminée pour retrouver une femme qu'il convoitait. Même sur le tard, alors qu'il a dépassé depuis longtemps soixante ans (un vieillard, pour l'époque), la marquise de Maintenon doit subir régulièrement les assauts de son mari, quels que soient l'heure ou le lieu. Cela l'ennuie, elle en parle à son confesseur, qui lui dit qu'elle doit sacrifier à son devoir d'épouse...

---

1. Voir p. 102.

Il est impossible de faire le compte de ses maîtresses. Il y a celles que l'histoire a retenues (une bonne quinzaine), et toutes les autres, passades d'un soir, d'une promenade, d'une campagne militaire, femmes de chambre, filles de jardiniers, paysannes, dames de qualité… Sans compter la fréquentation des « étuves », l'équivalent de nos salons de massage, où les jeunes employées rendaient aussi d'autres services – on disait « coucher chez le baigneur ».

Comme tous les goinfres, il n'a pas de préférence physique particulière. Tout lui est bon : les brunes, les blondes, les rousses, les maigres, les rondes, les petites, les grandes, les belles, les laides, les jeunes, les vieilles… Il parvient même à honorer régulièrement sa femme, la grassouillette et fade Marie-Thérèse, fille du roi d'Espagne, courte et boulotte, la lèvre pendante, le regard embrumé de bêtise. Elle ne lui a jamais plu, il n'éprouvera jamais pour elle le moindre sentiment, mais lui fera quand même six enfants.

Au cours des vingt premières années de son règne, quand il est dans la force de l'âge, il passe beaucoup plus de temps à forniquer qu'à conduire les affaires de l'État. Tous ses biographes insistent pourtant sur le sérieux du roi et son assiduité au Conseil (l'équivalent du Conseil des ministres). Louis XIV a la réputation d'être un prince particulièrement consciencieux. Par rapport à beaucoup d'autres monarques, sans doute. Jusque dans les années 1680, il consacre au métier de roi en gros une heure et demie par jour, le reste du temps étant dévolu à ses fonctions de représentation et à son bon plaisir. La chasse, le jeu, le sexe, le paraître à la cour occupent les trois quarts de son emploi du temps.

À l'époque de la marquise de Montespan, par exemple, il n'est pas rare que le roi s'éclipse trois fois par jour pour batifoler avec elle…

Outre ses prouesses sexuelles, comment se comporte-t-il avec les femmes ? D'abord, il les aime. Il aime leur compagnie, leur esprit, leur silhouette, leur légèreté. N'oublions pas qu'il a été élevé dans les jupes de sa mère. Il n'a aucun souvenir de son père, Louis XIII, mort quand il avait quatre ans, esprit mélancolique et tourmenté, battu par son père, qui ne s'intéressait absolument pas à sa progéniture et dont on n'entretiendra pas le souvenir. Louis XIV est-il, d'ailleurs, son fils ? On connaît l'indifférence de Louis XIII à l'égard des femmes, son extrême timidité, et certains témoignages de l'époque font même état de son impuissance. Quant à la reine Anne d'Autriche, toute prude qu'elle fût, il est vraisemblable qu'elle eut quelques amants. Quoi qu'il en soit, elle n'a pas ménagé sa tendresse envers le futur roi. Elle le faisait venir dans son bain, le couvrait de caresses, l'embrassait à tout moment, lui donnait des petits noms d'amour. Rien n'était trop beau pour cet enfant du miracle qu'elle avait eu après vingt-deux ans de stérilité et que, pour cette raison, elle avait prénommé Louis-Dieudonné. Jusqu'à la fin, elle portera au poignet un bracelet fait des cheveux de son jeune fils. La veille de sa mort, alors qu'elle reçoit l'extrême-onction, Louis XIV, brisé d'émotion, est pris d'un malaise au pied de son lit…

En souvenir de cette mère aimante, il ne se départira jamais d'une courtoisie réelle envers ses femmes – comme, d'ailleurs, envers toutes les autres. Il ne les aborde pas à la hussarde : Louis n'est pas un soudard, encore moins un violeur. Il a conservé dans son commerce avec les femmes une certaine timidité, sans doute sous l'influence de sa mère, qui était elle-même effacée. Il sera longtemps mal à l'aise avec elles, quoique irrépressiblement attiré. C'est loin d'être un séducteur. Il a l'esprit lent, la parole hésitante, et même une certaine gaucherie. Il doit faire sa cour longuement avant que la belle cède et il subira plus d'une rebuffade. Il mettra des mois à conquérir Louise de La Vallière, comme madame de Montespan. Nombreuses sont celles qui se feront prier : toute femme sait qu'elle obtiendra plus en se faisant désirer qu'en succombant d'emblée. Ce qui fait qu'il tombe facilement dans les rets des coquettes, des rouées (la marquise de Montespan en était une). Sexuellement, il fait également preuve d'une certaine inhibition : au début, il osera rarement franchir le premier pas. Il sera capable de passer toute une nuit avec Marie Mancini, l'une des nièces du cardinal Mazarin, sans oser la toucher…

Une fois parvenu à ses fins, il témoigne d'une réelle reconnaissance et sait même se montrer charmant, voire tendre. On n'a aucun témoignage, de la part de ses nombreuses maîtresses, et pas davantage de ragots, sur une quelconque brutalité du roi. Louis est non seulement un bon amant, mais un amant attentif. Il est capable de délicatesse. S'il froisse, il fait amende honorable.

En outre, il sait se montrer généreux. Louis XIV a la reconnaissance du bas-ventre : il dote toujours richement ses maîtresses et leur famille. L'argent coule à flots. Les parents, les frères, les enfants, les neveux, les cousins de ses belles amies se voient offrir des places, des charges, des régiments. Les femmes le savent, et l'une des raisons qui les poussent dans le lit du roi est l'avantage matériel qu'elles sont sûres d'y trouver.

Mais il déteste qu'on se vante de sa bonne fortune et qu'on fasse croire qu'on exerce un grand ascendant sur l'esprit du roi. Les femmes à leur place ! Il se séparera ainsi sans ménagement d'Isabelle de Ludres, qui clamait partout que le roi l'aimait et que les jours de la Montespan, alors favorite en titre, étaient comptés…

L'erreur fatale de Nicolas Fouquet

Peu sûr de lui-même dans le domaine amoureux, Louis XIV est d'un tempérament jaloux. L'une des raisons de la disgrâce de Nicolas Fouquet, le flamboyant et richissime surintendant des Finances qui lui avait été recommandé par Mazarin, c'est que le roi a cru que celui-ci, séducteur-né, voulait lui voler Louise de La Vallière, dont il était à l'époque follement épris. Or le surintendant avait bien contacté quelques mois plus tôt la favorite, mais ce n'était pas pour la séduire, c'était plutôt pour l'acheter : il lui avait offert une énorme somme d'argent pour qu'elle plaide sa cause auprès du roi. Mal lui en a pris. Louise, qui n'était pas une intrigante, en parla le soir même à son royal amant. Le roi en fut outré : il ne supportait pas qu'on essaie de le manipuler. Il vit aussi dans cette manœuvre une tentative pour mettre le grappin sur sa maîtresse. Il ne le pardonnera pas.

Le 17 août 1661, Fouquet donne une fête somptueuse en son château de Vaux-le-Vicomte. La demeure surpasse en magnificence celles du roi – qui ne s'est pas encore offert

Versailles –, et la fête est d'une splendeur qui fait pâlir Louis XIV de jalousie. Le roi n'en montre rien et félicite Fouquet pour ces moments mémorables. Le 5 septembre (trois semaines plus tard), il le fait arrêter à Nantes par ses mousquetaires, commandés par d'Artagnan. Fouquet tombe des nues. Il passera le reste de sa vie enfermé dans la sinistre forteresse de Pignerol.

Louis XIV n'est pourtant pas un sentimental. Il chasse les corps plus que les cœurs. Seules deux femmes lui inspireront un amour sincère : Marie Mancini, qu'il projette même d'épouser, mais il est très jeune et la raison d'État – Mazarin, en l'occurrence – veille, et Louise de La Vallière, qui restera longtemps favorite, avant d'être détrônée par la Montespan, et lui fera quatre enfants. La première est enflammée et rebelle, la seconde rêveuse et soumise. Ces deux femmes ont en commun d'avoir aimé l'homme plus encore que le roi. C'est la raison pour laquelle, bouleversé de découvrir qu'on pouvait l'apprécier pour lui-même et non pour son statut, il les a aimées en retour.

Ce sont cependant des exceptions. Il se méfie de l'amour, qui cache toujours, pense-t-il, des calculs. Il sait, de toute façon, que sa fonction lui impose un mariage de raison et qu'il n'y a pas de place pour les sentiments dans sa vie, à moins de souffrir et de faire souffrir. Ses autres maîtresses ne le retiendront que par les sens. Celle qui a le plus duré (à l'exception de la Maintenon), la Montespan, doit son exceptionnelle longévité certes à son esprit caustique et amusant (l'esprit

Mortemart[1], fameux à l'époque), qui divertissait le roi, mais aussi et surtout à son inventivité sexuelle. Elle aimait le sexe encore plus que son royal amant.

Il n'est pas plus fidèle à ses maîtresses qu'à sa femme. S'il ne se cache quasiment pas de Marie-Thérèse, sa légitime épouse, il fait plus attention avec la favorite en titre. Pour pouvoir rejoindre qui lui plaît, à l'insu de tous, et surtout de toutes, il emprunte des escaliers dérobés à Saint-Germain-en-Laye, et, plus tard, des passages secrets qu'il a fait aménager à Versailles. Il fera même percer le mur des appartements des jeunes filles d'honneur de sa belle-sœur, au Palais-Royal, sérail dans lequel il a abondamment puisé, pour aller retrouver ces demoiselles, à moins qu'il choisisse de passer par le toit. Il mène facilement deux liaisons durables de front, sans se priver, avec les princesses de Monaco et de Soubise, avec Charlotte-Éléonore de La Mothe-Houdancourt, Lydie de Théobon ou Isabelle de Ludres, avec une dame de compagnie de madame de Montespan, une certaine demoiselle des Œillets. Sans se priver, non plus, d'incartades passagères, voire de revenez-y, comme avec Olympe Mancini, une autre nièce de Mazarin, ou Louise de La Vallière, son ancienne favorite qu'il honore encore de temps à autre quand la Montespan est enceinte (elle le sera huit fois !). Lors de ses déplacements en province, il n'hésitera pas à s'afficher dans le

---

1. Branche de la maison de Rochechouart, à laquelle appartenait madame de Montespan.

même carrosse avec ses deux maîtresses… et sa femme. Les paysans, éberlués, parlaient des « trois reines »…

Le sens de la famille ne l'étouffe pas, la sienne pas plus que celle des autres : il fera des avances à Anne-Marie Martinozzi, princesse de Conti, nièce de Mazarin, avant d'avoir une aventure avec ses cousines, les deux sœurs Mancini ; il n'hésitera pas à avoir un flirt très poussé avec sa belle-sœur Henriette d'Angleterre, la première épouse de son frère, le duc d'Orléans, dit Monsieur. Sans être une belle femme, celle-ci ne manque pas de charme, ni surtout d'esprit, et elle est malheureuse : son mari a une nette préférence pour les hommes, et passe son temps à s'amuser avec ses amants et compagnons de débauche. Les deux frères s'aiment bien, cependant : Monsieur a manifesté un vrai chagrin lors de la terrible maladie de Louis en 1658 – un typhus qui a failli l'emporter –, tandis que Louis n'est qu'indulgence pour ce pervers dont les frasques scandalisent la cour. Cela ne l'empêche pas de lui prendre sa femme, au grand dam de Monsieur qui, ulcéré, se met alors à honorer son épouse plus que de coutume. Henriette, sans trop d'états d'âme, passe d'un frère à l'autre… Elle aura par ailleurs une liaison torride avec le comte de Guiche, l'amant de son époux…

Mais quand c'est fini, c'est fini. Louis XIV prend congé sans ménagement, sans s'attarder sur la douleur de celle qu'il abandonne. Il déteste les pleurs, presque autant que les scènes. Il n'aime pas davantage les femmes malades : quand Angélique de Fontanges doit s'aliter et perd sa beauté après un accouchement difficile, le roi se détourne d'elle. En général, les belles délaissées se voient offrir un cadeau somptueux (il fera ainsi d'Angélique une duchesse), signe qui ne trompe pas : c'est un cadeau d'adieu. Les favorites ne se résignent pourtant pas à céder la place : elles espèrent toujours. Louis ne les chasse pas de la cour, mais désormais les ignore et ne se prive pas de s'afficher avec celle qui leur a succédé, insensible aux regards énamourés qu'elles lui jettent encore et aux mots enflammés qu'elles lui font passer. Il est avec elles comme avec les courtisans ou les généraux qui ont cessé de plaire : d'une royale indifférence. Il n'aura pas un mot compatissant en apprenant la mort de Louise de La Vallière, qu'il avait pourtant tendrement aimée trente ans plus tôt et qui, rongée de remords, avait pris le voile.

À chaque rupture, il éprouve aussi un lâche soulagement, et c'est peut-être pour cela qu'il se montre sans pitié. Car Louis, élevé dans le respect absolu de la religion par une mère dévote et confite en bondieuseries, assiste tous les jours à la messe et éprouve, lui aussi, d'effroyables remords quand il pense à sa vie dissolue. Crises religieuses avivées par les prédicateurs de la cour – Bossuet et Bourdaloue en tête –, qui ne se privent pas, quoique prudemment, par allusions, de rappeler dans leurs prêches l'abomination du péché de chair et la damnation qui attend les pécheurs. En avril 1675, un obscur vicaire de Versailles refuse l'absolution à madame de Montespan, pour cause d'adultère, l'empêchant du même coup de communier le jour de Pâques. Le roi en est très troublé, et cet avertissement, qui avait été précédé de bien d'autres, l'amène à rompre pendant un an avec sa maîtresse. Coupant court ainsi, il a l'impression de racheter son âme et jure chaque fois qu'on ne l'y prendra plus. Chaque fois, bien sûr, il succombe à nouveau au charme féminin, et le sentiment du péché redouble sa jouissance. Car ce que Louis aime aussi dans le plaisir, c'est la transgression – vieux démon des catholiques.

L'âge venant, son corps se détériore. À quarante ans, il a pris du ventre – cela est dû à son effroyable gloutonnerie –, n'a plus beaucoup de dents, et il est presque chauve. Il se fait donc encore moins d'illusions : ce n'est certainement pas l'homme que les femmes courtisent, mais le roi, dispensateur de toutes les faveurs. Le temps des baisers passionnés et des serments d'amour est révolu : désormais, il prend, il jette. Il s'est endurci. Ses dernières maîtresses n'auront pas droit aux attentions qu'il réservait aux premières.

À quarante-cinq ans, il devient veuf. C'est le plus beau parti d'Europe : les héritières des plus grandes dynasties rêvent de devenir reine de France. Mais lui ne veut pas entendre parler d'un second mariage. Il y a songé, un moment, pour conforter l'avenir de sa propre maison, pourtant déjà tant bien que mal assuré. Marie-Thérèse d'Autriche lui a donné de nombreux enfants, mais un seul a atteint l'âge adulte : Louis de France, d'abord dit Monseigneur, et plus tard le Grand Dauphin. Celui-ci a déjà deux fils, et il en aura bientôt un troisième. Le mariage avec l'infante espagnole a donc perpétué sa lignée, ce qui était sa mission, et c'est suffisant. Par ailleurs, le roi a d'autres enfants, une ribambelle. Des bâtards, certes, mais il les préfère à Louis, a pris soin de les légitimer et de les marier à des princes du sang. Dès lors, pourquoi s'encombrer d'une autre épouse, qui restreindrait sa liberté et lui donnerait peut-être une nouvelle progéniture risquant de se chamailler avec la première ? Le chef des Bourbons est avant tout soucieux de la solidité et de la pérennité de son trône, et rien ne le menacerait davantage – on n'a pas manqué de lui raconter les complots des bâtards d'Henri IV pour s'emparer du trône – que des ambitions contraires au sein de sa propre famille.

Mais il lui faut encore des femmes. Ou plutôt, une. Ce sera la Maintenon. Car le roi, après avoir résisté trente ans aux injonctions de l'Église, a fini par se transformer en bon chrétien. Avec l'âge, il devient même bigot, mais morose, voire acariâtre, comme si cette nouvelle discipline, à laquelle il a dû se résigner, le mettait de mauvaise humeur. Mais il en va du salut de son âme… Les vingt dernières années, Versailles est devenu un lieu de dévotion et d'austérité, où l'on s'ennuie ferme. Il y a toujours des fêtes et des spectacles, que le roi donne pour faire plaisir à ses enfants, mais le cœur n'y est plus, et l'ambiance s'en ressent.

Il aime toujours le plaisir, pourtant, et cette fois il peut s'y adonner sans crainte pour son salut, avec la favorite qu'il a épousée.

Cet appétit, qui ne le quittera pas, est remarquable, car il a connu, à peine sorti de l'enfance, deux mésaventures peu reluisantes, deux expériences qui auraient pu être traumatisantes et le dégoûter à jamais du sexe.

Le vice italien et la Borgnesse

Mazarin devient Premier ministre en 1642, alors que le jeune roi n'a que quatre ans. Il le restera près de vingt ans : c'est dire le rôle prépondérant qu'il va jouer auprès du jeune Louis XIV.

La cour de France est alors un lieu sévère, marqué par une ambiance de fin de règne. La mélancolie de Louis XIII et la piété d'Anne d'Autriche n'ont pas favorisé l'éclosion d'une vie légère et brillante. Avec l'arrivée de cet Italien affable, subtil, sensuel, cynique, doué pour le bonheur, tout change. Le cardinal fait venir d'Italie une flopée de compatriotes, seigneurs, marchands ou artistes, qui vont redonner un peu de vie, et, très vite, appelle sa propre famille. C'est une kyrielle de neveux et de nièces qui débarquent, enfants avides de pouvoir et de plaisir, plus ou moins de l'âge du roi : Paul, Philippe, Laure, Anne-Marie, Laure-Victoire, Olympe, Marie, Hortense, Marianne… On appelle les filles les Mazarinettes ; elles feront des mariages somptueux et n'auront qu'un but dans la vie : s'amuser. Louis passe une bonne partie de son temps avec la famille du cardinal : on joue de la guitare, on danse, on se promène, on monte à cheval, on part en séjour à la campagne… Ce sont des camarades de jeu. De tous les jeux…

Car avec tout ce petit monde sont arrivées aussi des mœurs plus libres, qui offusquent les vieux courtisans. Notamment le « vice italien », c'est-à-dire l'homosexualité. Ce n'était pas une pratique inconnue – loin de là –, elle avait même eu son heure de gloire sous le règne du dernier des Valois, Henri III, mais, depuis, on s'était un peu calmé.

Louis a treize ans lorsqu'un soir, alors qu'il entre dans le bain, son premier valet de chambre, le sieur de La Porte, qui s'occupe de lui depuis de nombreuses années, est frappé par son air triste et aperçoit dans les caleçons du garçon des taches qui lui paraissent suspectes. Regardant d'un peu plus près, il découvre que ce sont là les traces d'un commerce honteux. Le bonhomme en est bouleversé. Il soupçonne même Mazarin en personne, qu'il déteste, d'avoir commis l'irréparable. Louis vient en effet de passer la soirée à Melun, dans une des résidences du cardinal qui y donnait une fête. Que faire ? Après avoir tergiversé pendant des jours, La Porte se résout à aller chez la reine et lui fait part de ses soupçons – plus encore : de sa certitude. La reine ne veut rien entendre. Anne d'Autriche est amoureuse de Mazarin. On dit même qu'ils se seraient mariés dans le plus grand secret (ce que nombre d'historiens mettent en doute). Elle sait que La Porte colporte des rumeurs détestables sur le cardinal, dont il s'est déjà ouvert en sa présence. Elle décide alors de s'en séparer : La Porte est renvoyé sans ménagement. Il ne s'en remettra pas et se justifiera longuement dans ses Mémoires. « Il se perdit pour avoir trop parlé, estimera Voltaire, et pour avoir attribué à la débauche un accident fort naturel… » À moins qu'il n'y ait eu, en effet, quelques jeux, non pas avec le cardinal, mais avec ses neveux, et notamment Paul Mancini. Hypothèse retenue par beaucoup, qui n'a rien d'invraisemblable : au même âge, le propre fils de Louis XIV, le comte de Vermandois, sera initié au vice italien. Et cette fois-ci, c'est une certitude.

Trois ans plus tard, ce n'est pas le valet de chambre, mais le médecin du roi qui sonne l'alarme. En mai 1655, Vallot – c'est son nom – s'avise « que les chemises du roi [sont] gâtées d'une matière qui [donne] soupçon de quelque mal, à quoi il [est] besoin de prendre garde ». Il constate par la suite un écoulement chronique venant de l'urètre. Comme tous ses confrères en charge de la santé du roi, Vallot est d'abord un courtisan, qui navigue entre la science et son intérêt : il fait un compte rendu régulier à la reine mère, mais il y a des choses qu'on ne peut pas dire trop crûment. Il écarte donc d'emblée l'hypothèse d'une maladie vénérienne, alors que tous les symptômes sont pourtant présents, qui ne feront que s'aggraver dans les mois suivants, et que d'autres ont établi un diagnostic certain. « Je n'avais pas de doute de la pureté de sa vie, non plus que de sa chasteté », écrit-il. Il pousse l'hypocrisie – ou l'incompétence – jusqu'à déclarer au roi qu'il a « une délicatesse de naissance », bien que l'écoulement se soit déjà transformé en gonorrhée, provoquant fièvre et migraines… Ce Diafoirus fait inutilement subir à son jeune patient de nombreux lavements et saignées.

En vérité, c'est une blennorragie, la plus connue des maladies vénériennes. Louis XIV l'a attrapée lors de sa première expérience sexuelle, et lorsqu'on connaît la dame qui l'a déniaisé, ce n'est pas très étonnant. Elle s'appelle Catherine Bellier, baronne de Beauvais. C'est une dame de compagnie et confidente de la reine, qui l'a chargée d'apprendre à son fils les choses de la vie et de s'assurer qu'il était apte à reproduire. La dame ne va pas se faire prier, d'autant qu'il y a des gratifications à la clé. Elle assaille un jour le jeune roi alors qu'il rentre d'une baignade, et l'entreprend à plusieurs reprises. Elle n'en est pas à son coup d'essai. Cette ambitieuse sortie de rien collectionne les aventures – elle a été, entre autres, la maîtresse de l'archevêque de Sens.

Le jeune Louis est docile, malgré la différence d'âge (elle a vingt-cinq ans de plus que lui) et l'aspect repoussant de son initiatrice : elle est grosse, laide comme un pou et, de surcroît, borgne. On l'appelle « Cateau la Borgnesse ». Mais, apparemment, il y prend goût. En récompense pour services rendus, elle recevra une pension et un immeuble pour son fils. Elle mourra fort riche, après s'être fait construire un bel hôtel particulier en plein Paris. Louis XIV ne lui en voudra jamais ; au contraire : trente ans plus tard, il la recevra encore à la cour en lui témoignant des marques de la plus grande affection…

Les conséquences de ce dépucelage, cependant, auraient pu être dramatiques, et l'entourage du roi fut très inquiet : car la blennorragie peut rendre stérile, ce qui aurait gravement compromis la succession dynastique…

L'érotisme avec la Montespan

Françoise Athénaïs de Rochechouart de Mortemart, marquise de Montespan, fut la grande passion érotique de Louis XIV. Aucune des femmes qu'il avait possédées jusqu'alors ne maîtrisait à ce point la science des corps. Elle aimait l'amour autant que le luxe et la gloire.

Ce fut pour le roi une révélation, surtout après les longues années passées avec Louise de La Vallière, qu'il avait connue oie blanche, et dont le tempérament était passif. Athénaïs, au contraire, se révéla tout de suite être une amante imaginative et insatiable. C'est elle qui prenait l'initiative, et elle avait de l'imagination à revendre. Il n'était pas rare que leurs galipettes durent des après-midi entiers. Louis en sortait les yeux cernés, repu, vidé, jusqu'à ce que l'ensorceleuse le rappelle. Il accourait aussitôt, prêt à se livrer à nouveau aux facéties de sa maîtresse.

Il faut dire qu'elle était belle et sensuelle à souhait. De longs cheveux blonds, épais et ondulés, d'immenses yeux d'un bleu rare, une bouche charnue à la moue irrésistible, une silhouette aux courbes lascives… Les contemporains sont unanimes pour vanter ses appâts. Avec ça, la langue bien pendue, un esprit piquant, moqueur, le goût du plaisir, du sexe, des fêtes, de la bonne chère, des bijoux. De la fierté, aussi : elle est fille de duc, issue d'une des plus illustres familles de France. Et de l'ambition : rien n'est trop élevé pour elle et sa famille.

À vingt-huit ans, Louis repère cette dame d'honneur de sa femme Marie-Thérèse : il est impossible de faire autrement tant elle brille d'un éclat incomparable au milieu de la cour, où s'égaient pourtant nombre d'autres jolies femmes. Mais, encore timide, il n'ose pas l'aborder. Un jour, néanmoins, il s'arrange pour assister en douce à son bain, déguisé en serviteur. Peine perdue, Athénaïs le reconnaît et, en sortant de la baignoire, laisse tomber en riant la serviette qui l'enveloppait. La coquette a décidé que le roi serait son amant.

Elle est cependant mariée, mais à un triste sire – au sens propre du terme. Louis-Henri de Pardaillan de Gondrin, marquis de Montespan, n'est pas un rigolo. Ce cadet de Gascogne est sombre, susceptible, austère, intransigeant, un peu bigot, fauché, et n'a pas les moyens de suivre le train de la cour. De toute façon, il déteste cette ambiance frelatée. Endetté jusqu'au cou, il vient de quitter Paris et sa femme pour entreprendre une carrière militaire à l'autre bout du pays. Le champ est libre.

La personnalité d'Athénaïs colle parfaitement à l'état d'esprit de Louis XIV au moment où il en fait sa maîtresse. Nous sommes en 1667. Après avoir commencé à rétablir son autorité à l'intérieur, le roi ne rêve plus que de conquêtes militaires. C'est le début de campagnes, entrecoupées de trêves, qui vont durer quarante-cinq ans. Il vient de déclarer la guerre à l'Angleterre et envahira les Flandres l'année suivante. Puis ce sera la guerre de Hollande, la guerre de Neuf Ans, le sac du Palatinat, la Succession d'Espagne, avant l'embrasement final, un conflit européen généralisé... Qui mieux que cette femme déterminée, ambitieuse, éclatante, pouvait symboliser sa politique, sa volonté de puissance, son désir de gloire ? Ils partagent le même goût du faste et de la grandeur.

Leur complicité va durer dix ans. Dix ans pendant lesquels elle règne sur les sens du roi, qu'elle affole avec un art consommé de la séduction. Elle le reçoit en déshabillé dans ses appartements, juchée sur des mules à hauts talons, parée de perles et de diamants, au milieu d'une exubérance de fleurs, d'une vraie ménagerie (oiseaux, chèvres, agneaux, etc.), de tentures de brocart, de tableaux peints par les plus grands artistes du temps, de bronzes exquis, de divans moelleux… Comment résister ? Louis, d'ailleurs, ne résiste pas. C'est un fougueux. Il se jette sur elle. Ses femmes de chambre racontent que, le plus souvent, elles n'ont pas le temps de déshabiller leur maîtresse… Si Sa Majesté est fatiguée, Athénaïs se charge de tout. Mais s'il n'est pas à la hauteur, gare à lui ! La belle tempête, entre dans de terribles colères quand son tempérament de feu n'est pas satisfait. Évidemment, toute la cour est au courant, à commencer par la reine. « Cette *poute* me fera mourir… », se lamente Marie-Thérèse avec son accent espagnol.

La « poute » est cependant terriblement jalouse, et fait régulièrement des scènes au roi. Elle a quelques motifs… Louis ne se prive pas d'avoir d'autres liaisons, jusque dans son propre entourage. Notamment avec Claude des Œillets, femme de chambre dc la marquise, qui l'accueille quand celle-ci est occupée ou malade, et qui sera trois fois enceinte des œuvres du roi, tandis qu'il se met à tourner autour de Françoise Scarron, la gouvernante de leurs enfants…

Mais en 1668, voici que réapparaît le cocu, et il n'a rien d'un mari complaisant. De surcroît, c'est un sanguin, un violent. Il se répand dans tout Paris en paroles sur son infortune. Il fait des scènes épouvantables à Athénaïs, la traitant de tous les noms, l'injuriant dans des termes d'une grossièreté à faire pâlir un palefrenier. Il ne se prive pas de s'en prendre aussi au roi, traité de canaille, et aux autres, tous complices : au duc de Montausier, le gouverneur du Dauphin, à la vieille duchesse, l'épouse de ce dernier, qui a cru qu'il allait la jeter par la fenêtre et ne s'en remettra pas. Il crie à tue-tête qu'il va se rendre dans les bordels les plus sordides afin de transmettre la vérole à sa femme, pour qu'à son tour elle infecte le roi, et ce n'est pas une parole en l'air. Il tente de violer Athénaïs, sans succès.

Louis XIV l'envoie en prison par lettre de cachet. Il en sort au bout d'une semaine pour regagner son château : il en fait abattre le portail, jugé trop bas pour qu'il puisse y passer avec ses cornes de cocu. Il y organise, en présence de ses enfants, de sa mère et de sa domesticité, des obsèques en grande pompe où il enterre symboliquement sa femme. On l'emprisonne à nouveau, avant de l'exiler. L'orage passe. Molière s'en inspirera pour écrire sa comédie *Amphitryon*, qui sera jouée devant toute la cour...

Un voyou voyeur

Il y eut d'autres situations grotesques, où la dignité du roi fut mise à mal. Notamment par le duc de Lauzun.

Gascon lui aussi, colérique lui aussi, fort en gueule, grand séducteur et coureur de dot, Antonin Nompar de Caumont, que Louis XIV fera duc de Lauzun, fut longtemps l'un de ses favoris. En 1671, après avoir séduit la cousine du roi, la « Grande Mademoiselle », grand cheval plus âgée que lui de six ans mais qui passe pour être la plus grosse fortune d'Europe, il charge la Montespan de sonder le roi sur leur projet de mariage. Pour s'assurer que celle-ci s'acquitte bien de sa mission, il se glisse sous son lit pendant ses ébats avec Louis XIV. Furieux de constater qu'Athénaïs n'en souffle pas un mot, il en dit pis que pendre devant le roi, lui jetant même à la face qu'il a couché avec elle ! Cette insolence lui vaudra dix ans d'enfermement à Pignerol. Ce petit intrigant prétentieux n'en est pas à son coup d'essai : quelques années plus tôt, jaloux de la liaison du roi avec la princesse de Monaco, il a subrepticement enfermé celui-ci à double tour dans la chambre où il attendait sa maîtresse…

Louis, qui pourtant déteste les scandales, passe outre à chaque fois : Athénaïs le tient.

Et elle n'entend pas le lâcher. Or, le temps passant, elle a quelques raisons de s'inquiéter. Ses grossesses répétées, son appétit gigantesque et son atavisme (son frère est obèse) lui sont fatals. Malgré les onguents, les séances de massage et les parfums, Athénaïs n'est déjà plus menacée d'embonpoint : elle commence à devenir grosse. Primi Visconti, un gentilhomme piémontais qui vivait à la cour, raconte qu'un jour où elle descendait d'un carrosse, il aperçut l'une de ses jambes, qui lui parut aussi épaisse que lui…

Aphrodisiaques, poisons et messes noires

La seule façon de s'assurer de la fidélité de Louis, c'est de maintenir en permanence ses sens en éveil. Mais, à l'approche de la quarantaine, la virilité du roi n'est plus ce qu'elle était à vingt ans, compte tenu, en tout cas, des exigences d'Athénaïs. Elle décide donc de raviver ses ardeurs et se met en quête de « poudres d'amour » – qu'on appellera plus tard aphrodisiaques.

Ce n'est pas très difficile. Paris – surtout au nord et à l'est de la capitale, du côté du Temple ou de Bonne-Nouvelle – grouille à cette époque d'une faune de tireuses de cartes, marchands de drogues, sages-femmes, avorteuses, apothicaires douteux, envoûteurs, pseudo-alchimistes, qui mitonnent quantité d'onguents, de pommades et de poudres, et font vivre un marché clandestin très prospère.

Les recettes de ces poudres d'amour sont fort variées. On en trouve à base de pommes de mandragore, de feuilles de verveine, sang de passereau, ambre gris, grains d'orge, cannelle, clous de girofle, bois d'aloès, jonc odorant, le tout cuit dans un sirop de sucre. Une autre est faite de miel, de testicules de cerf, de chou, de graines d'ortie et de poivre. Entrent dans une autre panicaut (plante herbacée), couillon de renard, lait de brebis, huile de sésame, suc d'oignon, scinque (un lézard des sables) pilé, graines de roquette, de capucine, de moutarde, pistaches décortiquées, musc…

La marquise n'a eu qu'à envoyer une femme de confiance pour s'en procurer. Il est presque certain qu'elle en fit prendre au roi, peut-être à son insu. Cela dit, celui-ci avait déjà recours à des « fortifiants », par l'intermédiaire de son très discret premier valet de chambre. Dans la haute société, l'utilisation de ces poudres n'était pas rare.

Mais des poudres aux poisons, il n'y a qu'un pas, et un certain nombre de charlatans – souvent des femmes – ne se privaient pas, pour aider le destin, d'en concocter à base d'opium, de ciguë, d'arsenic, ou de distillat de crapaud, d'après la recette des Borgia. Leurs clients pouvaient appartenir au meilleur monde : la marquise de Brinvilliers y eut régulièrement recours. Avec la complicité de son amant, elle empoisonna son père, son mari, ses deux frères et sa fille. Le procès, retentissant, eut lieu en 1676. Mais ce n'était rien par rapport à ce qui allait suivre.

Trois ans plus tard, on arrêta trois femmes : la Bosse, la Vigoureux, et surtout la Voisin. On mit alors au jour toute une série de pratiques criminelles, de trafics d'hosties, d'actes de magie noire, de profanations et jusqu'à des sacrifices de nouveau-nés. S'y livraient des fripières, des blanchisseuses, des marchandes d'eau-de-vie, des maquerelles, des déserteurs, des prêtres défroqués… L'« affaire des poisons » venait de commencer.

Ce qui fit trembler la cour et plongea le roi dans la consternation, c'est qu'on s'aperçut que des femmes de haut rang avaient eu recours au service de ces gueux : la comtesse de Soissons (une des fameuses nièces de Mazarin, qui avait épousé un cousin du roi), la duchesse de Bouillon (une autre nièce de Mazarin), la princesse de Tingry, la duchesse de Vivonne (la propre belle-sœur d'Athénaïs), la marquise d'Alluye, etc. Pis encore, le nom d'Athénaïs fut prononcé au sujet de messes noires dites sur le corps dénudé de femmes. Les esprits étaient d'autant plus échauffés que des rumeurs d'empoisonnement avaient couru à chaque décès d'un membre de la famille royale, notamment lors de celui d'Henriette d'Angleterre.

Il y eut des centaines d'arrestations et trente-six condamnations à mort, mais tous les grands personnages furent épargnés.

Athénaïs était-elle coupable ? C'est peu probable, estiment les historiens, qui soulignent quand même ses fréquentations louches. Qu'elle ait eu des velléités d'empoisonner le roi, qui était en train de lui échapper, relève du fantasme. Mais une rivale ? Le décès suspect d'Angélique de Fontanges, qui mourut à vingt-deux ans, en quelques mois, fait peser de lourds soupçons sur la marquise. Il est certain, en tout cas, qu'elle livra son corps à des messes noires, au cours desquelles des enfants furent peut-être immolés…

Louis XIV ordonna qu'aucun aveu la concernant ne soit transmis aux juges. Déjà détaché d'elle, il préféra le doute au scandale. Trente ans plus tard, il brûlera les papiers qui l'accusaient…

Une famille olé olé

Louis XIV n'était pas le seul à prendre du bon temps. Sur la cinquantaine de princes de sang royal qui gravitèrent autour de lui, il n'y en a vraisemblablement pas un seul qui ait été un mari fidèle. Ce qui était un moindre mal : car beaucoup d'entre eux sont allés bien au-delà. Et la famille immédiate du roi n'a pas échappé à cet état de fait.

Le frère : un dépravé total

Philippe d'Orléans, dit Monsieur, le jeune frère du roi, de deux ans son cadet, est un rare modèle de dépravé, dans la galerie pourtant édifiante des Bourbons.

Ses vices ont été encouragés très tôt par Mazarin, pour des raisons politiques : il fallait, à n'importe quel prix, détourner le cadet de toute velléité de pouvoir. Le cardinal a donc systématiquement flatté les penchants frivoles du jeune homme. Sa mère, Anne d'Autriche, qui lui préférait Louis, laissa faire. Enfant, on l'habillait en fille, et il minaudait au milieu des dames d'honneur de la reine, qui elle-même l'appelait « ma petite fille ». Il gardera toute sa vie le goût des déguisements et des fanfreluches, outrageusement fardé, arborant des toilettes extravagantes. Si cela n'avait tenu qu'à lui, il se serait promené en robe. Saint-Simon, que ces manies de travesti révulsaient, rapporte qu'il était « toujours paré comme une femme, plein de bagues, de bracelets, de pierreries, avec une longue perruque tout étalée en devant, et des rubans partout ». Même au feu, il s'habille comme s'il devait se rendre au bal, et y monte maquillé. Il adore se regarder dans les miroirs, avec ses mouches et ses boucles d'oreilles, raffole des cancans de la cour, est incollable et très à cheval sur les questions d'étiquette et de préséance. Il n'est pourtant pas très beau : petit, rondouillard, rougeaud…

Aux alentours de ses quinze ans, Mazarin l'a mis – lui aussi – entre les pattes de ses neveux Paul et Philippe Mancini, qui l'ont initié au « vice italien ». Il y a tellement pris goût que sa vie durant, il sera entouré de « mignons » : le comte de Guiche, le marquis d'Effiat, et surtout le chevalier de Lorraine, le grand amour de sa vie, qui durera trente ans (cela ne les empêche pas d'être tous amants les uns des autres). Mais il était aussi amateur de chair fraîche. Son maître d'hôtel était l'un de ses rabatteurs et lui vendait des garçons trouvés dans la rue ou au parterre de l'Opéra. Il se fournissait également parmi les cadets aux gardes du corps, les campagnes militaires étant l'occasion d'en consommer beaucoup. Au point que les nobles de province évitaient d'envoyer leurs fils servir sous les ordres de « Monsieur de Sodome », comme on l'appelait…

Cela ne l'empêcha pas d'apprécier aussi le commerce des femmes (c'était la vieille princesse Anne de Gonzague qui l'avait déniaisé, à dix-huit ans), notamment des prostituées, qu'il mêlait à de jeunes garçons dans des parties d'échangisme. Il honora aussi régulièrement ses deux épouses, qui lui donneront une douzaine d'enfants : sa première femme, Henriette d'Angleterre, connaîtra huit grossesses en huit ans ! Quant à la seconde, la princesse Palatine, non content de l'engrosser cinq fois, il lui refilera aussi une maladie vénérienne que lui avait transmise le chevalier de Lorraine…

Philippe est le type même de l'altesse inutile – et nuisible – condamnée au désœuvrement. Il se révélera pourtant un bon général et remportera des victoires lors de la guerre de Hollande, au point d'être acclamé à son retour par les Parisiens. Jaloux, Louis XIV lui retire alors tout commandement militaire et ne lui en confiera jamais plus.

Sa piété est baroque, et vaguement superstitieuse. Une nuit, la princesse Palatine, à côté de laquelle il est couché, entend un cliquetis chaque fois qu'il remue sous les couvertures. Intriguée, elle les soulève, pour voir le sexe du duc emmêlé dans un long chapelet d'où pendent quantités de médailles. Il lui affirme alors que les images de la Sainte Vierge ont un effet bénéfique sur les parties du corps qu'elles touchent…

Ses frasques amusent moyennement la cour : on le craint, car il est mauvaise langue et peut se révéler méchant. Louis XIV ne découvrit l'étendue des dégâts que fort tard, à l'occasion d'un scandale mettant en cause l'un de ses propres fils, le jeune comte de Vermandois, qui avait tout juste quatorze ans. Les amis de son oncle l'avaient déjà initié à l'homosexualité, puis, très rapidement, à la débauche. S'était ainsi créée une confrérie, qui recrutait chez les plus hauts seigneurs et certains membres de la famille royale, enrôlant à tour de bras. Même le Dauphin – qui avait décliné – avait été sollicité pour participer à ces orgies. Quand il apprit toutes ces horreurs, le roi, qui n'avait que mépris pour l'homosexualité, entra dans une fureur noire, d'autant que, lors d'une sortie avinée à laquelle s'était joint Vermandois, un homme avait été émasculé à coups d'épée... Derrière rôdait l'ombre malfaisante de Philippe, qui n'était pas le dernier à participer à ces virées nocturnes...

Philippe d'Orléans mènera jusqu'à la fin une vie d'excentricités et de plaisirs. À soixante ans, devenu gras, il s'entiche d'un jeune gentilhomme de province, qu'il couvrira d'or.

Un après-midi de 1701, il a une vive altercation avec Louis XIV à propos de la conduite de son fils – le futur Régent, prénommé lui aussi Philippe –, qui n'a rien à lui envier en matière de débauche et en fait voir de toutes les couleurs à sa femme, la propre fille de Louis XIV. Les deux frères se querellent vertement. Les courtisans, qui tendent l'oreille, entendent distinctement leurs éclats de voix. Philippe rentre chez lui fort contrarié, s'empiffre au dîner – à son habitude –, avant de tomber soudainement, foudroyé par une attaque d'apoplexie.

Le fils : « Montrez ce sein que j'ai tant envie de voir. »

De son union avec Marie-Thérèse, Louis XIV n'avait plus qu'un seul fils légitime, Louis, dit Monseigneur et plus tard le Grand Dauphin. Il ne régnera jamais, puisqu'il meurt avant son père, à cinquante ans. Pour beaucoup d'historiens, c'est un balourd, qui ne montre d'esprit que lorsqu'il s'agit d'inventer des jeux. Pour d'autres (plus rares), c'est un bon garçon qui aurait pu faire un roi acceptable. Il était en tout cas littéralement terrorisé par son père, au point d'être incapable d'articuler une phrase cohérente en sa présence…

Il était surtout passionné par la chasse, ses collections d'art… et la galanterie. À sa décharge, l'héritier n'a pas eu grand-chose d'autre à faire au cours de sa vie… Il avait été de surcroît marié à une femme au physique particulièrement ingrat, Marie-Anne de Bavière, dont la laideur faisait déjà l'objet de gorges chaudes à la cour de son propre père, le prince électeur. « Ce n'est pas grave, dit Louis quand on lui annonça le projet d'union, si elle a de l'esprit et des vertus. » Il passera sa vie à la tromper, allant chercher ses proies un peu partout, à commencer par les demoiselles d'honneur de sa femme, qui trouva un jour chez elles une collection de revues pornographiques. Sa tante, la princesse Palatine, bonne observatrice des mœurs de la cour, épistolière intarissable, écrit qu'il est « affreusement débauché ».

Les Parisiens l'aiment bien, car il se rend régulièrement au spectacle dans la capitale, alors que son auguste père n'y met plus les pieds depuis qu'il a fait de Versailles, en 1682, sa résidence principale. Il s'y approvisionne en comédiennes, qu'il emmène dans ses demeures de

Chaville et surtout de Meudon, où il convie aussi quelques amis avec lesquels il s'enivre consciencieusement. Il aime particulièrement les femmes replètes à la poitrine abondante. Comme on connaît ses goûts, on ne se gêne pas : la marquise de Richelieu se met un soir sans autorisation dans son lit et l'attend. Monseigneur, très surpris, la découvre en rentrant dans sa chambre, couche avec elle sans façons et, le lendemain, le raconte à tout le monde...

Devenu veuf, il promet à toutes ses maîtresses de les épouser – comme son père l'a fait avec madame de Maintenon. Les malheureuses le croient... Il est probable, cependant, qu'il finit par s'unir avec l'une d'entre elles, une certaine Émilie Joly de Choin. La dame avait des seins énormes, sur lesquels il s'amusait à taper « comme sur des timbales » – dixit la Palatine. En outre, elle l'avait rendu père. Elle n'est d'ailleurs pas la seule : Louis, comme tous les Bourbons, aura plusieurs enfants naturels.

Les filles

Louis XIV eut cinq filles, mais seules trois arrivèrent à l'âge adulte. Deux d'entre elles étaient fort jolies, ayant hérité la beauté de leurs mères respectives, Louise de La Vallière et Athénaïs de Montespan. Elles épousèrent toutes deux leurs cousins Condé, dont la famille était très particulière[1]. Elles menèrent une vie de bâton de chaise. Elles se disputèrent notamment les faveurs d'un

1. Voir page suivante.

troisième Condé, qui, en galant homme, et bien qu'homosexuel, donna satisfaction aux deux sœurs, allant même jusqu'à engrosser l'une d'elles. On sait par ailleurs que la princesse de Conti n'était pas hostile aux amours saphiques. Elle était aussi très proche de son demi-frère, le Grand Dauphin, et toute la cour était persuadée qu'ils couchaient ensemble. L'autre, dite Mademoiselle de Nantes, fumait la pipe, mangeait dans son lit, buvait comme un trou et collectionnait les amants.

Les cousins et les neveux : la folie des Condé

Les Condé, dont les cadets s'appelaient Conti, sont les plus proches parents du roi, des cousins qualifiés de « premiers princes du sang ». Appelés à succéder aux Bourbons si la branche aînée venait à s'éteindre, ils vont attendre leur heure pendant trois siècles, passant leur vie à conspirer, se frottant les mains dès que la guerre ou la maladie faisait disparaître un descendant direct des Bourbons. Mais leurs tentatives ne seront jamais récompensées, et leurs espoirs resteront toujours déçus…

Le prince le plus glorieux de cette famille turbulente est le Grand Condé, brillant général qui mit fin à la menace espagnole par la victoire de Rocroi, en 1643. Lui-même avait des mœurs assez libres : il était clairement bisexuel, et puisait pages et officiers dans le cheptel militaire. L'homme de lettres Tallemant des Réaux, auteur des fameuses *Historiettes*, chroniques très bien documentées sur les personnages célèbres de son temps, raconte la scène suivante…

« Le prince de Condé, sortant de son carrosse pour faire halte dans une auberge de campagne, avise un jeune garçon qu'il trouve charmant. Il l'aborde aussitôt, lui pose des questions sur son collège, et, tout en discutant, l'entraîne dans sa chambre où le dîner est servi. Les laquais, habitués à ce manège, laissent le prince et l'écolier en tête à tête. Condé lui demande si, avec ses camarades de classe, il n'a pas l'habitude de se branler, et, sans plus attendre, plonge sa main dans la culotte du chérubin.

“Comment, vous ne bandez pas ?

– Pardonnez-moi, monseigneur, dit l'écolier rougissant, c'est le respect qui m'empêche.”

Alors le prince se fait prendre son engin et enseigne au novice à le branler de la main gauche, en lui mettant les doigts de la main droite dans le cul. À ce moment, on frappe à la porte. C'est le trésorier du prince qui a couru après lui depuis Paris pour lui faire signer des papiers importants. Furieux, le prince jette l'homme dehors en hurlant :

“C'est bien le moment pour me faire signer des papiers !” »

À la décharge de Condé, il avait eu un amour de jeunesse contrarié.

Richelieu lui fit épouser une de ses nièces, Claire-Clémence de Maillé. Le ménage fut malheureux. La princesse délaissée commit l'erreur de prendre pour amant un vulgaire page et fut prise sur le fait. Le page fut condamné aux galères, et Claire-Clémence emprisonnée pendant vingt-cinq ans, jusqu'à sa mort…

Il y avait chez les Condé une double et lourde hérédité. D'abord un grain de vraie folie, qui va s'inviter presque à chaque génération, pendant deux siècles ; il serait dû, précisément, aux Richelieu, chez lesquels il y avait un atavisme fâcheux : le frère et la sœur du cardinal étaient notoirement fous. Ensuite, une solide consanguinité, résultat de mariages innombrables entre cousins, qui n'arrangeait sans doute pas les choses.

Le fils du Grand Condé, Henri-Jules, avait régulièrement des accès de lycanthropie, pathologie consistant à se prendre pour un animal : il se transformait soudain en chien, aboyant dans les embrasures de fenêtre, ou en lièvre, et se mettait à détaler dans les jardins de Versailles.

Cette démence pouvait se traduire par des accès de violence incontrôlables. Un autre Condé était un pervers et un maniaque, qui tuait ses valets et s'amusait à tirer sur les couvreurs pour les voir tomber. L'un des princes de Conti battait sa femme comme plâtre, au point qu'il fallait faire venir à chaque fois des chirurgiens pour soigner la malheureuse. Une fille, que Louis XIV maria à son fils le duc du Maine, était une vraie harpie. Un autre, enfin, sera au XVIIIe siècle un sadique et un assassin : c'est l'un des modèles du marquis de Sade.

L'autre handicap était leur difformité physique : les princes de Conti sont bossus de père en fils. Certains sont rongés de tics, un autre se révèle d'une laideur telle qu'on l'appelle le « singe vert ».

Quasiment tous sont bisexuels, libertins et grands amateurs de bordels. Il est probable qu'Armand de Conti, le frère du Grand Condé, couchait avec sa sœur, qui elle-même multipliait les aventures (elle aura un fils avec La Rochefoucauld). Il mourra des suites d'une maladie vénérienne, non sans l'avoir, en galant homme, transmise à sa femme.

La lignée des Condé s'éteint en 1830 et finit comme elle avait commencé : par une extravagance.

Le dernier prince est retrouvé un beau matin pendu par deux mouchoirs à l'espagnolette de la fenêtre de sa chambre, au château de Saint-Leu. Après une enquête bâclée, la justice conclut à un suicide. En vérité (on en aura la preuve plus tard), Louis Henri de Condé a succombé à une séance de strangulation un peu trop poussée : à soixante-quatorze ans, il avait régulièrement recours à cette pratique comme stimulant sexuel, tandis que sa maîtresse lui administrait des douceurs lorsque son membre défaillant retrouvait dans cette position quelque vigueur…

Il faut dire que le prince était, de longue date, un érotomane convaincu. Au cours de ses années d'exil à Londres, pendant la Révolution, il fréquentait assidûment les bordels et ne dédaignait pas les parties fines. Il s'enticha d'une prostituée du nom de Sophie Dawes, de trente ans sa cadette, une blonde au regard effronté, fille d'un pêcheur de l'île de Wight, et se mit en ménage avec elle. Elle devint l'organisatrice de ses plaisirs, avec la collaboration active de quelques-unes de ses anciennes camarades. On raconte[1] que, dans l'un de ces divertissements, le prince, nu et à quatre pattes, faisait le chien

1. Guy Breton, *Histoires d'amour de l'histoire de France*, Paris, Presses de la Cité, 1992.

au milieu de six jeunes femmes dévêtues… Après sa mort, lors de l'inventaire de ses biens, on découvrit quelques revues pornographiques pas piquées des vers !

Revenu en France, il maria Sophie au baron de Feuchères ; elle ne tarda pas à divorcer pour vivre à nouveau avec lui. Elle avait par ailleurs un amant, mais sa technique expérimentée était devenue indispensable au vieillard libidineux. Certains la soupçonnèrent d'avoir quelque peu hâté le trépas de son protecteur en renversant le tabouret sur lequel ses pieds reposaient… À sa mort, la toute nouvelle baronne hérita une partie de la colossale fortune du prince, dont le fameux château de Saint-Leu.

*
**

La réputation bien établie de cette famille n'empêcha pas Louis XIV de marier deux de ses filles naturelles à des Condé. Comme il maria l'une de ses petites-filles au duc de Vendôme, un autre de ses neveux, connu pour être homosexuel et vérolé jusqu'à la garde.

Quant à Philippe d'Orléans, le fils de son frère, celui qui allait devenir régent du royaume à sa mort, c'est encore une autre histoire…

BIBLIOGRAPHIE SÉLECTIVE

BÉLY, Lucien (dir.), *Dictionnaire de l'Ancien Régime*, Paris, Presses universitaires de France, 1996.

BLUCHE, François, *Louis XIV*, Paris, Fayard, 1986.

BLUCHE, François (dir.), *Dictionnaire du Grand Siècle*, Paris, Fayard, 2005.

BOUYER, Christian, *Louis XIV et la famille royale*, Paris, Pygmalion, 2009.

BOUYER, Christian, *Le Duc d'Orléans. Frère de Louis XIV*, Paris, Pygmalion, 2003.

CARREZ, Jean-Pierre, *La Salpêtrière de Paris sous l'Ancien Régime : lieu d'exclusion et de punition pour femmes*, 2008, criminocorpus.cnrs.fr/

COMBESCOT, Pierre, *Les Petites Mazarines*, Paris, Grasset, 1999.

FRASER, Antonia, *Les Femmes dans la vie de Louis XIV*, Paris, Flammarion, 2007.

GOUBERT, Pierre, *Louis XIV et vingt millions de Français*, Paris, Fayard, 1991.

GOUBERT, Pierre, et ROCHE, Daniel, *Les Français et l'Ancien Régime*, t. II : Culture et société, Paris, Armand Colin, 2000.

LA PORTE (M. de), *Premier valet de chambre de Louis XIV*, Mémoires.

PEREZ, Stanislas, *La Santé de Louis XIV. Une biohistoire du Roi-Soleil*, Seyssel, Champ Vallon, 2007.

PEREZ, Stanislas, *Journal de santé de Louis XIV*, Grenoble, Éditions Jérôme Millon, 2004.

PETITFILS, Jean-Christian, *Louis XIV*, Paris, Perrin, 1995.

PETITFILS, Jean-Christian, *Versailles, la passion de Louis XIV*, Boulogne-Billancourt, Timée Éditions, 2005.

PUJO, Bernard, *Le Grand Condé*, Paris, Albin Michel, 1995.

– 3 –

LE RÉGENT

REPÈRES

2 août 1674. Naissance de Philippe d'Orléans, fils de Monsieur, frère de Louis XIV, et de Charlotte Élisabeth de Bavière, princesse Palatine.

1691. Premières campagnes militaires.

1692. Mariage de Philippe avec mademoiselle de Blois, fille de Louis XIV et de la marquise de Montespan.

1701. Premières querelles entre Louis XIV et son frère au sujet des mœurs dissolues de Philippe ; mort de Monsieur ; Philippe devient duc d'Orléans.

1703. Grande déception : Louis XIV lui refuse un commandement dans l'armée.

1707-1708. Campagnes d'Espagne.

1709. Les relations avec Louis XIV se dégradent encore.

1710. Rompt avec sa maîtresse, madame d'Argenton.

BIOGRAPHIQUES

1711-1714. Mort de plusieurs héritiers de Louis XIV ; le duc d'Orléans se rapproche du trône.

1715. Mort de Louis XIV ; Philippe d'Orléans devient régent du royaume.

1716. Création de la banque Law.

1717. L'abbé Dubois, ancien précepteur de Philippe, entre au Conseil de Régence.

1718. Première alliance avec l'Angleterre.

1720. Écroulement du système Law.

1722. Le cardinal Dubois devient Premier ministre.

1723. 10 août : mort de Dubois ; 2 décembre : mort du Régent.

Galerie des Glaces du château de Versailles,
mercredi 16 janvier 1692, 21 heures

Près des hautes fenêtres donnant sur la nuit, les valets s'affairent autour des grands candélabres qui illuminent l'immense galerie. D'autres domestiques, les bras chargés de plateaux, vont et viennent sur un signe discret des maîtres d'hôtel. Çà et là, de petits groupes se sont formés, qui chuchotent dans leur coin avec des mines de conspirateurs. Il règne une atmosphère étrange, comme si l'on s'attendait à une catastrophe imminente…

La grande affaire du jour, c'est le futur mariage de Son Altesse royale le duc de Chartres, fils de Monsieur, le frère du roi. Tout le monde sait que Monsieur, et plus encore Madame, son épouse, sont violemment hostiles au projet caressé depuis longtemps par Louis XIV : unir son neveu à sa fille bâtarde, mademoiselle de Blois.

Pour les parents du duc, c'est l'horreur absolue. Comment ! Un petit-fils de France, descendant de Louis XIII et d'Henri IV, convoler avec Françoise-Marie de Bourbon, la fille illégitime de Louis XIV et de cette catin de marquise de Montespan ? Décidément, tout fout le camp ! Les princes se doivent d'épouser des princesses, et non des bâtardes, fussent-elles issues du roi !

La plus furieuse, choquée, outrée, c'est Madame. Elle a beau n'être qu'une petite princesse allemande, fille de l'électeur palatin dont la famille ne peut rivaliser avec celle des Bourbons, Charlotte Élisabeth de Bavière n'en est pas moins très à cheval sur les questions de préséance. On ne plaisante pas avec la légitimité, et l'idée que la « boue infecte » des Montespan souille le sang de saint Louis lui donne des cauchemars.

Et pourtant, elle-même sort de rien, ou de pas grand-chose. Lorsque Louis XIV a choisi pour Monsieur, veuf d'Henriette d'Angleterre, la fille du principicule Karl Ludwig von Pfalz Simmern, on en a fait des gorges chaudes à Versailles : « Qui c'est, ce rien du tout ? » Mais voilà : les territoires du rien du tout – le Palatinat – forment un petit État tampon bien utile à la politique allemande de Louis XIV… Et depuis qu'elle a rejoint l'illustre famille des Bourbons, la princesse Palatine est devenue plus royaliste que le roi.

Passe encore que son moins-que-rien de mari, le duc d'Orléans, ait cédé devant la volonté inflexible de son frère, le roi : il n'a jamais su faire autre chose. De toute façon, en dehors de ses mignons, de ses collections d'art, de ses tenues de grande folle et de la bouffe (il n'y a pas d'autre mot), Monsieur ne s'intéresse à rien. On le comprend : il ne sert à rien. Tenu en lisières par son frère, condamné à n'être qu'une altesse inutile, il occupe son temps comme il peut, dilapidant son argent en débauches et œuvres de maîtres. Mais Philippe, son fils, son propre fils, sur lequel elle avait fondé tant d'espoirs ! Lui, c'est autre chose. Il a eu les meilleurs précepteurs, il est intelligent, il est doué pour la guerre, et il est cinquième dans l'ordre de succession au trône. Il peut devenir un jour roi de France, c'est-à-dire le plus grand roi du monde. Quelle mésalliance !

Depuis 4 heures de l'après-midi, depuis que Philippe a donné, tout penaud, son assentiment au roi, fût-ce du bout des lèvres, Madame ne décolère pas. Elle pensait pourtant qu'il résisterait, qu'il aurait le courage de dire non à l'auguste monarque qui fait trembler tout le monde. Mais il a cédé, lui aussi, par facilité, par lâcheté...

Ce qui redouble sa colère, c'est qu'elle voit derrière ce guet-apens la main de la Maintenon, l'épouse morganatique du roi, cette « sorcière », cette « truie », comme elle la nomme dans les innombrables lettres qu'elle écrit quotidiennement à toutes les cours d'Europe pour narrer par le menu la vie à Versailles. La Maintenon, sa bête noire. La « Marquise »... qui a élevé les bâtards de Louis XIV, du temps qu'elle n'était que gouvernante, qui les adore, et qui n'a de cesse d'obtenir pour eux de beaux mariages. Et là, c'est son chef-d'œuvre : en faire épouser une par le neveu le plus proche du roi.

La grosse duchesse d'Orléans, dite « Liselotte », qui elle aussi s'empiffre, connue pour son franc-parler, son bon sens, ses qualités d'observation, sa laideur également – mais elle s'en moque –, suffoque de haine. Escortée de sa dame de compagnie, elle se promène à grands pas dans la galerie des Glaces, le mouchoir à la main, pleurant sans retenue, parlant haut, gesticulant... La Maintenon ! Pire que la Montespan : une fille de rien, veuve de Scarron – un poète lubrique –, calculatrice, sournoise, faux jeton, qui tient le roi sous sa coupe. Elle a dû lui faire valoir que c'était une bonne occasion pour abaisser la maison d'Orléans. Déjà, Louis XIV préfère ses bâtards à ses enfants légitimes. Alors, son neveu… De plus, il se méfie de Philippe, plus brillant que sa propre progéniture, qui pourrait un jour être tenté de les supplanter. Lui faire épouser une de ses filles, c'est une façon de le tenir. Ah, la « vieille ordure » a bien réussi son coup ! Et en plus, regardez-la, cette petite Blois : elle ressemble à un cul comme deux gouttes d'eau. Quand elle parle, on a l'impression qu'elle a toujours la bouche pleine de bouillie. Et vous avez vu comment elle marche ? Comme un canard boiteux, on dirait qu'elle a un côté plus lourd que l'autre… Et ce n'est pas tout : elle fume la pipe, elle prise du tabac, elle mange dans son lit et boit comme un trou. Vous savez comment ses sœurs l'appellent ? « Sac à vin » !

Dans la galerie, où d'habitude on ne se gêne pas pour pérorer à haute voix, ce ne sont que chuchotis et murmures. À part les vociférations de Madame, bien sûr… ou à cause d'elle. Les courtisans jettent des coups d'œil à la dérobée et se regardent la mine entendue : « Il paraît qu'il a cédé… – C'est le début d'une longue brouille… – On peut comprendre Son Altesse… – Regardez Madame : elle est encore plus rubiconde que d'habitude… » On ragote, on suppute, on calcule : de quel côté se ranger ? Le roi n'est pas tout jeune, le duc de Chartres a un bel avenir devant lui, et il est très généreux. Oui, mais prudence : pas d'impair, il ne s'agit pas non plus de déplaire à la marquise…

Dans un coin, le duc de Chartres, qui n'a aucune envie de se colleter avec sa mère, fait mine de jouer aux échecs.

Dans un autre, Monsieur – l'air honteux –, qui n'a aucune envie d'affronter sa femme, fait une partie de cartes avec monseigneur le Dauphin, le fils de Louis XIV, qui ne s'intéresse qu'à la chasse, aux femmes… et aux cartes. Dans un autre encore, la jeune mademoiselle de Blois (quatorze ans), celle par qui le scandale est arrivé, est allée se réfugier sur les genoux de la marquise de Maintenon. Impassible comme d'habitude, l'épouse secrète du roi caresse les cheveux de la jeune fille, ignorant les vociférations de sa belle-sœur.

Enfin, la famille royale passe à table. Le dîner se déroule dans un morne silence. Tout le monde affecte de ne pas entendre les pleurs et les reniflements de Madame, qui ne dit pas un mot à son fils, assis à côté d'elle. Elle refuse tous les plats que le roi lui propose. Au moment de se séparer, Louis XIV, toujours courtois, s'incline profondément devant elle, qui fait une pirouette, tourne les talons d'un air offusqué et se retire dans ses appartements.

Le lendemain, toute la cour va présenter ses félicitations à l'heureuse famille. Madame, Monsieur et le duc de Chartres, obligés de se plier à ce cérémonial, doivent recevoir les courtisans qui, à la queue leu leu, se lancent dans un compliment embarrassé et inaudible. Évidemment, à peine sortent-ils que les langues se délient…

Le surlendemain, tout le monde se retrouve dans la galerie, en attendant la sortie du roi qui tient conseil avant de se rendre à la messe. Saint-Simon, snob comme un pou, cancanier comme il n'est pas permis, proche du duc de Chartres, ne rate jamais ce genre d'occasion. Le duc fait alors son entrée et se dirige vers sa mère pour aller la saluer. Au moment où il se penche pour lui baiser la main, celle-ci lève le bras et lui administre une gifle retentissante ! Effroyable embarras de l'assistance, partagée entre le fou rire et la consternation... Philippe d'Orléans n'est plus un gamin : il a dix-huit ans, il a déjà connu l'épreuve de la guerre, et le voilà souffleté devant tout le monde ! Madame en profite d'ailleurs pour tancer Monsieur, qui se tient à côté d'elle et se fait tout petit...

Philippe d'Orléans, duc de Chartres, est-il donc un pantin, un benêt que l'on peut mener par le bout du nez et humilier en public ? Un de ces princes comme il y en a tant autour du roi – autour de tous les rois –, ornements désœuvrés d'une majesté égoïste, simples pions sur l'échiquier royal, choyés ou évincés au gré des intérêts ou des caprices du monarque ?

C'est tout le contraire.

*
**

Philippe d'Orléans est le prince le plus doué de son temps. De très loin. Seul le duc du Maine, un des bâtards de Louis XIV, pourrait lui faire concurrence : c'est un homme incontestablement intelligent, cultivé, réfléchi, amateur éclairé des arts et des lettres. C'est l'enfant préféré de Louis XIV qui, si cela ne tenait qu'à lui, en ferait bien son héritier. Mais il a trois handicaps. Sa naissance, d'abord, qui, a priori, l'écarte du trône. Son infirmité, ensuite : il est boiteux, ce qui est fâcheux pour un éventuel roi de France. Enfin, son manque d'appétit et de talent pour la chose militaire. En 1691, Louis XIV a emmené à la guerre son fils et son neveu Philippe, et les a confiés à son meilleur capitaine, le maréchal de Luxembourg. Le résultat fut sans appel : c'est Philippe qui fit preuve d'initiative et de courage, alors que le duc du Maine semblait ailleurs. Louis XIV a fait mine d'apprécier, et confié ultérieurement quelques commandements à son neveu. Mais en réalité, il est vexé, et bientôt, irrité par de nouveaux exploits de Philippe, il lui fermera définitivement la carrière des armes.

Beaucoup d'autres choses déplaisent au monarque vieillissant chez son neveu. Son esprit, d'abord. Philippe a été très bien éduqué par l'abbé Dubois, remarquable précepteur dont il fera, plus tard, son Premier ministre. Celui-ci, qui n'a pas de préjugés de classe – il est issu de la petite bourgeoisie –, a fait de son élève un homme non seulement instruit, qui s'intéressera toute sa vie aux arts comme aux sciences, mais aussi ouvert. Il lui a appris à juger les autres non pas en fonction de leur naissance, mais de leur mérite. Philippe se plaira toujours en compagnie des bons esprits : Dubois, bien sûr, mais aussi Fontenelle, Charles Perrault... Au point que la cour, et jusqu'à sa propre famille, s'en inquiète : il n'est jamais bon pour un prince d'être trop éclairé. La monarchie a besoin avant tout de continuité, et le roi en est le symbole : point n'est besoin de trop réfléchir. C'est ce que pense aussi Louis XIV. Madame, qui trouve parfois que Dubois va trop loin, s'en ouvrira à Fénelon, qui prendra la défense du précepteur.

De surcroît, le futur duc d'Orléans – il le deviendra à la mort de son père – a l'esprit vif. C'est un excellent orateur, à la langue déliée, avec une touche de fantaisie.

Rien à voir avec le côté lent, méthodique, appliqué – besogneux, en somme – de Louis XIV. Mais Philippe est aussi un sceptique, qui ne se fait pas d'illusion sur les hommes, et ce trait de caractère l'entraîne parfois à une certaine nonchalance, qui frise la paresse. Ce que déteste le Roi-Soleil, tout d'énergie, de travail, de sérieux. Amateur de bons mots, volontiers moqueur, le fils de Monsieur, au contraire, a tendance à tout tourner en dérision, même le pouvoir – ce que ne peut supporter son oncle, qui ne plaisante pas avec la fonction royale. Son neveu est un homme de compromis, qui déteste l'affrontement : la ruse, le mensonge, les fausses promesses (il en délivre à foison), les fausses confidences sont ses armes favorites. Alors que Louis XIV est d'un bloc : tout le monde doit céder devant sa volonté.

Cela n'empêche pas Philippe d'être un homme éminemment sympathique, ne serait-ce que pour une seule raison : il est naturellement bon. « Je n'ai pas écrit une ligne qui n'ait pour but le repos du monde », dira-t-il sur le tard. Et c'est vrai : quoique conscient de son rang et attaché aux prérogatives de sa naissance, il n'a aucune fatuité, aucune vanité cruelle – contrairement à son père. Tous ses contemporains louent sa simplicité, sa lucidité, sa modestie, son souci des autres. Il est sans affectation, généreux, attentif – autant que son rang le lui permet. En un mot, il ne se prend pas pour le nombril du monde. Contrairement à Louis XIV…

Même leurs goûts artistiques – et tous deux aiment l'art – les opposent. En musique, par exemple, autant Louis XIV est partisan de la tradition française, incarnée par Lully malgré son origine florentine, autant Philippe est le défenseur de la tradition italienne, représentée par Charpentier et Rameau.

Non, décidément, rien ne colle entre le vieux roi, autoritaire et hiératique, et le jeune prince, tout en nuances et anticonformiste.

Femmes, femmes, femmes…

Enfin – enfin et surtout –, Philippe est un débauché de la pire espèce, dans un monde qui pourtant en a vu... « Mon neveu est un fanfaron de crimes ! », se plaint Louis XIV. À soixante ans, le roi a oublié les fredaines de sa jeunesse : il est devenu vertueux, et presque bigot. Cette évolution personnelle correspond à celle de son temps. Les années 1660-1670 connaissent en effet une réaction dévote contre l'esprit libertin de la première moitié du siècle. Elles marquent clairement la fin d'une époque. On entre dans l'ère de Tartuffe – non pas au sens hypocrite du terme, mais au sens rigoriste. Dans toute l'Europe, la Contre-Réforme[1] bat son plein : il s'agit désormais de montrer que l'Église, loin des turpitudes que lui ont reprochées les Luther et les Calvin, est redevenue un modèle de vertu. L'ère des moines paillards et des cardinaux polygames est révolue. Ne pas oublier que l'une des raisons de l'arrivée de ce qu'on a appelé

1. La Contre-Réforme est un mouvement né lors du concile de Trente (1545-1563). Elle vise à combattre les hérésies, à commencer par la première d'entre elles, le protestantisme. L'Église redéfinit l'essentiel des dogmes, réforme le clergé séculier et régulier, prend en main l'instruction et favorise les arts.

le protestantisme – qui a pris plusieurs formes, mais qui tire son étymologie du verbe « protester » – est la dénonciation des mœurs de l'Église, qui s'étaient totalement délitées à partir de la fin du Moyen Âge, en contradiction avec les préceptes évangéliques de pauvreté, d'humilité et de chasteté. Le dévergondage du haut clergé était notoire et spectaculaire. Au début du XVe siècle, le concile de Constance vit arriver vingt-neuf cardinaux, trente-trois archevêques, cent cinquante-cinq évêques, une centaine d'abbés et environ trois cents docteurs en théologie. Leur suite était impressionnante : quinze à vingt mille personnes, affectées exclusivement à leur service. Plus des centaines de courtisanes et de prostituées… Au début du XVe siècle, Rome comptait cinq mille prostituées, dont les clients étaient essentiellement des ecclésiastiques. Il faut dire que l'exemple venait de très haut : le pape Alexandre VI Borgia était un habitué d'orgies ; Jules II Della Rovere eut de nombreuses maîtresses et quelques amants ; Paul III Farnèse fut l'heureux père de trois fils et deux filles ; les cardinaux Innocent VII Cybo et Prospero Colonna eurent au moins cinq enfants chacun, la plupart dûment reconnus…

Désormais, les blasphémateurs et les sacrilèges sont poursuivis avec plus de sévérité que jamais. L'adultère est régulièrement condamné en chaire. Le rigorisme janséniste, même s'il a été maté, a durablement marqué les esprits.

L'atmosphère de Versailles s'en ressent. On est loin des fêtes galantes des débuts du règne. Louis XIV, hanté par ses erreurs de jeunesse, tente de racheter son salut par une conduite irréprochable, soutenu par la prude Françoise de Maintenon. Qui a elle aussi quelques reproches à se faire – avant de l'épouser, elle a été pendant neuf ans la maîtresse du roi –, et son moralisme bourgeois rejaillit sur toute la cour.

Dans cette atmosphère, les frasques de Philippe d'Orléans apparaissent inexcusables. Et Dieu sait s'il ne se prive pas…

À l'âge de treize ans, il a été déniaisé par une comtesse de cinquante ans : c'est une tradition chez les Bourbons de confier cette tâche à une femme expérimentée… et dévouée. À quinze ans, il séduit la fille du concierge du garde-meubles du Palais-Royal, la demeure des Orléans, et l'engrosse. Monsieur – son père – se fâche tout rouge et se répand en lamentations sur son vaurien de fils – ce qui, venant de lui, est quand même un comble… Madame – sa mère –, qui passe pour un parangon de vertu, affecte d'être scandalisée, mais est toute fière, au fond, des exploits de son rejeton. Elle s'occupera d'ailleurs avec sollicitude des enfants naturels que Philippe sèmera un peu partout.

À partir de là, c'est sans fin : on ne compte plus les comédiennes, aventurières, filles de l'Opéra – c'était commode : l'Opéra se trouvait alors à l'emplacement actuel de la Comédie-Française, jouxtant le Palais-Royal –, duchesses, marquises, prostituées – il court régulièrement les trente-deux bordels que l'on recensait à Paris à la fin du XVIIe siècle –, étrangères de passage… En digne héritier d'Henri IV et de Louis XIV, jeune, Philippe est dans une quête effrénée de plaisirs faciles et rapides, sans aucun sentiment. Pas regardant sur la beauté des femmes. « Chez mon fils et chez ses maîtresses, écrit Madame à l'un de ses nombreux correspondants, tout va tambour battant, sans la moindre galanterie… Il n'est pas difficile dans ses choix : pourvu qu'elles soient de bonne humeur, bien effrontées, et qu'elles boivent et mangent bien, il s'inquiète peu de leur figure. » Ce que semble confirmer Jean-Christian Petitfils dans la biographie qu'il a consacrée à Philippe d'Orléans : « Les femmes du Régent avaient à peu près toutes le même caractère : vives, gaies, sensuelles, capricieuses, aimant la bonne chère. Il leur demandait avant tout d'être de charmantes convives, pétillantes d'esprit. Point de sentimentales, d'intellectuelles, de précieuses, et surtout point de jalouses[1] ! »

Lui-même ignore la jalousie : il entretiendra une longue liaison avec la comédienne Charlotte Desmares, dite « Mademoiselle Lolotte », qui était déjà passée dans le lit du Dauphin et qui continuera de vivre avec un autre comédien. Il en aura une fille, que l'on mariera dans une excellente famille. Il partage volontiers ses maîtresses avec ses amis. Le duc de Richelieu, les marquis de Nesle, de Nocé, de La Fare, le comte de Canillac, les abbés de Chaulieu et de Grancey, compagnons de débauche de Philippe, ne se gênent pas pour tâter à leur tour des charmes des demoiselles que Philippe lève partout où il passe. Quand ce ne sont pas eux qui mettent dans son lit une donzelle qu'ils ont préalablement essayée. La devise amoureuse de cette petite bande est simple ; elle est donnée par le poète et auteur dramatique Crébillon : « On se plaît, on se prend. S'ennuie-t-on l'un de l'autre ?

1. Jean-Christian Petitfils, *Le Régent*.

On se quitte avec tout aussi peu de cérémonie que l'on s'est pris. » Philippe n'est pas Don Juan, apôtre de la transgression, mais bien plutôt Casanova, libertin sans états d'âme.

Une ambition déçue

À vrai dire, pendant près de vingt ans, il n'a pas eu grand-chose d'autre à faire. Il a cru un moment pouvoir jouer un rôle : soit dans l'armée, qu'il a adorée, soit comme gouverneur de province. Peine perdue : Louis XIV l'écarte systématiquement de toute responsabilité. Et comme le roi ne se résout pas à mourir, il n'arrivera au pouvoir qu'à quarante et un ans, âge plus que respectable pour l'époque. Le pouvoir, ce sera la Régence, qui lui reviendra de droit puisqu'il est le prince le plus proche du roi, en attendant que l'arrière-petit-fils de Louis XIV, le futur Louis XV, atteigne sa majorité.

Il avait, certes, des dispositions naturelles pour la débauche, mais son ambition déçue n'a fait que l'enfoncer davantage encore dans une vie dissolue. Qu'il affiche d'ailleurs ostensiblement, comme pour provoquer son oncle : puisqu'on ne veut pas de moi, je vais leur montrer ! Un jour, il pousse l'insolence jusqu'à déguiser en homme l'une de ses maîtresses, à l'inviter au bal du Palais-Royal et à la faire danser avec sa propre femme. Ce scandale revient aux oreilles de Louis XIV, outré et blessé dans son orgueil de père.

La minuscule mademoiselle de Blois, elle, n'en a cure. Encore plus snob que Madame, elle considère que c'est elle – elle, la fille du Roi-Soleil – qui a fait honneur aux Orléans en acceptant d'entrer dans leur famille. « Elle est petite-fille de France jusqu'à sa chaise percée », écrit Saint-Simon. Philippe l'appellera très vite « Madame Lucifer », mais elle lui fiche une paix royale. Elle voit défiler les maîtresses de son mari avec une parfaite indifférence. D'une nature indolente, elle passe son temps étendue sur son canapé à se bourrer de friandises. Philippe lui fera néanmoins sept enfants.

Une femme, cependant, le retint un peu plus que les autres. Pour l'un de ses biographes, c'est même la seule qu'il ait jamais aimée : Marie-Louise-Madeleine-Victoire Le Bel de La Boissière de Séry, comtesse d'Argenton. Au départ, cette demoiselle piquante et mutine est une romantique, qui voudrait que Philippe joue l'amoureux transi, lui roucoule des sérénades et n'ait d'autre passion qu'elle. Elle comprend vite que c'est impossible et, du coup, fait la coquette. Elle devient enjôleuse et impérieuse, régnant en maîtresse sur la petite cour du duc d'Orléans, l'accompagnant dans ses déplacements en province, et même dans ses rares campagnes militaires. On l'accusa, à tort, de pousser le duc à s'emparer du trône d'Espagne et à empoisonner sa femme pour être libre de l'épouser. Calomnies pures. Celui-ci lui fera quand même plusieurs enfants et la dotera grassement.

Louis XIV veut à tout prix écarter de son neveu l'intrigante, à laquelle il reproche en outre son goût pour l'occultisme : elle emmenait son amant voir des mages pour lui prédire son avenir – qui passait, évidemment, par la mort du roi… Dans la famille royale, on tolère les maîtresses d'un jour, beaucoup moins les liaisons durables, qui peuvent mettre en péril les successions.

Saint-Simon conseille à son ami de se séparer de la comtesse. Mais Philippe regimbe. Il a découvert l'amour, et s'est aperçu que c'était beaucoup mieux que la gaudriole. Il finit cependant par céder, le cœur gros. La comtesse d'Argenton reçoit une lettre d'exil, agrémentée d'une retraite princière. Philippe, qui met fin ainsi à une passion de dix ans, pleure de tristesse devant ses amis : comme quoi ce jouisseur est aussi capable d'élans du cœur… Puis il replonge très vite dans les aventures passagères. Il y a deux façons de se consoler de la perte d'un amour : l'abstinence ou la débauche…

Il n'y a pas que les femmes. Outre son appétit féroce, l'alcool aussi est un fidèle compagnon. Le duc d'Orléans passe le plus clair de ses soirées à boire en compagnie de joyeux drilles – avec une préférence marquée pour le champagne, que dom Pérignon venait de mettre au point. Il rentre au petit matin, sentant le vin et le stupre. « Mon fils n'est pas dans sa nature porté à l'ivrognerie, écrit la Palatine, mais il hante souvent fort mauvaise compagnie et il s'imagine que c'est une gentillesse de faire le bon drôle avec eux. Il s'enivre totalement, et, une fois pris de vin, il ne sait plus ce qu'il dit ni ce qu'il fait. » Il gardera cette habitude toute sa vie. Lors des fameux « soupers fins » qu'il organisera pendant la Régence, les domestiques le ramassaient parfois à l'aube, ivre mort sur le tapis, le portaient jusqu'à sa voiture et devaient s'arrêter en cours de route pour que Son Altesse puisse rendre sa bile. Tous ses collaborateurs savaient qu'on pouvait lui faire signer n'importe quoi le matin, dans l'état d'hébétude et de mal de crâne où il se trouvait.

Évidemment, cette existence laisse quelques traces. À trente ans, Philippe est un homme de petite taille déjà marqué par l'embonpoint et une couperose précoce. « Il est petit, gras, et fort rouge », note sa mère. Sa démarche traînante est celle d'un homme fatigué. Ajoutons sa forte myopie naturelle, qui le fait régulièrement tomber : de cheval, dans l'escalier... En janvier 1716, il se donne un violent coup de raquette à l'œil gauche en jouant à la paume, qui va le laisser presque aveugle pendant plusieurs mois. Sa santé se détériorera assez vite : migraines, syncopes, fluxions se succèdent à un rythme de plus en plus rapide. Il aura deux crises d'apoplexie qui manqueront de l'emporter. Les médecins – mélange de prudence et d'incompétence – ne veulent y voir que la conséquence d'une « humeur mélancolique » et pratiquent la seule chose qu'ils savent faire : des saignées à répétition.

Cela n'empêche pas le prince de conserver quelque charme : l'intelligence est là, intacte, le regard langoureux, le sourire franc, la belle voix posée, l'accès facile, et la bonhomie, qui lui vaut tous les suffrages. Aucune morgue chez ce grand seigneur débonnaire. Aucune haine. « Mon fils ne peut se résoudre à se faire craindre, écrit sa mère, il pardonne tout ce qu'on fait contre lui et ne fait qu'en rire. » De la familiarité, parfois. Philippe ne déteste pas les grossièretés bien senties : il n'hésite pas à traiter ses maîtresses de « putains » et à envoyer ses médecins « se faire foutre ». Même dans les circonstances les plus officielles, il lui arrive d'oublier l'étiquette. Le premier président du Parlement n'en revint pas d'être traité un jour publiquement de « gros cochon ». Il est généreux, aussi – contrairement à ses cousins Condé, qui sont tous rapaces et pingres. Philippe ne compte pas. Il n'a jamais compté – il est vrai qu'à part le roi, il est l'homme le plus riche de France. Ni avec ses maîtresses, comblées d'argent, de diamants, de pensions, de châteaux, ni quand il s'agit de l'intérêt de l'État. En 1717, soucieux de renouer avec l'Angleterre, il n'hésite pas à acheter à Thomas Pitt, député rétif au rapprochement avec la France, le plus gros diamant du monde (136 carats) – qu'on appellera « Le Régent » –, que celui-ci avait acquis aux Indes, pour la somme de 2,5 millions de livres, soit plus de 30 millions d'euros !

Il fuit Versailles et son atmosphère compassée autant qu'il peut, n'apparaissant que pour les cérémonies obligatoires, vivant au Palais-Royal, dont son père a fait un véritable musée. C'est à Paris que Philippe installera plus tard son gouvernement. C'est plus qu'une distance géographique : Versailles est le lieu du pouvoir absolu par essence, à l'écart du peuple dont Louis XIV se méfie, alors que Philippe s'y sent comme un poisson dans l'eau. Ce n'est pas un homme des Lumières – n'allons pas trop vite –, mais il a du pouvoir, par tempérament comme par réflexion, une conception radicalement différente de celle de son oncle. Ce ne doit pas être, à ses yeux, l'autorité d'un seul, mais la collaboration des talents les plus divers. Quand il l'exercera, il y associera une partie de la noblesse – que Louis XIV avait cantonnée dans un rôle de pure représentation – et de la bourgeoisie éclairée. Après la longue période d'immobilisme, pour ne pas dire de glaciation, des trente dernières années du règne, la Régence apparaîtra comme une période de respiration politique et morale.

*
**

1715 : Louis XIV se décide, enfin, à soixante-dix-sept ans, à rendre son âme à Dieu. Il a bien essayé par tous les moyens – jusqu'à son testament – d'écarter son neveu, rien n'y a fait : le duc d'Orléans, on l'a dit, est le prince du sang le plus proche de lui, et, jusqu'à ce que le duc d'Anjou, un enfant de cinq ans – le futur Louis XV – atteigne sa majorité, c'est à lui que revient la régence du royaume. Philippe la joue habilement, étouffe dans l'œuf les prétentions des cousins et des bâtards, fait casser le testament par le Parlement de Paris et, à défaut d'être roi, devient le personnage le plus important de France : le Régent.

L'un de ses premiers actes témoigne de son bon caractère et de son absence totale de ressentiment : au lieu de se venger de la veuve du roi – la marquise de Maintenon, honnie par sa mère, et qui ne l'avait pas servi auprès de Louis XIV – en l'exilant à l'autre bout du pays, il va la voir à Saint-Cyr et lui octroie même une généreuse pension. Puis il se met à gouverner : il trouve un État ruiné par les innombrables guerres de Louis XIV, et n'aura de cesse de rendre la paix à l'Europe. Tout en desserrant l'étreinte de l'absolutisme. Dans ses nouvelles fonctions, contrairement à la légende noire qui ne voit en lui qu'un fêtard, il va se révéler consciencieux et gros travailleur.

Sans rien changer, pour autant, à son existence. Le ballet des maîtresses interchangeables continue de plus belle. L'un de ses biographes, Jean-Christian Petitfils, en recense une trentaine pour cette seule époque. Et encore s'agit-il de dames de la noblesse, de la bourgeoisie, ou d'actrices connues. L'histoire n'a pas retenu le nom des comédiennes obscures, des servantes, des prostituées d'occasion… « Mon fils, note la Palatine, est incapable de ressentir une passion et d'avoir longtemps de l'attachement pour la même personne. D'un autre côté, ses manières ne sont pas assez polies et assez séduisantes pour qu'il prétende à se faire aimer. Il est fort indiscret et raconte tout ce qui lui est arrivé ; je lui ai dit cent fois que je ne puis assez m'étonner de ce que les femmes lui courent follement après ; elles devraient plutôt le fuir. Il se met à rire et me dit : "Vous ne connaissez pas les femmes débauchées d'à présent. Dire qu'on couche avec elles, c'est leur faire plaisir." »

Que la fête commence !

Après trente ans de moralisme étouffant, la Régence se précipite dans un tourbillon de plaisirs. Exactement comme, après les années d'épreuve que provoqua la guerre de 1914-1918, les Années folles se lancèrent à corps perdu dans le jazz, les fêtes et l'amour libre.

Dans la haute société, c'est la folie. Paris devient la capitale européenne du libertinage. Les mots d'ordre : luxe, fête, jeu et stupre. On danse, on boit, on joue… et on fornique à qui mieux mieux.

Le Régent organise au Palais-Royal, trois fois par semaine, un grand bal public ouvert à tous, de 23 heures à 5 heures du matin. Le soir de l'inauguration, il se penche à sa fenêtre pour regarder les fêtards. On le reconnaît. Des cris fusent : « Descends, Régent, descends ! » Il ne se fait pas prier et se mêle aux danseurs.

Une frénésie de jeux s'est emparée de Paris. On joue partout : dans les hôtels particuliers, les ambassades, les cabarets, les tripots… C'est le goût de la spéculation financière qui explique largement l'engouement pour le système Law – l'émission de billets remplaçant les pièces d'or et d'argent, première tentative en France de monnaie fiduciaire, que tout le monde prenait pour une loterie où il y avait de gros gains à se faire et qui devait se solder par une faillite retentissante.

Quant au sexe, c'est le déchaînement. La ville compte alors vingt mille prostituées, soit 13 % de la population féminine adulte ! À l'Opéra, le Régent dispose de deux loges côte à côte : l'une, l'officielle, où tout le monde peut le voir, et l'autre, plus discrète, qui dispose d'un lit… Les propres enfants du Régent ne sont pas en reste, avec en tête la duchesse de Berry, aussi obsédée que son père.

À son sujet, tous les historiens de la Régence se posent la même question : Philippe d'Orléans a-t-il couché avec sa fille ?

Car même si l'on écarte – ce qu'on doit faire – les ragots, les chansons ordurières, les caricatures et les calomnies qui circulaient à foison à l'époque, tant à la cour que dans les libelles populaires, il y a quand même de fortes présomptions. Sa propre mère, la princesse Palatine, avait elle-même, et depuis longtemps, des doutes : « La duchesse de Berry se comporte d'une manière si choquante vis-à-vis de son père que sa mère et son mari en deviennent jaloux... J'ai averti mon fils bien des fois, mais il ne m'écoute pas. »

Non pas que le Régent soit un vicieux ou un pervers : malgré son goût immodéré du sexe, le duc d'Orléans n'a rien d'un violeur comme Henri IV, d'un détraqué comme son père, ni d'un satyre comme le sera Louis XV. L'immoralité de ce jouisseur invétéré ne va pas jusqu'au sacrilège, que ce soit vis-à-vis de l'Église ou vis-à-vis de la famille. Il n'a pas un tempérament de profanateur. En tout cas, pas lorsqu'il est à jeun, contrairement à quelques-uns des fripons impies et amoraux qui l'entourent, comme le duc de Richelieu.

Mais sa fille, Marie-Louise-Élisabeth, duchesse de Berry, est une folle furieuse. Et dans certaines circonstances très précises, il n'est pas exclu que, l'ivresse aidant, ils se soient livrés à des ébats contre nature.

La duchesse de Berry a vingt ans au début de la Régence. Mariée cinq ans plus tôt à l'insignifiant duc de Berry (un gros niais, dixit la Palatine), petit-fils de Louis XIV, elle est portée depuis toujours sur la boisson, la gastronomie (pour ne pas dire la gloutonnerie), le sexe et le mysticisme. Pendant la journée, elle se goinfre de sucreries, de fruits à la crème, de confitures, et avale le soir des terrines aux lentilles, des cochons de lait aux saucisses, des jambons cuits au vin d'Espagne, des canards froids sauce cramoisie... Le lendemain de son mariage, au déjeuner à la table de roi, elle s'est tellement empiffrée qu'elle a dû se lever précipitamment pour aller se vider l'estomac… À quinze ans, elle était déjà obèse. Son père l'appelle « ma grosse Joufflotte ».

Cette gloutonne est aussi occasionnellement une ivrogne. Deux mois après son mariage, au cours d'une fête donnée à Saint-Cloud chez la duchesse de Bourgogne, elle s'enivra avec son père au point qu'on dut la ramener à Versailles. Ce ne sera pas la dernière fois… Elle s'en moque. Provocante, sans gêne, grossière, elle dit tout ce qu'elle pense et n'en fait qu'à sa tête. Bouffie de prétention, elle a le verbe haut, et toise avec mépris sa grand-mère et sa mère depuis qu'elle est devenue la petite-fille du roi et la fille du premier personnage de l'État. Atteinte de la folie des grandeurs, elle se conduit alors en reine de France : rien n'est trop beau pour elle. Elle a sept cents serviteurs, le palais du Luxembourg, une compagnie de soixante gardes, un fauteuil surélevé à la Comédie-Française, et reçoit les ambassadeurs en souveraine. Elle jette l'argent par-dessus les toits – ou plutôt les tables de jeu : elle perdit un soir la somme colossale de 1 800 000 livres (20 millions d'euros !) contre l'ambassadeur du Portugal.

Son père lui passe tous ses caprices, lui pardonne tout : sa gaieté, sa vivacité, son esprit mordant, son côté primesautier et son anticonformisme le ravissent. Une complicité de tous les instants les unit ; elle déboule chez lui sans crier gare, se love sur ses genoux, le couvre de tendresse… et le mène par le bout du nez.

Côté sexe, elle lui ressemble : comme lui, elle baise à tout-va, surtout depuis que son mari est mort. Elle s'est tapé (il n'y a pas d'autre mot…) quelques-uns des amis de son père, et tombe raide dingue d'un cadet de Gascogne, le chevalier de Riom, un petit-neveu du duc de Lauzun, qui était, lui-même, quarante ans plus tôt, l'un des plus grands cavaleurs de la cour de Louis XIV. Ledit Riom est un rustre au visage pustuleux (la princesse Palatine lui trouve une tête de crapaud), mais il a une solide réputation d'étalon (« il doit être bâti comme un âne », ajoute-t-elle). Apparemment justifiée : la duchesse de Berry ne peut plus s'en passer. Couvert d'argent et de présents, il est nommé colonel de dragons et gouverneur de Cognac – tout en ayant ailleurs d'autres maîtresses plus appétissantes que la duchesse. Le Régent est furieux et tente à plusieurs reprises d'exiler le ruffian prétentieux ; mais la duchesse entre dans des fureurs homériques et menace de se suicider si on touche à son « Riri ». Et le père, une fois de plus, cède.

Entre deux amants, deux ripailles, deux beuveries, deux parties de pharaon, elle court faire une retraite dans un couvent, à Montmartre ou chez les Carmélites, se soumettant alors au jeûne des religieuses, assistant à tous les offices, promettant de s'amender…

« On peut dire, écrit dans ses Mémoires[1] le duc de Luynes, pourtant modéré dans ses jugements, que cette princesse a été dans ce siècle un exemple rare de dissolution et de dérèglement. » « C'était, ajoute Saint-Simon, un prodige d'esprit, d'orgueil, d'ingratitude et de folie, et c'en fut un aussi de débauche et d'entêtement. »

---

1. Charles-Philippe d'Albert, duc de Luynes, *Mémoires du duc de Luynes sur la cour de Louis XV (1735-1758)*, Paris, Firmin Didot frères, 1860-1865.

Cette « enfant perdue, à moitié folle[1] », d'un tempérament maniaco-dépressif, est de toutes les fêtes, et Dieu sait s'il n'en manque pas pendant la Régence. Il lui arrive également de participer aux « soupers fins[2] » du Régent, et s'il a pu se passer quelque chose entre le père et la fille, c'est bien là. Tout le monde y est ivre, à commencer par eux deux. Tout le monde passe de main en main. Et dans la pénombre, personne ne sait trop avec qui il batifole…

Les chansonniers, en tout cas, s'en donnèrent à cœur joie :

La grosse Valois
Fait avec son père
Ce que fit autrefois
Œdipe avec sa mère.
Quelle fille ! Quel papa !

Ou encore :

Que notre Régent et sa fille
Commettent mainte peccadille
C'est un fait qui semble constant ;
Mais que par lui elle soit mère,
Se peut-il que, d'un même enfant,
Il soit le grand-père et le père ?

---

1. Jean-Pierre Thomas, *Le Régent et le cardinal Dubois. L'art de l'ambiguïté.*

2. Voir p. 160.

La jeune duchesse paya très tôt ses excentricités. Régulièrement en proie à des accès de goutte, elle finit par épouser secrètement son étalon et subit plusieurs grossesses, dont la dernière lui fut fatale. En juillet 1719, alors qu'elle relevait de couches, elle s'éteignit à l'issue de nouvelles agapes. Elle avait vingt-quatre ans. Le Régent fut inconsolable.

Une autre fille du Régent, sans être une dévergondée, n'est pas non plus un modèle de vertu. Au grand dam de son père, elle décide un jour d'entrer dans les ordres : « Soyez donc l'épouse de Jésus-Christ, ma fille, quoique, à vrai dire, je n'aie pas l'espoir d'être très bien avec mon gendre. » Devenue abbesse de Chelles, elle y mènera grand train, donnant des soupers brillants et des feux d'artifice dans le parc…

Quant à son fils, il a pour maîtresse une comédienne dont le Régent avait eu lui-même un enfant, vingt ans plus tôt…

Une autre encore, mademoiselle de Valois, est la maîtresse du duc de Richelieu, compagnon de beuveries et d'orgies de son père.

Le « trou-madame » du duc de Richelieu

Louis François Armand de Vignerot du Plessis, duc de Richelieu, est sans conteste le plus fieffé libertin de tout le XVIIIe siècle. Petit-neveu du cardinal, petit, laid, hautain, méchant, conspirateur : son rang, son aplomb sans borne et son esprit mordant lui valurent tous les suffrages féminins. Totalement impie, totalement immoral, totalement dépravé, il traverse le siècle avec impudence, uniquement soucieux d'assouvir ses désirs et ses ambitions. Il amassera sans scrupule une immense fortune et complotera toute sa vie – en vain – pour accéder à la seule fonction qui lui paraissait digne de son rang, celle de Premier ministre.

Sa carrière d'obsédé commence avec Louis XIV et se termine avec Louis XVI. À la veille de la Révolution, alors qu'il avait plus de quatre-vingts ans, nombreuses étaient les jeunes femmes de la cour qui voulaient vérifier s'il était encore fidèle à sa réputation. Elles ne furent pas déçues : il l'était…

Du temps de la Régence, son grand jeu était de chiper les maîtresses du duc d'Orléans. Il fut notamment l'amant de la comtesse de Parabère, maîtresse officielle du Régent. Mais aussi d'une des filles de ce dernier, Charlotte-Aglaé, petite boulotte qui ne manquait pas de charme. Pour la voir en cachette, il se déguisait en marchand, en commis de boutique, en débardeur, et même en galérien. On a raconté une foule d'anecdotes, plus ou moins vraies, sur ses aventures amoureuses. Mais on ne prête qu'aux riches… Lors d'une fête à Saint-Cloud, il profite d'un moment d'inattention de madame d'Averne, autre favorite du Régent avec laquelle il couche, pour trousser la marquise de Mouchy dans un buisson. Une heure plus tard, il en fait autant avec madame de Guébriant. Une heure plus tard, avec une troisième. « Apparemment, lui écrit madame d'Averne quelques jours plus tard, le goût que vous aviez pour moi consistait dans le plaisir de faire le Régent cocu. »

Mais il plaît aux femmes. En 1718, deux de ses maîtresses, mesdames de Polignac et de Mailly-Nesle, se battent au pistolet pour savoir laquelle des deux aura le privilège de le garder. À l'issue du duel, il a juste cette remarque : « Ces dames ont été bien bonnes de se battre pour moi. Je ne sacrifierais pas un de mes chevaux ni à l'une ni à l'autre. »

Lorsqu'une femme mariée lui plaisait, il louait la maison voisine et faisait percer un mur pour la rejoindre en secret pendant l'absence du mari. C'est ce qu'il appelait le « trou-madame ».

Ses frasques sont célèbres, et sa vie licencieuse son vrai titre de gloire. Au point qu'il servira de modèle à plusieurs personnages de roman, dont le Valmont des Liaisons dangereuses.

Ce séducteur cynique se maria trois fois, tout en restant fort compréhensif à l'égard de ses épouses. Il surprit un jour l'une d'entre elles avec son écuyer. « Songez, madame, à l'embarras où vous vous seriez trouvée si tout autre que moi fût entré chez vous », dit-il en refermant la porte.

Plus tard, il devait servir d'entremetteur à Louis XV, lui fournissant moult femmes qu'il avait lui-même essayées auparavant[1]*. Celui-ci le nomma maréchal et faillit en faire un ministre…*

1. Voir chapitre 4.

Les parties fines se multiplient et dégénèrent facilement. La princesse de Polignac, insatiable nymphomane, se donne à qui veut la prendre : seigneurs, bourgeois, domestiques… À un souper, le prince de Soubise enivre madame de Gacé, la déshabille et la livre à ses valets : le lendemain, le mari la jette dans un couvent et fait rosser le prince à coups de bâton. Un soir, le duc de Bourbon et son frère – des princes du sang – font boire madame de Saint-Sulpice, glissent un pétard sous ses jupes et l'allument : une voiture la reconduit chez elle, hurlant et les cuisses en sang. Une autre fois, la fille du maréchal de Tourville, Luce-Françoise de Cotentin de Tourville, comtesse de Brassac, est entraînée dans une soirée, enivrée et dénudée : ses comparses lui fourrent le vagin avec un fromage salé et poivré…

Les ecclésiastiques ne sont pas en reste : le chanoine de Notre-Dame s'habille en femme pour se rendre à la comédie, l'évêque de Beauvais se promène en carrosse avec sa maîtresse…

On se demande pourquoi tous ces ivrognes débauchés furent si choqués par la visite en France de Pierre le Grand et de sa suite. Il est vrai que ce fut peut-être un peu plus négligé…

Les débordements du tsar

En 1716, le tsar de Russie Pierre le Grand entreprend un voyage à travers l'Europe. Vingt ans plus tôt, il en avait déjà fait un, tout jeune homme et presque incognito, pour s'imprégner des techniques et des mœurs des vieilles monarchies et s'en inspirer afin de sortir la Russie de son état arriéré.

Cette fois-ci, quand il revient, on l'accueille différemment. Ce n'est plus le petit prince des steppes, mais un puissant monarque qui est en train de faire entrer la Russie dans la modernité, comme dans le concert des grandes puissances : son alliance peut être très précieuse à la diplomatie française. Dans beaucoup de cours d'Europe, il est considéré – ce qu'il n'est pas, loin de là – comme un prince éclairé. Philippe d'Orléans, qui le reçoit au nom de la France, a décidé de mettre les petits plats dans les grands.

Pierre Ier arrive à Paris le 7 mai 1716, accompagné d'une suite d'une soixantaine de personnes. Le Régent est frappé par la saleté de cet immense gaillard, l'ivrognerie de sa suite, et son comportement cavalier : il plonge ses doigts dans la sauce, lance des bouteilles à la volée, s'endort à l'Opéra et souille les carrosses du roi… Manifestement, le tsar a encore des progrès à faire en matière de raffinement… Sa suite, qui ne parle pas un mot de français, passe son temps à boire dans les tripots, à commencer par le pope, ivre en permanence. On lui fait tout visiter, les plus beaux palais, les plus belles places, qui le laissent de marbre ; il ne s'intéresse qu'aux attractions militaires, techniques et scientifiques, modifiant sans cesse le programme qu'on lui a préparé. Reçu à Versailles avec sa suite, il se vautre, ivre mort – à la russe –, avec une prostituée dans la chambre mortuaire de Louis XIV, tandis que ses compagnons s'ébattent avec d'autres filles de joie dans les appartements de la prude madame de Maintenon, avant de piller la vaisselle d'or et le linge des chambres… La princesse Palatine, qui l'attendait tout émoustillée, est consternée : c'est la chute de son idole. Ce rustre, estime Dubois, est tout juste bon à être « contremaître d'un vaisseau hollandais ». Tout le monde fut soulagé lorsqu'il quitta Paris au bout d'un mois et demi avec sa horde de Moscovites.

L'abbé Dubois a beau critiquer : l'ancien précepteur est aussi un joyeux coureur de jupons. Contrairement à la légende colportée par Voltaire, et surtout Michelet – lequel ne s'embarrassait pas d'exactitude historique –, qui s'appuient sur le seul témoignage de Saint-Simon, il n'a pas du tout joué auprès de son jeune élève le rôle de maquereau que ces auteurs lui prêtent. Certes, ce n'était pas un saint. Fils d'un apothicaire limousin, le petit provincial avait été repéré par ses maîtres, qui lui avaient fait prendre la tonsure à treize ans – alors qu'il n'avait nullement la vocation – et l'avaient envoyé à Paris. Ses bonnes études et son intelligence lui valurent d'entrer comme précepteur dans des familles bourgeoises, puis nobles. Son caractère souple, flatteur, intrigant et ambitieux fit le reste. Il a laissé Philippe se livrer à la débauche – que pouvait-il faire d'autre ? Le duc de Chartres était un prince de sang royal qui n'avait de comptes à rendre à personne. Il l'a même sans doute accompagné dans quelques-unes de ses escapades nocturnes ; de là à l'encourager, c'est une autre affaire.

Richement pourvu de grasses prébendes ecclésiastiques, l'abbé Dubois est resté pendant des années dans l'ombre de son ancien élève, tout en le conseillant sur tous les sujets et en jouant l'entremetteur dans ses affaires privées comme publiques. Lorsque Philippe d'Orléans arrive au pouvoir, Dubois, tout naturellement, est à ses côtés. Philippe, épuisé par ses nuits, trouve là un auxiliaire précieux, qui mène pour lui des missions occultes et le décharge progressivement d'une partie du travail. Même s'il ne se prive pas de le traiter cavalièrement, il se repose entièrement sur lui et en fera un cardinal et un Premier ministre.

Le secrétaire d'État anglais Robert Walpole le décrit ainsi : « Une tête de linotte enchâssée dans une grande perruque, un front ridé, un nez froncé, des yeux de sanglier, un visage chafouin et plein de boutons, l'air renfrogné, la mine d'un chat qui chie dans la braise. Tout pantelant d'amitié, à peine aperçoit-il la personne dont il a besoin, de quelque rang qu'elle soit, qu'il lui saute au cou, lui prend les mains, l'étouffe d'embrassades et emporte tous les boutons de son justaucorps. Si c'est une dame, il lui caresse les cheveux, la coiffure et les bras jusqu'au cou. » Les grands seigneurs qui entourent le duc d'Orléans le méprisent (c'est un vil roturier) et le redoutent. Comme son maître, Dubois ne manie pas la langue de bois et jure comme un charretier. À une dame venue le solliciter avec insistance, il répond, exaspéré : « Allez vous faire foutre ! » Ulcérée, la dame demande audience au Régent, qui l'écoute et lui dit : « Dubois est un peu vif, mais il est d'excellent conseil… »

L'abbé a, lui aussi, de nombreuses aventures, mais contrairement au duc d'Orléans et à sa clique, qui n'ont aucune espèce de pudeur, il est beaucoup plus discret. Sa maîtresse officielle est la fameuse madame de Tencin, femme de lettres, ancienne religieuse qui, après avoir jeté son habit aux orties, devint l'amante de Fontenelle, de l'ambassadeur d'Angleterre et de Philippe d'Orléans lui-même. Elle aura plus tard un enfant du chevalier Louis-Camus Destouches, un officier d'artillerie brillant et dissipé, enfant qu'elle abandonnera sous le porche d'une église et qui deviendra le célèbre encyclopédiste d'Alembert. Elle tiendra sous le règne de Louis XV un salon littéraire fameux. Un peu bas-bleu, très ambitieuse, elle ne manque ni de beauté ni de culot. Elle s'est bien enrichie en boursicotant au beau temps du système Law et mène joyeuse vie.

Les « dîners » du Régent

Au cœur de cette fête permanente, il y a le premier personnage du royaume. Les « soupers fins » du Régent sont célèbres, et l'on a beaucoup glosé sur leur véritable nature. En un mot : s'agit-il de petits dîners décontractés entre amis, ou de partouzes endiablées ? Deux écoles d'historiens irréductiblement opposés s'affrontent, avec de bons arguments de part et d'autre. La vérité, comme toujours, doit se situer entre les deux…

Dans la première version, Philippe d'Orléans, pour se détendre après des journées bien remplies, organise simplement, le plus souvent au Palais-Royal, mais aussi parfois au Luxembourg ou au château de Saint-Cloud, des agapes privées, où chacun, dans une atmosphère détendue, met la main à la pâte. Philippe lui-même ne dédaigne pas de se mettre aux fourneaux pour concocter des petits plats de son invention. On boit sec. On brocarde les ministres, les courtisans, on se raconte des histoires paillardes. « Rien ni personne n'était épargné, raconte Saint-Simon. On buvait d'autant, on s'échauffait, on disait des ordures à gorge déployée et des impiétés à qui mieux mieux, et quand on avait fait bien du bruit et qu'on était bien ivre, on s'allait coucher et on recommençait le lendemain. » Apparemment, c'est tout.

Sauf que Saint-Simon n'a jamais participé lui-même à ces agapes. Le petit duc, perché sur ses hauts talons, imbu de son rang jusqu'à la folie, se prenant pour un génie politique, n'a rien d'un libertin. C'est une pipelette moralisatrice, appelée, croit-il, à de hautes fonctions – qui ne lui échoiront pas –, et qui n'a jamais partagé l'intimité du prince.

Sauf aussi que les convives de ces petits dîners entre amis sont les pires débauchés du temps : le cynique Brancas, le libertin Nocé, l'ordurier Broglie, l'épicurien La Fare, le priapique Richelieu, l'abbé de Grancey, qui entretenait un sérail de jolies filles, Canillac, Simiane, d'Effiat, et tant d'autres encore, que Philippe d'Orléans appelait lui-même ses « roués ». Le groupe s'était formé à l'époque où ils couraient ensemble les bordels de la capitale. Ils étaient affublés de surnoms : Broglie était le « Brouillon », La Fare le « Gros Poupart », Nocé « Braquemardus de Nocendo », Brancas la « Caillette grise »…

Sauf encore que ce n'étaient pas des dîners d'hommes. Un certain nombre de fêtardes, dont la moitié était nymphomanes, étaient de la partie : mesdames de Parabère (le « Gigot »), de Sabran (l'« Aloyau »), de Léon, de Gesvres, de Cessac, de Nicolaï, de Tencin, des comédiennes très libres de mœurs, sans compter la Fillon, célèbre maquerelle, qui amenait le cas échéant certaines de ses pensionnaires…

Il est donc permis d'avoir de gros doutes sur la bonne tenue de ces petites réunions, où le vin coulait à flots. On raconte que le concierge du Palais-Royal, un jour qu'il avait conduit Philippe au seuil de ses appartements et que celui-ci l'invitait à participer sans façon au dîner, lui répondit : « Monseigneur, mon service finit ici. Je ne vais point en mauvaise compagnie, et suis bien fâché de vous y voir. » Les portes restaient hermétiquement closes. Tout le monde avait ordre de ne jamais déranger le Régent lorsqu'il recevait ses amis, même s'il s'agissait d'affaires d'État.

Alors, les histoires les plus folles ont couru. Soirées à thème venant égayer la monotonie des orgies : « Fêtes d'Adam », où la nudité était de rigueur ; parties de « flagellants », où chacun était tenu de venir avec un fouet. Présence de quarante hercules, qui attendaient dans une antichambre et se ruaient sur les dames quand les convives donnaient quelque signe de fatigue…

Quoi qu'il en soit, la réputation du Régent n'en sort pas grandie. Elle apparaît dans le cynisme absolu qu'on lui prête, à travers une anecdote, évidemment fausse, qui courut dans Paris : un soir qu'il s'est enivré en compagnie de sa maîtresse madame de Parabère, du cardinal Dubois, et du financier et aventurier Law, on lui apporte une lettre qu'il lui est impossible de signer tant il est soûl. « Signe, putain ! », dit-il à la Parabère. Devant son refus, il tend la lettre au cardinal : « Signe, maquereau ! » Nouveau refus. Il se tourne vers Law : « Signe donc, voleur ! » Sans plus de succès. « Voilà un royaume bien gouverné, conclut-il, par une putain, un maquereau, un voleur et un ivrogne ! » Et il signa.

*
**

En vérité, Philippe d'Orléans a beau être un débauché sans scrupules ni remords, il n'a rien d'un cynique quand il s'agit des affaires de l'État. Il sait parfaitement séparer le sexe de la politique. Aucune de ses innombrables maîtresses n'a eu une quelconque influence sur lui. Certaines, plus durables que d'autres, ont pourtant bien essayé.

La plus célèbre est la comtesse de Parabère. La physionomie hautaine de cette jeune femme mince aux cheveux noirs, élevée chez les Ursulines, est trompeuse : c'est une âme cynique, au cœur volage, une ambitieuse avide de plaisirs. Elle avait épousé un nobliau de province considéré par ses contemporains comme un abruti et un alcoolique. À vingt ans, elle devient la maîtresse du duc d'Orléans, qui en a presque le double, et l'appelle « mon petit corbeau noir ». Ce n'est pas, et de loin, son premier amant. Elle le trompera d'ailleurs gaillardement avec une bonne partie des « roués ». « Mon fils, écrit la Palatine, a une mauvaise maîtresse qui ne lui est pas fidèle du tout. Mais il s'en soucie comme d'un fétu… » Elle lui refile quelques maladies honteuses. Presque tous, d'ailleurs, sont vérolés. « Sur neuf jeunes gens de qualité qui dînaient l'autre jour avec mon petit-fils [le fils de Philippe], note la Palatine, il y en avait sept qui avaient le mal français… » Elle s'est trouvée enceinte du duc d'Orléans à plusieurs reprises mais, dans le doute, il ne reconnaîtra jamais ses enfants. Ce qui ne l'empêche pas de la combler de terres et de diamants – pour des dizaines de millions d'euros. On l'appelle « la Sultane ». Elle est de toutes les fêtes, surtout les moins recommandables, et se conduit en maîtresse de maison lors des petits soupers.

Mais ses infidélités répétées – débarquant un jour chez elle à l'improviste, Philippe la surprend avec quatre jeunes gens – et ses prétentions finissent par lasser le Régent. Exit la Sultane.

Lui succède – à moins que ce ne soit en même temps, parmi vingt aventures – une autre favorite : madame de Sabran, encore plus volage, si c'est possible, que la Parabère. Elle passe, elle aussi, dans le lit des « roués », et, pour asseoir son influence sur le Régent, lui fournit des filles à foison, dont sa propre nièce, une jeune Marseillaise qui envisageait de se faire religieuse. Philippe dépense pour elle quelques millions d'euros supplémentaires, qui viennent à bout de sa vocation… Mais elle a dix-sept ans, lui trente de plus, et n'est plus aussi vert qu'avant. Un couplet court dans Paris :

Chère Sabran, pourquoi produire
Ta nièce au feu du Régent ?
Ne devrais-tu pas l'instruire
Qu'il rate depuis longtemps
Tous les mirlitons, mirlitaines,
Tous les mirlitons, don don ?

Plus des filles de l'Opéra, plus une certaine madame d'Averne, vendue très cher par son mari : 100 000 écus

(7 millions d'euros), une corbeille de pierreries, une compagnie, le cordon rouge, un gouvernement en Béarn… Ce que l'avocat Barbier trouve cher payé : « L'objet ne mérite pas d'être si fort éclairé, car cela n'est pas joli : cela a trop de gorge […] et est fort noir de corps. » Philippe donna en son honneur, à Saint-Cloud, en 1721, l'une des fêtes les plus fastueuses de la Régence – avec souper, bal masqué, feu d'artifice, etc. – sous les yeux du peuple, ébahi par la file interminable de carrosses qui s'y rendaient.

Plus une certaine duchesse de Falari, jolie blonde aux yeux bleus, aimable conteuse qui le divertissait… Elle aura l'insigne honneur de passer avec lui ses ultimes moments. En décembre 1723, usé par cette vie dissipée et les très lourdes charges de sa fonction, il attrape un gros rhume. L'intendant du Hainaut, l'un des derniers à le croiser dans le parc de Versailles, est frappé par son teint mi-gris mi-rouge, son visage bouffi et l'embarras de son élocution. Le lendemain, il se plaint d'une grande douleur à l'estomac. Vers 19 heures, il reçoit la jeune duchesse, dont la gaieté et le babil l'amusent. Affalé dans son fauteuil, il l'écoute distraitement, avant de s'endormir et de ronfler bruyamment. Il se réveille en sursaut, s'excuse auprès de sa visiteuse, avant de s'assoupir à nouveau, les yeux ouverts, la bouche de travers, le visage congestionné. La duchesse, inquiète, s'absente pour aller chercher des domestiques. Quand elle revient, le duc d'Orléans a glissé par terre, la tête appuyée contre un montant du fauteuil. On fait venir un chirurgien, qui le saigne, tente de le faire vomir, casse une fenêtre pour lui donner de l'air. En vain. Le Régent est mort. Il avait quarante-neuf ans.

BIBLIOGRAPHIE SÉLECTIVE

BOUYER, Christian, *Le Duc d'Orléans. Frère de Louis XIV*, Paris, Pygmalion, 2003.

BOUYER, Christian, *La Princesse Palatine. Belle-sœur de Louis XIV*, Paris, Pygmalion, 2005.

ERLANGER, Philippe, *Le Régent*, Paris, Gallimard, 1985.

FOUCAULT, Didier, *Histoire du libertinage. Des goliards au marquis de Sade*, Paris, Perrin, 2010.

MEYER Jean, *Le Régent. 1674-1723*, Paris, Ramsay, 1985.

PETITFILS, Jean-Christian, *Le Régent*, Paris, Fayard, 1986.

THOMAS, Jean-Pierre, *Le Régent et le cardinal Dubois. L'art de l'ambiguïté*, Paris, Payot, 2004.

VAN DER CRUYSSE, Dirk, *Madame Palatine, princesse européenne*, Paris, Fayard, 1988.

– 4 –

LOUIS XV

REPÈRES

1710. Naissance à Versailles.

1715. Proclamé roi de France.

1723. Mort du Régent, Philippe d'Orléans.

1726. Le cardinal de Fleury devient Premier ministre de fait. Il va le rester jusqu'à sa mort, dix-sept ans plus tard.

1734. Madame de Mailly devient la première maîtresse officielle.

1745. Début de la liaison avec madame de Pompadour ; Voltaire est nommé historiographe du roi ; victoire de Fontenoy sur les Anglais.

1753. Suppression du Parlement de Paris.

1754. Rétablissement du Parlement.

BIOGRAPHIQUES

1756. Début de la guerre de Sept Ans, qui oppose la France et l'Autriche à l'Angleterre et à la Prusse.

1757. Tentative d'assassinat contre Louis XV.

1762. Le duc de Choiseul devient le principal ministre ; expulsion des Jésuites.

1763. Traité de Paris, qui met fin à la guerre de Sept Ans : la France perd son empire colonial (le Canada, l'est de la Louisiane et les Indes).

1764. Mort de la marquise de Pompadour ; abolition de la Compagnie de Jésus.

1768. Début de sa liaison avec la comtesse du Barry.

1771. Suppression des anciens parlements.

1774. Mort de Louis XV à Versailles.

Lundi 26 août 1715, château de Versailles

Il fait lourd. Voilà plusieurs jours que Louis XIV ne se lève plus – depuis qu'il s'est évanoui dans son bain. Il est épuisé. Il a soixante-dix-sept ans. C'est un immense vieillard.

Les médecins venus l'ausculter ont constaté qu'une de ses jambes avait noirci jusqu'au pied. Il n'y a plus de doute : c'est la gangrène, et elle a même gagné l'os.

Les courtisans courent d'un bout à l'autre du château pour être les premiers à rendre hommage aux nouveaux maîtres, en fonction des coteries auxquelles ils appartiennent : les uns parient sur le duc du Maine, le fils que le roi a eu avec madame de Montespan et qu'il a légitimé, d'autres sur le duc d'Orléans, son neveu, qui devrait être nommé régent du royaume, d'autres encore sur le roi d'Espagne, son petit-fils… L'héritier officiel, le Dauphin, ne compte pas : ce n'est qu'un enfant de cinq ans…

Le roi a fait la paix avec tout le monde, s'excusant auprès de chacun d'avoir pu être un jour blessant. Le lendemain, il demandera pardon à Françoise de Maintenon de n'avoir pas su la rendre heureuse.

Il somnole. La veille, les gardes française et suisse sont venues jouer une dernière aubade sous les fenêtres de sa chambre, et il lui semble entendre encore quelques airs de menuet…

Il a demandé qu'on fasse venir à son chevet son arrière-petit-fils, le jeune duc d'Anjou, cet enfant sur qui reposent tous les espoirs de la dynastie : son grand-père est mort, son père est mort, ses frères sont morts. Il est l'ultime rejeton d'une famille qui fut très nombreuse, mais que la Grande Faucheuse a décimée en quelques années.

L'enfant paraît, donnant la main à sa gouvernante, silencieux, intimidé, impressionné par cette figure hiératique qu'il n'a jamais entraperçue que de loin. « Approchez-vous, monsieur », lui dit Louis XIV dans un souffle. Le petit Louis lève la tête vers sa gouvernante, quêtant un assentiment et, sur un signe d'elle, s'avance vers le vieillard décharné au teint gris. Le roi tente avec peine de se redresser sur ses oreillers et tourne la tête vers lui : « Mon mignon, vous allez être le plus grand roi du monde. N'oubliez jamais les obligations que vous avez envers Dieu. Ne m'imitez pas dans les guerres ; tâchez de vous maintenir en paix avec vos voisins, et de soulager votre peuple autant que vous pourrez, ce que j'ai eu le malheur de ne pouvoir faire… »

Le Roi-Soleil s'éteignit le samedi. Ses derniers mots furent : « Ô mon Dieu, hâtez-vous de me secourir… »

*
**

Louis XV n'oubliera jamais cette scène. Toute sa vie, il nourrira envers son arrière-grand-père une vraie dévotion et s'attachera à préserver son héritage. Chaque fois qu'il aura une décision importante à prendre, il s'interrogera : qu'aurait-il fait ? En tout point, il cherchera à imiter son glorieux prédécesseur, le grand homme dont l'ombre immense planera sur tout son règne. Il s'interdira de toucher à Versailles – à ce palais qui était l'œuvre personnelle de Louis XIV. Il s'y aménagera simplement des refuges intimes pour échapper à la solennité du lieu. Il maintiendra l'étiquette pesante que le Roi-Soleil avait instituée – et Dieu sait si elle l'ennuyait ! Il tentera, autant que faire se peut, de suivre ses ultimes conseils : son règne connut beaucoup moins de guerres meurtrières que celui de Louis XIV. La guerre, il la détestait : au lendemain de la victoire de Fontenoy, en 1745, se promenant sur le champ de bataille jonché de cadavres, il aura ce mot à l'adresse de son fils, transporté par ce spectacle : « Voyez ce que coûte une victoire. Le sang de nos ennemis est toujours le sang des hommes. La vraie gloire, c'est de l'épargner. »

Mais, dans le domaine amoureux, il va, comme son arrière-grand-père, sans doute même plus encore, multiplier maîtresses et aventures.

Pourtant, ce n'était pas écrit. Car Louis XV, contrairement à nombre de ses ancêtres, est le contraire d'un paillard-né.

Le « secret du roi »

Enfant, il a le sérieux des orphelins (il a perdu ses deux parents à trois ans). Il est d'abord élevé par sa gouvernante, la duchesse de Ventadour, qui l'entoure d'une tendre affection, et à laquelle il restera toujours profondément attaché (« maman Ventadour »...). À sept ans, il passe dans les mains du maréchal de Villeroy, militaire borné, autoritaire et maniaque, à cheval sur le règlement et l'étiquette, qui lui impose une éducation très stricte, bridant la sensibilité de ce garçon intelligent, spontané et volontiers espiègle, à qui il est désormais interdit d'extérioriser tout sentiment.

Son précepteur, l'abbé de Fleury, sexagénaire nettement plus rond, l'initie à l'histoire, à la géographie, aux mathématiques, et lui rappelle continuellement ses devoirs religieux en lui mettant en permanence l'exemple de saint Louis sous les yeux. Il en fait un être scrupuleux désireux de bien faire, mais aussi un complexé, qui se comparera sans cesse aux modèles écrasants qu'on lui a présentés et se sentira toujours en dessous d'eux.

Le caractère du jeune prince sort transformé de cette éducation. Il devient timide. Tous ses contemporains insistent sur ce trait. Le duc de Luynes note dans ses Mémoires : « On voit quelquefois qu'il a envie de parler, la timidité le retient et les expressions semblent se refuser[1]. » On a mille exemples de Louis XV à table, entouré pourtant d'une compagnie amicale, dans une atmosphère détendue comme il les aimait, au milieu d'une conversation bon enfant, qui commence une phrase et ne l'achève pas, comme s'il était confus de monopoliser l'attention.

1. Charles-Philippe d'Albert, duc de Luynes, *op. cit.*

Cette timidité le rend parfois un peu lâche : il n'arrive pas à dire leur fait aux gens, ni à leur annoncer une décision qui pourrait leur déplaire. « Il n'ose pas réprimander un ministre qui a manqué à son devoir, écrit l'historien Pierre Gaxotte, il le cajole en public et le fait surveiller en secret. Se résout-il à s'en débarrasser ? Il n'ose pas davantage lui signifier sa disgrâce en face. Il le trompe par de grandes affectations d'amitié, et une heure plus tard lui envoie l'ordre écrit de remettre ses charges[1]. » Ainsi fit-il avec le duc de Bourbon, alors Premier ministre. Le roi se montra d'abord charmant avec lui, puis l'invita à une partie de cartes dans la soirée : « Je vous attendrai et ne commencerai pas sans vous… » À 19 heures, tandis que Bourbon s'apprête à monter dans son carrosse, le capitaine des gardes lui remet un billet du roi : « Je vous ordonne, sous peine de désobéissance, de vous rendre à Chantilly et d'y demeurer jusqu'à nouvel ordre. » L'autre, qui s'apprêtait à passer un bon moment avec le roi, tombe des nues…

Ainsi fait-il encore avec l'un de ses meilleurs ministres, Machault d'Arnouville, qu'il renvoie brutalement, à la demande de la marquise de Pompadour. Et pourtant, il l'apprécie : « Quoique je sois persuadé de votre probité et de la droiture de vos intentions, les circonstances présentes m'obligent de vous redemander mes sceaux et la démission de votre charge de secrétaire d'État de la Marine ; soyez sûr de ma protection et de mon amitié. Si vous avez des grâces à demander pour vos enfants, vous pouvez le faire en tout temps. Il convient que vous restiez quelque temps à Arnouville. »

1. Pierre Gaxotte, *Le Siècle de Louis XV*.

C'est un hésitant et, pour tout dire, un irrésolu. Il change de ministre comme de chemise. En trente et un ans de règne personnel, il en usera quarante-trois, alors que le cardinal de Fleury, en dix-neuf ans de pouvoir, avait gouverné avec treize ministres seulement. Les chroniqueurs anglais se gaussent de cette bougeotte ministérielle…

Irrésolu, et velléitaire. Comme il est lucide, il sait ce qu'il faut faire, mais tarde à le faire. Il mettra ainsi vingt ans à supprimer les Parlements, qui sont des bastions conservateurs bloquant toute réforme. Vingt ans d'atermoiements, de demi-mesures, de décrets reportés, de décisions annulées, alors que ses ministres les plus compétents le pressent de passer à l'acte et qu'il est lui-même convaincu du bien-fondé de leurs conseils. Incapable de trancher, il laisse ses généraux et ses maréchaux se déchirer : Richelieu (le petit-neveu du cardinal), Soubise et Maillebois détestent d'Estrées ; les deux frères Broglie ne peuvent pas s'entendre ; Broglie et Soubise refusent de réunir leurs forces avant d'engager la bataille…

Ce travers tient aussi à sa paresse naturelle. Dès sa majorité, il a nommé Fleury, son ancien précepteur, cardinal et Premier ministre. Or, celui-ci ne l'initie pas du tout au gouvernement, prenant soin au contraire de l'écarter habilement des affaires, tout en le flattant. De même qu'il s'est soumis à la volonté de Villeroy, il se soumet à celle de Fleury. Celui-ci disparu, Louis XV, voulant suivre une fois de plus l'exemple de Louis XIV, décide alors de gouverner par lui-même. Mais au lieu de donner les grandes directives, il se perd dans les détails et la paperasserie : l'alibi des paresseux, qui préfèrent souvent les points particuliers aux idées générales. D'ailleurs, il déserte souvent le Conseil, quittant Versailles pendant de longs mois, soit pour aller chasser – c'est une passion familiale, et quasi quotidienne chez lui –, soit pour de longs séjours dans des châteaux moins solennels que Versailles où il se sent à son aise : Saint-Germain, Marly, Rambouillet, La Muette, Madrid, Choisy, Sénart…

Timide, indécis, peu sûr de lui, il devient naturellement secret. Contrairement à Henri IV ou Louis XIV, qui s'affichaient sans vergogne avec leurs maîtresses, il s'évertuera au contraire à cacher ses nombreuses liaisons – à l'exception notable de la Pompadour et de la du Barry. En 1737, il inaugure ce qui deviendra plus tard une habitude : il s'échappe en catimini de Versailles et se rend à l'Opéra, masqué sous un domino, accompagné seulement de quelques intimes. Mais deux gardes le reconnaissent : il sort alors en trombe, tremblant que sa fugue ne parvienne aux oreilles du cardinal de Fleury… Pendant les cinq années où il fut l'amant de madame de Mailly, personne à la cour n'en sut rien avant longtemps. Il la rejoignait incognito au château de Madrid. Quand il résidait à Versailles, elle venait le retrouver de nuit dans ses petits appartements en passant par-derrière… Et quand elle habitait elle-même le palais, il la recevait souvent dans sa garde-robe, à côté de sa chaise percée… À Fontainebleau, au-dessous de son appartement, s'en trouvait un autre, meublé, dont lui seul avait la clé, qu'il rejoignait par un petit escalier…

Mais c'est dans le domaine politique que son côté dissimulateur se manifeste avec encore plus d'évidence : pendant tout son règne, il entretiendra une diplomatie parallèle appelée le « secret du roi ». Ce cabinet noir fut d'abord dirigé par le prince de Conti, puis par le comte de Broglie, qui ne rendaient de comptes qu'au roi en personne. Aucun ministre n'était au courant, à commencer par le premier intéressé, le responsable des Affaires étrangères (exactement ce que fit de Gaulle avec Foccart, son « Monsieur Afrique » qui ne cessera d'agir dans l'ombre et dans le dos des ministres de la République...).

Conti et Broglie entretenaient dans toute l'Europe une véritable armada d'espions, avec qui Louis XV correspondait en secret. Le plus célèbre d'entre eux est le chevalier d'Éon, qui se déguisait souvent en femme. Les instructions du roi allaient fréquemment à l'encontre de la politique officielle, notamment à l'égard de la Pologne, de la Russie, de l'Autriche ou de la Prusse. Tout en maintenant des relations apparemment cordiales avec l'Angleterre, il fit préparer en sous-main un projet de débarquement et d'invasion... Ses espions pouvaient aussi être utilisés à des fins plus personnelles : en 1768, peu après la mort de la reine Marie Leszczyńska, il songe vaguement à se remarier avec l'archiduchesse d'Autriche Elizabeth. Il envoie alors l'un de ses hommes à Vienne pour qu'il recueille sur elle – et surtout sur son physique – le maximum de renseignements...

Ce double jeu, il ne cessera de le mener, dans les affaires publiques comme dans sa vie privée. À partir des années 1740, par exemple, s'il ne cache plus ses maîtresses officielles, dans la coulisse, ce ne sont qu'escapades nocturnes, valets entremetteurs, passes honteuses avec des prostituées, petites maisons louées sous de faux noms…

Un dépressif chronique

Voilà pour quelques traits de caractère.

Mais il en manque un, dominant, une dimension capitale qui explique quasiment tout : la propension à l'ennui. Louis XV s'ennuie partout : à Versailles, aux réceptions, dans les conseils, à la messe (quotidienne), chez sa femme… Écoutons l'historien François Bluche, l'un de ses meilleurs biographes : « Il s'ennuie parce qu'il est blasé : son métier l'importune, l'étiquette l'irrite, Versailles le fatigue […]. Souvent, parler l'ennuie […]. Il retarde ses réponses, oublie la phrase gentille que son sourire semble annoncer, paraît embarrassé après la harangue toute faite de quelque ambassadeur, se montre froid à contretemps devant un gentilhomme qui se présente ou prend congé et s'attend à mille grâces. Le roi s'ennuie aussi en famille […]. La dévotion de sa femme l'agace, il trouve le Dauphin guindé, bigot, monotone. ("Mon fils est paresseux, dit-il à la Pompadour, et son caractère est polonais, vif et changeant. Il n'a aucun goût : la chasse, les femmes, la bonne chère ne lui sont de rien…"). Il aime ses filles, mais leur désir de le convertir l'importune[1]. »

À vrai dire, cet ennui permanent ressemble fort à ce qu'on appelle aujourd'hui une dépression chronique.

1. François Bluche, *Louis XV*.

Il en a tous les symptômes, jusqu'à l'indifférence qu'il affiche souvent et qui surprend jusqu'à ses proches. On le voit amical et presque chaleureux à 15 heures, froid à 17 heures : c'est qu'entre-temps il s'est lassé. Et d'abord de lui-même. De nos jours, il s'allongerait trois fois par semaine sur le divan d'un psy et prendrait du Prozac…

Cette lassitude en fait un homme souvent taciturne et mélancolique. Madame du Hausset, la femme de chambre de la Pompadour, qui l'a bien connu dans ses moments d'intimité, signale à plusieurs reprises dans ses *Mémoires*[1] l'humeur morose du roi, son silence abattu, son goût pour rien…

Sauf peut-être pour la mort et la maladie, auxquelles il porte une curiosité morbide. Il recherche toutes les occasions d'en parler, questionnant avidement tous ceux qu'un deuil vient de frapper, s'étendant sur les enterrements. « Le premier médecin du roi vint un jour chez Madame [la Pompadour], note madame du Hausset ; il parla de fous et de folie. Le roi y était, et tout ce qui concernait les maladies de tout genre l'intéressait. » Il s'entretient avec ses amis de ses rêves ou de ses visions funèbres. En promenade, il fait un détour pour aller voir un petit cimetière qu'on lui a signalé…

Cette obsession – mélange de fascination et de répulsion – est la conséquence directe de son éducation :

1. Nicole du Hausset, *Mémoires de madame du Hausset sur Louis XV et madame de Pompadour*. Les *Mémoires de madame du Hausset*, première femme de chambre de la marquise de Pompadour, doivent être pris avec circonspection : on n'est même pas sûr que ce soit elle qui les ait écrits. Néanmoins, l'auteur, quel qu'il soit, rapporte des événements qui coïncident avec d'autres témoignages contemporains, et beaucoup d'historiens s'appuient sur cette source.

Fleury l'a élevé dans la terreur du péché et la peur panique du châtiment divin. À deux reprises, il a cru sa dernière heure venue : pendant une maladie à Metz, en août 1744, qui a vraiment failli l'emporter à trente-quatre ans, et après la tentative d'assassinat dont il a été victime, en janvier 1757. Dans ces deux circonstances, à l'approche de ce qu'il pensait être sa fin, il a été saisi de crises d'angoisse épouvantables. L'Église a alors obtenu de lui tout ce qu'elle voulait : le renvoi de sa maîtresse, la duchesse de Châteauroux, en 1744, et le repentir de ses fautes en 1757.

Dans la dernière affaire pourtant, Louis XV n'a été que légèrement blessé, d'un coup de canif largement amorti par l'épaisseur de ses vêtements, et il s'en remettra très vite. Mais malgré les paroles rassurantes de son médecin, il reste au lit plusieurs jours et se fait administrer les derniers sacrements.

François Damiens, l'auteur de l'attentat, n'était qu'un simple d'esprit, qui avait agi seul. Affreusement torturé, il subira ce qui fut l'un des plus effroyables supplices publics de l'Ancien Régime : on le tenailla aux seins, aux bras, aux cuisses et dans le gras des jambes, on versa sur les plaies du plomb et de la cire fondus, de l'huile bouillante et de la poix de résine brûlante ; la main droite, celle qui tenait le couteau, fut coupée ; puis il fut écartelé par quatre chevaux – les bourreaux avaient l'interdiction des juges de taillader les tendons de ses membres, ce qui aurait facilité l'arrachement. Les jambes et les bras furent arrachés un par un, fort difficilement. Le supplice dura plus de deux heures. Damiens était toujours conscient…

Ce n'est pas Louis XV qui prononça la sentence, mais il laissa faire. Non par cruauté : il n'était pas du tout d'une nature cruelle. Mais parce qu'il avait eu affreusement peur de mourir et de rôtir en enfer…

Malgré tout, le Bien-Aimé

Tout cela dessine le portrait d'un homme pas forcément très sympathique.

Or il n'en est rien, et si on l'a longtemps appelé « le Bien-Aimé », il y avait quelque raison. Car Louis XV peut se montrer charmant, détendu, gai, amical. Il est bon père de famille, entourant ses enfants d'attention et de tendresse. Ayant lui-même été privé de l'affection de ses parents, il est plein de sollicitude pour eux. Il appelle ses filles par de petits noms affectueux : Babet, Loque, Coche, Graille, Chiffe…

Contrairement à Louis XIV, il n'est absolument pas vaniteux. Il attribuera volontiers au maréchal de Saxe le mérite de la victoire de Fontenoy, alors qu'il était lui-même présent à la bataille. Le duc de Croÿ, qui le connaissait très bien et dont le jugement était assez sûr, écrit dans son *Journal* : « Il était doux, excellent père et parent, et le plus honnête particulier du monde […]. Voyant toujours plus juste que les autres, il croyait toujours avoir tort. S'il n'avait pas beaucoup d'esprit, il l'avait singulièrement juste, et le meilleur bon sens. Il était de la plus grande bravoure, mais d'une bravoure trop modeste […]. Il ne lui manquait que d'oser décider par lui-même, et de ne pas, toujours par modestie, se ranger à l'avis des autres, alors qu'il voyait mieux qu'eux.

Louis XIV fut trop fier, et lui trop peu[1]. » En effet, Louis XV doute constamment de lui-même. D'où cette perplexité, ces valses-hésitations, conséquences du conflit entre son esprit et son caractère.

Il est par ailleurs loin d'être sot, et d'une culture tout à fait honnête. C'est même, avec son oncle le Régent, le plus intelligent des Bourbons et le mieux éduqué. Beaucoup plus instruit et cérébral qu'un Henri IV ou qu'un Louis XIV. Tous les témoignages de contemporains sont concordants, qui louent sa mémoire, sa rapidité, sa perspicacité, sa lucidité. Fleury, qui a veillé sur son éducation, est un prélat conservateur mais pétri d'humanités. Son élève a toujours eu une prédilection marquée pour les sciences – mathématiques, physique, chimie, astronomie, géographie, cartographie, optique, botanique, médecine, etc. Il s'intéressera aux travaux de l'Académie royale des sciences, favorisera les expéditions de Bougainville… Après la mort de son fils, le Dauphin, il fait venir, pour se changer les idées, l'astronome et cartographe Cassini, qui lui avait déjà expliqué, quand il avait quatorze ans, l'éclipse du soleil. Il s'enferme avec lui huit jours durant pour parler science. En revanche, il n'aime pas trop les gens de lettres, ni les philosophes, qui passent leur temps à critiquer le Ciel et la monarchie. Il reconnaît l'esprit de Voltaire, mais néglige de se l'attacher. Il s'opposera à l'élection de Diderot à l'Académie française.

Quant aux femmes, au début, elles ne l'intéressent absolument pas. Fleury l'a élevé dans la haine de la luxure,

1. Emmanuel de Croÿ-Solre, *Journal inédit du duc de Croÿ, 1718-1784*, Paris, Flammarion, 1906-1921.

et il a tendance à ne voir en elles – vu les exemples qu'il a sous les yeux à la cour – que des débauchées… Et pourtant, Dieu sait si elles tournent autour de lui, Dieu sait si elles s'offrent ! Pas seulement parce qu'il est le roi, mais aussi parce qu'il est très beau, très élégant, cavalier accompli, bien fait, et qu'il a de la prestance.

À quatorze ans, on l'emmène à Chantilly pour une grande partie de chasse, qui durera un mois. Sont du voyage dix-sept jeunes femmes choisies pour leur beauté – le but étant clairement de faire perdre au jeune roi son pucelage. Elles vont toutes déployer leurs charmes, en vain. Il est fort probable que Louis XV arrive vierge, à quinze ans, à son mariage avec Marie Leszczyńska, la fille de l'ex-roi de Pologne. Et il va lui rester fidèle pendant plus de sept ans, cas unique dans les annales de la monarchie française !

Une autre considération le freine – pour l'instant ! – dans ses ébats amoureux, plus politique celle-là. On l'a instruit de la zizanie dans laquelle Louis XIV, en reconnaissant ses nombreux bâtards, a plongé le royaume : chaque enfant, même illégitime, se sentait des droits à régner, et n'hésitait pas à comploter contre l'héritier officiel. L'adultère est donc non seulement condamnable moralement, mais dangereux politiquement.

Bref, voilà, un jeune souverain finalement intelligent, cultivé, doté d'un certain sens politique et plutôt sage dans ses mœurs. Qui ne s'en réjouirait ?

Seulement voilà : il y a ce spleen omniprésent, qui s'empare de lui sans crier gare et le fait passer brutalement de la gaieté à l'abattement. Comment y échapper ? Il n'y a pas trente-six moyens.

Il y a la chasse, c'est-à-dire une intense activité physique, en plein air, qui l'empêche de trop ruminer. Il peut passer des heures à cheval, forçant le cerf ou le chevreuil toute la journée, épuisant sa suite.

Il a la bougeotte, aussi. Changer de lieu, voyager : il ne cessera, tout au long de son règne, de faire des allées et venues entre ses différents châteaux d'Île-de-France, de fuir Versailles pour courir à Paris…

Il y a encore l'alcool, qu'il consommera de moins en moins modérément – surtout le champagne. Louis XV n'était jamais vraiment soûl mais parfois gris, et il lui arrivera d'honorer des dames sans trop savoir ce qu'il est en train de faire…

Et puis, et puis malgré tout, comme en dernier ressort, comme en désespoir de cause, il y a le sexe…

Et encore, ce n'est même pas lui qui l'a cherché : il est tombé dans un traquenard.

De la vertu à la débauche : le piège des quatre sœurs

1734. Avec la reine, le temps de la lune de miel est depuis longtemps révolu. Marie Leszczyńska, qui est une excellente femme, sensible, pleine de tact, à l'esprit droit, trop dévote, cependant, au goût de son époux, n'est pas spécialement portée sur les plaisirs de l'alcôve. Et surtout, elle en a assez d'être enceinte en permanence : Louis XV lui fera dix enfants ! « Toujours coucher, toujours grosse, toujours accoucher ! », se plaint-elle.

Elle commence par user de subterfuges pour échapper à son devoir conjugal : elle invoque l'haleine avinée de son époux ou des indispositions qui s'éternisent ; elle feint de prolonger ses prières jusqu'à ce qu'il s'endorme ; elle prétexte la peur du noir et des esprits pour faire venir une de ses domestiques qui lui tient la main tous les soirs en attendant que le sommeil arrive ; elle refuse sa couche au roi au lendemain des accouchements ; elle le convainc d'observer de longues périodes d'abstinence. À la longue, de rebuffade en rebuffade, Louis XV finit par la délaisser, passant les soirées à jouer et à boire avec quelques amis.

Louise-Julie

C'est alors qu'entre en scène la jeune comtesse de Mailly. Elle a été sélectionnée par mademoiselle de Charolais, une princesse de Condé cousine de Louis XV et joyeuse luronne, avec l'aide de son vieil amant, le duc de Richelieu, qui, derrière ses airs frivoles, nourrit de grandes ambitions et cherche à placer une de ses créatures dans le lit du roi.

Tout osseuse, affligée d'un long nez et d'une bouche trop grande, Louise-Julie de Mailly n'est pas une beauté. Tant mieux : Louis XV est de ces hommes que la beauté intimide. De plus, elle est douce, gaie, docile et, surtout, totalement désintéressée : ce n'est pas une intrigante qui cherchera à prendre l'ascendant sur l'esprit du roi. Le vieux cardinal de Fleury, toujours Premier ministre, a compris qu'il fallait bien trouver une maîtresse au souverain : il donne sa bénédiction à cette candidate idéale qui ne lui fera pas d'ombre.

Madame de Mailly dut presque forcer Louis XV, tant la timidité et les scrupules du roi étaient grands. Elle fut introduite dans un réduit situé sous ses appartements. Louis, terriblement embarrassé, se contenta au début de lui prendre la jambe et le pied. Comme elle avait pour instruction de succomber absolument, elle dut lui dire : « Ah, si j'avais su que Votre Majesté ne m'avait fait venir que pour cela, je ne serais pas venue ! » Alors le roi, avec la brusquerie des timides, lui sauta dessus.

Ainsi commence son premier adultère. Il a vingt-quatre ans. Il ne va plus cesser pendant quarante ans, passant sans transition de l'abstinence au libertinage, de la vertu à la débauche. Car à partir de cette première expérience, c'est la folie. Comme si une digue s'était rompue. Comme si, tout à coup, toute l'éducation qu'il avait reçue, toute la retenue dont il avait fait preuve jusque-là volaient brutalement en éclats. Dans un premier temps, il va enchaîner les favorites, les unes après les autres. Dans un deuxième temps, il va prendre l'habitude d'escapades honteuses et parfois sordides. Dans un troisième temps, il va se constituer un bordel à son usage exclusif. Tout en continuant de puiser dans la cour et dans les différents lieux qu'il fréquente…

Le nombre de femmes avec qui il a couché est incalculable : au moins plusieurs centaines… De toutes conditions et de tous âges. Avec Henri IV, c'est sans doute le plus grand fornicateur de l'histoire de France.

Il y a dans cette frénésie pathologique une évidente fuite en avant. De même qu'il se lassait des ministres, des présentations, des réceptions, il se lassera de plus en plus vite de ses maîtresses, ne cherchant plus bientôt que des aventures furtives. Il n'est même pas sûr qu'il y ait trouvé, comme son ancêtre Henri IV, paillard joyeux et sans états d'âme, une grande satisfaction des sens. Il est sensuel et jouisseur, c'est incontestable, mais il lui arrive régulièrement d'être impuissant, ce qui le rend encore plus déprimé. Témoin sa mésaventure avec la jeune veuve d'un fermier général. On l'a introduite dans ses appartements privés et on lui a dit d'attendre le roi dans sa chambre. À minuit, il n'est toujours pas là. À une heure, il passe en coup de vent, la découvre et lui lance, en tutoyant comme une prostituée cette dame de qualité : « Je vais me déshabiller en public pour le coucher du roi et je reviens te retrouver. Prépare-toi. » Quand il revient une heure après, elle est nue dans son lit. Louis XV se jette sur elle sans préliminaires, la traitant comme un objet sexuel. Sauf que son objet sexuel à lui ne suit pas. Il finit par la renvoyer, la conduisant lui-même par des couloirs où il sait qu'ils ne rencontreront personne…

Incapable de faire l'effort de séduire – ce que lui reproche son ami Richelieu –, il attend que les femmes tombent toutes cuites dans son bec. Et elles tombent. « Il se contente, écrit Maurice Lever, des conquêtes faciles que lui offrent ses rabatteurs[1]. » Ces rabatteurs, il y en aura principalement cinq : mademoiselle de Charolais (qui avait vainement tenté de le déniaiser), le duc de Richelieu, ses deux valets de chambre – Lebel et Bachelier – et, plus tard… la marquise de Pompadour. Deux maquerelles et trois vauriens.

Au lit, il manifeste toujours la même indolence, attendant de ses partenaires qu'elles prennent l'initiative…

1. Maurice Lever, *Louis XV, libertin malgré lui.*

Car ce qu'il cherche avant tout dans les bras des femmes, c'est l'oubli, plus encore que le plaisir. Oubli de cette existence pesante, oubli de cette mélancolie prégnante, oubli de ces angoisses métaphysiques. Oubli du peu d'estime qu'il a de lui-même… Il s'entiche de laiderons. Il s'encanaille dans les rues de Paris par désœuvrement. Il fait venir des femmes sans en avoir vraiment envie, juste pour passer le temps et ne pas être seul avec lui-même au milieu de ses semblables.

Le « règne » de madame de Mailly durera cinq ans. Cinq années pendant lesquelles il ne se prive pas d'aller voir ailleurs. Ce ne sont alors que virées nocturnes avec quelques courtisans, souvent en compagnie de mademoiselle de Charolais : rien de tel qu'une femme pour rabattre des proies au profit d'un homme coincé. Pour ces jouissances clandestines dans des auberges, des cabarets, des salles de jeu, ou même sur la voie publique, Louis XV sort toujours incognito, parfois sous un domino. Il est irrésistiblement attiré par les filles et les femmes du peuple, qui le changent du snobisme des marquises… Sauf qu'il attrape des maladies vénériennes : en 1738, il gardera le lit plusieurs jours, à la suite d'une chaude-pisse…

Ces chasses nocturnes ne sont d'ailleurs pas fatalement couronnées de succès. Une nuit d'août 1737, à 2 heures du matin, tandis que la petite bande est partie courir la gueuse dans les rues de Versailles, ils tombent sur deux femmes : la patronne du cabaret Le Cheval Rouge et sa servante, sorties pour aller chercher le guet à la suite d'une rixe dans l'établissement. Mademoiselle de Charolais les aborde et s'enquiert de ce qui les fait courir à une heure si avancée, tandis que les autres les entourent. Louis XV, sans doute éméché, saisit alors la patronne, une appétissante beauté, tandis qu'un de ses compagnons tente de trousser la servante, au grand amusement de mademoiselle de Charolais. Mais les deux femmes ne se laissent pas faire et poussent des cris indignés, menaçant de réveiller le quartier et d'ameuter les dragons. Ce qui fait fuir les fêtards, alors que la cabaretière se plaint haut et fort de l'impéritie du roi – qu'elle n'a pas reconnu – et de sa police, à deux pas du château…

Le vieux Fleury ferme les yeux : que le roi s'amuse, du moment qu'il le laisse gouverner… Richelieu l'entraîne vers la débauche, et lui vers l'indolence.

Pauline-Félicité

Louise-Julie de Mailly est telle qu'on l'avait espérée : toujours de bonne humeur, pas intrigante pour un sou, ne se mêlant en rien des affaires de l'État, et sincèrement amoureuse du roi. De surcroît, bonne fille : elle fait venir auprès d'elle sa jeune sœur, Pauline-Félicité, qui s'ennuie en province. Mal lui en prend : c'est une ambitieuse effrontée. Elle est encore plus laide que sa sœur, grande comme un grenadier, grasse, sentant la sueur, mais elle a de l'esprit à revendre et un culot d'enfer. Un an après son arrivée à Versailles, Pauline-Félicité est dans le lit du roi. Louise-Julie, qui n'a rien vu venir, est effondrée. Mais, comme elle ne veut pas perdre Louis, elle accepte tout… et même de participer aux ébats royaux avec sa sœur : le roi s'endort entre la maigre et la grosse.

On trouve alors à « la grosse » un mari de complaisance, le marquis de Vintimille, grassement pensionné.

Contrairement à sa sœur, Pauline-Félicité exerce un véritable ascendant sur le roi, qui l'entoure d'attentions et lui offre un château. En 1741, elle tombe enceinte. Elle met au monde un fils – qu'on appellera Demi-Louis, tant il ressemble au roi, et qui a aujourd'hui de nombreux descendants –, mais meurt quelques jours après l'accouchement. Très affecté, Louis XV sombre pendant une petite semaine dans une grave dépression…

Entre-temps, madame de Mailly, décidément bonne parente, a trouvé des places à la cour pour ses trois autres jeunes sœurs : Diane-Adélaïde, Marie-Anne et Hortense-Félicité.

Diane-Adélaïde

Diane-Adélaïde est aussi laide que ses sœurs aînées, si ce n'est plus. « La grosse vilaine », comme l'appelait le marquis d'Argenson, qui se vantait publiquement d'être encore vierge, passe rapidement elle aussi dans le lit du roi. Et de trois !

Marie-Anne

Marie-Anne, marquise de La Tournelle, est d'une autre trempe. D'abord, elle est jolie. Ensuite, elle est calculatrice. Enfin, elle est ambitieuse. Elle plaît immédiatement à Louis XV, qui ne se prive pas de le dire tout cru à madame de Mailly : « Je vous ai promis, madame, de vous parler naturellement ; je suis amoureux fou de madame de La Tournelle, je ne l'ai pas encore, mais je l'aurai. » Il en fait aussi la confidence à Richelieu.

Mais elle est amoureuse de son amant, un jeune duc falot, qui est le propre neveu de Richelieu. Qu'à cela ne tienne : celui-ci charge une de ses anciennes maîtresses de séduire son neveu. Une fois que c'est fait, il intercepte les lettres que les nouveaux amants s'échangent et les passe au roi, qui à son tour les met sous les yeux de Marie-Anne. Pourtant, celle-ci résistera longtemps. Elle obtient d'abord le renvoi de sa sœur, madame de Mailly, avec laquelle elle ne veut rien partager : la vieille maîtresse doit quitter Versailles, la mort dans l'âme. Puis elle fait mine de céder, donne rendez-vous au roi, qui descend la nuit en catimini pour la rejoindre, et fait la sourde oreille alors qu'il gratte en vain à la porte...

Dépité, Louis XV commence à lorgner sur la cinquième fille du marquis de Nesle, Hortense-Félicité, marquise de Flavacourt. Il essaie de la mettre dans son lit, d'autant que c'est – et de loin – la plus jolie. Mais, pas de chance, c'est également la plus vertueuse. De plus, son mari est allé jusqu'à la menacer de mort « si elle s'avisait d'être aussi putain que ses sœurs ».

Richelieu, qui mise beaucoup sur Marie-Anne – ainsi que d'Argenson, le secrétaire d'État aux Affaires étrangères –, s'impatiente, tandis que l'autre clan – Fleury et Maurepas, le ministre de la Marine, qui redoutent son caractère – fait pression en sens inverse. Mais elle est lucide, et cynique : elle sait parfaitement qu'avec Louis, l'ennui suit de près la possession. Elle a donc décidé de le faire patienter.

Ce n'est qu'après de longs mois d'attente que le roi parvient à ses fins. Et de quatre !

Mais Marie-Anne ne cessera de le manipuler, passant de la froideur à la coquetterie, excitant sa jalousie, lui faisant croire qu'elle est toujours amoureuse du duc. Pris au piège, il la comble de cadeaux et de bienfaits : elle est faite duchesse de Châteauroux et s'imagine déjà en Montespan. En même temps, elle place ses pions, entourant le roi de courtisans qui lui sont dévoués. Richelieu est nommé premier gentilhomme de la chambre du roi. Un pas de plus, et il devient ministre… D'autant que Fleury vient enfin de mourir, à quatre-vingt-dix ans !

Le pays est alors engagé dans la guerre de Succession d'Autriche, qui va durer huit ans, et les armées françaises, commandées par des maréchaux incapables, se font battre à plate couture. Louis XV décide de se rendre lui-même sur le front, et emmène dans ses bagages… les deux sœurs, Marie-Anne et Diane-Adélaïde, ce qui fait quand même scandale, notamment au sein de l'armée.

Mais à Metz, le roi tombe gravement malade, sombrant même dans des phases de coma, au point que les médecins n'osent pas se prononcer sur l'issue… La duchesse et sa sœur se relaient à son chevet, empêchant quiconque de l'approcher. Son état empirant, elles ne peuvent cependant s'opposer à la venue de son aumônier et de son confesseur. Dans un moment de lucidité, Louis XV demande l'absolution. Son aumônier y met une seule condition : qu'il se sépare de la duchesse de Châteauroux. Très affaibli, redoutant de mourir en état de péché, le roi y consent le cœur gros. L'aumônier exige en outre que la dame soit exilée et démise de toutes ses fonctions à la cour. Il inflige enfin au roi une scène de repentir public.

Les deux sœurs doivent prendre la route de Paris, sous les huées du peuple. À chaque halte, elles sont prises à partie par la populace, qui les couvre d'injures et menace de bloquer leur voiture…

Soudain, en quelques jours, la fièvre tombe. En trois semaines, Louis XV est totalement rétabli. Les Français, qui l'apprécient encore, se réjouissent de la résurrection du « Bien-Aimé ».

Mais lui se repent amèrement… de son moment de faiblesse ! De retour à Paris, il se précipite en secret chez la duchesse de Châteauroux et lui demande humblement pardon. Quinze jours plus tard, elle fait son retour à Versailles, non sans avoir exigé du roi qu'il châtie tous ceux qui avaient juré sa perte. « Il reprend sa guinche ! », dit-on dans les rues de Paris.

Ces retrouvailles seront cependant de courte durée. À la fin de l'année, c'est au tour de la duchesse de se sentir fort mal. En proie à des crises de délire, elle passe en quelques jours de vie à trépas…

Louis XV la pleure, mais, chez cet anxieux égocentrique, le chagrin ne dure jamais très longtemps…

Les épouses de substitution

Si, de toutes les innombrables maîtresses de Louis XV, l'histoire n'a retenu que deux noms – ceux de la marquise de Pompadour et de la comtesse du Barry –, c'est qu'elles étaient toutes deux non seulement ravissantes, mais fort intelligentes et fines psychologues. Et toutes deux d'origine non aristocratique.

Ce dernier point n'est pas sans importance : Louis XV n'est pas dupe des manigances des courtisanes pour entrer dans son lit. Il sait pertinemment que l'intérêt les guide. Il s'en fiche : seul compte son plaisir. Seulement les dames bien nées se ressemblent toutes : pas forcément physiquement, ni par le caractère, mais elles ont toutes reçu la même éducation, et toutes ont les manières frelatées de l'aristocratie de cour : comédiennes, hypocrites, coquettes, cancanières, médisantes, snobs… Elles ont toutes les mêmes préjugés, les mêmes opinions, les mêmes idées – ou la même absence d'idées. Aucune spontanéité dans leur attitude, aucune originalité dans leurs propos. Socialement, moralement, intellectuellement, ce sont des clones.

Or il aime la variété.

Il aime aussi la simplicité : le roi joue en permanence un personnage solennel, alors que l'homme n'aspire qu'au naturel. Cela va jusqu'au goût de l'encanaillement : rien ne le divertit plus que la gouaille des filles du peuple. Là, pas de faux-semblants : on dit ce qu'on a sur le cœur, et on le dit vertement. À plusieurs reprises, ses maîtresses l'entendirent proférer en privé des expressions ou des jurons populaires. Les plus naïves se demandèrent d'où il les tenait, puisqu'il était censé vivre dans un monde protégé. Les plus averties savaient bien qu'il les avait attrapés au cours de ses nombreuses escapades dans des lieux faubouriens ou mal famés, auprès de celles que l'on nommera ses « petites maîtresses » : servantes, ouvrières, prostituées…

Il aime aussi l'intelligence, à tout le moins une certaine curiosité d'esprit conférant une liberté de ton, qu'il apprécie plus chez les femmes que chez les hommes.

Précisément, Jeanne Poisson (la Pompadour) et Jeanne Bécu (la du Barry) ont ce naturel. La première est issue de la bourgeoisie d'argent, la seconde carrément du peuple. Mais toutes deux ont été – pour des raisons différentes – élevées dans le même milieu, celui de la finance, qui est, à l'époque, souligne Jacques de Saint-Victor (le biographe de madame du Barry), « la meilleure école du goût [...]. Ce sont les gens de la finance qui font construire les plus beaux hôtels, qui forment les meilleurs salons, où l'on accueille artistes et écrivains... Ces banquiers, ces fermiers ou receveurs généraux, tous ces riches bourgeois gentilshommes, donnent le ton à Paris et définissent les bonnes manières[1] ». Du coup, les deux futures favorites ont compris bien plus de choses que les marquises poudrées, grâce à l'éducation sans préjugés qu'elles ont reçue au sein d'un entourage cultivé. La vie mouvementée de la future comtesse du Barry lui a certes fait côtoyer les bas-fonds de la société ; elle n'en gardera pas moins quelque chose de ce bon goût, de ce raffinement et de cette ouverture d'esprit acquis dans sa jeunesse. Les deux femmes ont une subtilité psychologique et sociale bien supérieure à celle des Mailly, Vintimille, La Tournelle, et de toutes leurs semblables que Louis XV trousse à la chaîne parce qu'il n'a que ça sous la main... De plus, contrairement aux péronnelles bien nées qui entourent le roi, elles ne sont ni méprisantes ni mauvaises langues. Il y a en elles une tolérance et une indulgence, fruits de leur tempérament comme de leur éducation, qui le changent du snobisme cynique auquel il est habitué. Avec elles, il va faire dans

1. Jacques de Saint-Victor, *Madame du Barry. Un nom de scandale.*

sa vie privée ce que Louis XIV avait fait pour la conduite de l'État : la confier à des personnes éclairées – c'est-à-dire à des bourgeoises, et non à des aristocrates. La Pompadour et la du Barry, ce sont des Colbert et des Louvois d'alcôve.

Dès lors, ces deux femmes vont jouer un rôle unique auprès de Louis XV, bien qu'elles n'arrivent pas du tout au même moment. Lorsque la Pompadour fait la connaissance (biblique) du roi, c'est un homme de trente-cinq ans, dans la force de l'âge. Lorsque la du Barry entre en scène, c'est presque un vieil homme pour l'époque : cinquante-huit ans. Mais elles sauront toutes deux, chacune à sa manière, le distraire suffisamment pour le garder longtemps. Se l'attacher par d'autres choses que la frivolité ou le sexe. Il a compris qu'il tenait là deux femmes peu communes, aux mille ressources, qui ont pour lui un parfum d'exotisme, et qu'il était plaisant de vivre à leurs côtés. Avec leur regard extérieur, elles l'écoutaient, le comprenaient, le conseillaient. Ce ne furent pas seulement des maîtresses, mais des amies de cœur. Des épouses de substitution.

Le règne de la Pompadour

Jeanne Le Normant d'Étiolles a vingt-trois ans lorsqu'elle rencontre Louis XV pour la première fois. Et ce n'est pas vraiment un hasard. Mariée au neveu d'un riche fermier général, un garçon sans esprit, alors qu'elle en a à revendre, elle est, comme toutes les femmes du royaume, attirée par la réputation du roi. Le manoir d'Étiolles, où elle séjourne souvent, se trouve en lisière de la forêt de Sénart, où Louis XV a l'habitude de chasser. Elle se poste donc sur les allées cavalières, en calèche, en attendant que passe l'équipage, et ce manège finit par porter ses fruits. À plusieurs reprises, Louis XV la remarque. « Qui est cette charmante créature ? », demande-t-il un jour à son valet Lebel.

Pour une fois, le roi a bon goût : Jeanne est en effet ravissante. Grande, mince, la taille fine, les traits réguliers, les cheveux blond cendré, les yeux gris-bleu, le nez mutin, la bouche charnue, elle a séduit tous ceux qui l'ont croisée. Même Casanova. Même Voltaire, qui a assisté un jour à une petite représentation théâtrale à Étiolles, où la jeune fille tenait un rôle, et qui a été ébloui par ses talents de comédienne.

« C'est madame Le Normant d'Étiolles », répond Lebel sans hésiter. Et pour cause : il a jadis été l'amant de sa mère, madame Poisson !

Très peu de temps après, Jeanne est invitée à un bal à Versailles. Et tout va aller très vite. Quelques jours plus tard, le roi et elle se retrouvent à Paris, au bal du prévôt des marchands à l'hôtel de ville. Il y a foule. On s'y bouscule, on étouffe, et le buffet est médiocre. Louis XV, camouflé derrière un masque, à son habitude, aperçoit Jeanne, lui propose de quitter cette fête ratée et de la raccompagner chez elle.

Ils deviennent amants dans la nuit. Le règne de Jeanne commence. Il va durer dix-neuf ans.

Ce qui va frapper la cour, c'est qu'elle tranche avec toutes les autres. D'abord, elle est instruite. Ensuite, elle est prévenante. Le duc de Luynes note dans ses *Mémoires* : « Il paraît que tout le monde trouve madame de Pompadour extrêmement polie. Non seulement elle n'est pas méchante et ne dit du mal de personne, mais elle ne souffre même pas que l'on en dise chez elle. Elle est gaie et parle volontiers. Bien éloignée jusqu'à présent d'avoir de la hauteur, elle nomme continuellement ses parents, même en présence du roi… D'ailleurs, ne pouvant avoir une extrême habitude du langage usité dans les compagnies avec lesquelles elle n'a pas coutume de vivre, elle se sert souvent de termes et d'expressions qui paraissent extraordinaires dans ce pays-ci[1]. » Ce que veut dire le duc, c'est qu'elle est naturelle, et pas apprêtée comme les femmes de sa caste…

La méprise de la belle présidente

La scène se passe en février 1745, au moment où Louis XV entreprend sa longue liaison avec Jeanne Antoinette Poisson, future marquise de Pompadour.

Mais comme toujours avec lui, cela commence dans la plus grande discrétion, et la plupart des courtisans – surtout les courtisanes – sont persuadés que le roi est libre depuis la mort, deux mois plus tôt, de sa dernière maîtresse, la duchesse de Châteauroux.

Pour célébrer le mariage du Dauphin, un grand bal masqué est donné à Versailles dans la galerie des Glaces. Un certain nombre de participants se sont déguisés en arbres, et plus précisément en ifs à feuillage persistant et baies rouges. On croit savoir que le roi fait partie de ceux-là.

Le masque favorisant l'incognito, quelques femmes

1. Charles-Philippe d'Albert, duc de Luynes, *op. cit.*

décident alors de tenter leur chance. L'une d'elles est la jolie madame Portail, femme du premier président du Parlement de Paris. La foule est dense. Se frayant son chemin dans la cohue, cherchant à reconnaître le roi, elle aperçoit un if, l'observe attentivement et, sûre qu'il s'agit de lui, se dirige vers lui, arbore son sourire le plus aguicheur, minaude, et le presse sans faire mystère de ses intentions. D'abord charmé, puis enflammé, l'arbre en question ne se le fait pas dire deux fois, prend la présidente par la main et l'entraîne discrètement vers l'appartement du premier valet de chambre du roi. Et là, dans l'obscurité, il la caresse fiévreusement et lui fait l'amour à la hâte. La présidente est aux anges. Elle s'imagine déjà favorite en titre trônant à Versailles.

Rejoignant la réception tout en réajustant une dernière fois sa robe, elle aperçoit Louis XV, en habit de cour, en discussion avec madame d'Étiolles, qui lui sourit en passant. Muette de stupeur, elle se tourne alors vers son cavalier, qui la quitte brusquement et s'éclipse.

Évidemment, dès le lendemain, toute la cour était au courant et en fit des gorges chaudes.

On n'entendit plus parler de madame Portail.

Elle ne sut jamais à qui elle avait accordé ses faveurs : le visage de l'if était masqué, la pièce plongée dans le noir, et elle de dos… Il s'agissait en réalité d'un ami de Louis XV, son écuyer, le marquis de Bridge, à qui le roi, venu pour se changer, avait prêté son déguisement…

On ne s'étendra pas sur le rôle de protectrice des arts et des lettres, bien connu, de la marquise de Pompadour. Ni sur son influence politique, qui fut grande – plus grande que celle de toutes les maîtresses royales dans l'histoire de France. On soulignera plutôt l'habileté avec laquelle elle sut rester la confidente du roi et conserver cette influence alors qu'ils n'étaient plus amants depuis longtemps.

Jeanne Poisson, que Louis XV fait marquise très rapidement, a beau être ravissante et susciter le désir de tout mâle, elle est affligée d'un lourd handicap : elle est frigide. C'est elle-même qui en a fait la confidence, en pleurant, à quelques très proches, dont sa femme de chambre, madame du Hausset, qui la cite dans ses *Mémoires* : « Les hommes mettent, comme vous pouvez le savoir, beaucoup de prix à certaines choses ; et j'ai le malheur d'être d'un tempérament très froid. » D'ailleurs le roi, si l'on en croit Richelieu, « n'avait pas été content de la première séance des plaisirs qu'il avait partagés avec elle ».

Du coup, dans les moments intimes, elle manque d'allant. Ce n'est pas faute, pourtant, de prendre des aphrodisiaques. Michel de Decker[1], l'un de ses biographes qui s'est longuement penché sur la question, donne quelques-unes de ses recettes : menus à base de moelle de bœuf saupoudrée de poivre et marinée dans du piment, oignon cru, artichaut, céleri, mandragore et grosse pincée de gingembre ; cocktails composés de santal, de corail, d'ivoire pilé, d'aloès, de musc et de myrobolan (une sorte de prune) ; jaunes d'œufs battus avec des truffes, du cacao, du safran et de la cannelle ; décoction à base d'ail, de mandragore et de maniguette (une

1. Michel de Decker, *La Marquise des plaisirs. Madame de Pompadour.*

plante africaine), etc. Mais rien n'y fait. Sans compter que ces brouets sont infâmes…

Pour comble de malheur, elle a souvent mal aussi là où le roi s'aventure. Elle a beau s'enduire de graisse d'oie sauvage parfumée à la cannelle, la douleur persiste. Elle a, de plus, une santé fragile, étant souvent enrhumée, souffrant de maux de gorge, en proie à de violentes quintes de toux…

Avec une tout autre femme, Louis XV, qui dans ce domaine avait de l'expérience et n'était pas dupe de ses gémissements, se serait vite détourné. Mais elle sait le surprendre avec un art consommé – celui de la comédienne qu'elle aurait pu être. Elle se déguise, l'accueillant tantôt en bergère, tantôt en servante, tantôt en boutiquière. Elle organise pour lui de petits soupers sans chichis avec quelques esprits fins et décontractés. La première fois qu'il y participe, le duc de Croÿ est frappé par le ton de liberté qui y règne, autant que par l'attitude du roi : « Il ne paraissait plus du tout timide, mais fort d'habitude, parlant très bien et beaucoup […]. Il paraissait fort amoureux de madame de Pompadour. » Elle fonde une petite compagnie de comédiens amateurs, choisis parmi quelques fidèles, dont elle est, souligne Benedetta Craveri, dans *Reines et favorites. Le pouvoir des femmes*, « l'imprésario, l'actrice et la chanteuse ».

Cependant Louis XV, on le sait, est inconstant, et les indispositions de la marquise, à qui ses médecins interdisent parfois tout « commerce voluptueux », lui font bientôt regarder ailleurs. Au bout de quatre ans, ils n'ont plus de rapports sexuels. Il n'empêche : elle va demeurer favorite pendant quinze ans, jusqu'à sa mort, à quarante-trois ans.

Elle sait bien pourtant que Louis XV ne peut se passer de femmes. Elle sait aussi que l'une d'elles peut la supplanter auprès du roi et qu'elle y perdrait son statut. Il y a déjà eu quelques alertes chaudes, notamment avec mesdames de Coislin, d'Esparbès et d'Estrades, qui ne rêvaient que de prendre sa place.

Alors, pour garder son emprise sur le roi, c'est elle-même qui va lui choisir ses maîtresses…

Le Parc-aux-Cerfs et la pédophilie

Un certain nombre de grands seigneurs familiers de Versailles disposaient en ville d'une petite maison pour se reposer du tourbillon de la cour, donner des soupers fins ou abriter leurs amours clandestines. En somme des garçonnières avant la lettre, généralement situées dans un quartier appelé le Parc-aux-Cerfs, à gauche du château lorsqu'on le regarde de face, à l'emplacement de l'actuel quartier Saint-Louis.

Fatigué de courir à droite et à gauche pour satisfaire son appétit, Louis XV se résolut lui aussi à faire acheter dans ce quartier, par un homme de paille, une petite maison dans laquelle on logerait les jeunes filles que ses rabatteurs habituels lui fournissaient. Le premier d'entre eux, son valet de chambre Lebel, ne faisait quasiment que ça. Il prêtait régulièrement sa chambre au roi pour que celui-ci puisse batifoler avec la fille qu'il lui avait amenée. Pour la plupart, il les essayait avant, afin de s'assurer de leur savoir-faire. Il leur enseignait lors de travaux pratiques les goûts particuliers de son maître.

Richelieu aussi, d'ailleurs, qui fut le plus grand obsédé du XVIIIe siècle.

Il arrivait aussi que des pères généreux proposent à Lebel leur propre progéniture, quand ils ne s'adressaient pas directement aux autorités.

Le père maquereau

Dans les années 1750, le lieutenant général de police Nicolas Berryer reçut la lettre suivante :

Monseigneur,

Un père de famille, gentilhomme depuis deux cents ans par anoblissement dans l'échevinage parisien, dont les ancêtres n'ont jamais dérogé, vient à vous animé d'un ardent amour pour la personne sacrée du roi, afin de vous prévenir qu'il a le bonheur d'être père d'une fille véritable miracle de beauté, de fraîcheur, de jeunesse et de santé. Les certificats ci-joints des docteurs, chirurgiens et médecins, vous prouveront ce point-ci ; d'autres attestations de deux sages-femmes certifient l'exacte virginité de cette chère enfant.

Serait-ce trop espérer, Monseigneur, de votre bonté, que de solliciter d'obtenir pour ma troisième fille, Anne-Marie de Mar..., âgée de quinze ans révolus, l'entrée de la bienheureuse maison où l'on forme celles de son sexe qui sont réservées à l'ardent amour de notre bon roi ? Ah ! Monseigneur, quelle douce récompense une telle faveur serait pour mes trente-quatre ans de services en ma qualité de capitaine au régiment de M..., pour ceux des deux frères aînés de ma fille bien-aimée, l'un officier de marine, l'autre magistrat dans un conseil supérieur ; ma fille aînée a été élevée à Saint-Cyr[1]*, elle a épousé le sieur…, gentilhomme ordinaire du roi ; ma cadette est religieuse au couvent de… à P…*

Peut-être objectera-t-on l'âge avancé de la jeune personne[2]*. Eh bien, elle possède son innocence baptismale, ne connaissant pas encore la différence des sexes. Elle a été élevée par une mère, digne épouse, modèle de vertu, chaste*[3]*, et qui a toujours travaillé à rendre sa fille apte à plaire à notre roi bien-aimé, qui trouvera en elle les trésors inestimables qui lui sont si bien dus.*

J'attendrai, Monseigneur, avec une vive impatience votre réponse. Si elle est favorable, elle répandra les bénédictions de Dieu sur une famille qui vous sera toujours aveuglément et passionnément dévouée[4]*.*

*
* *

Sur cette lettre, retrouvée dans les archives de la police de Paris, l'officier de police a écrit dans la marge : « À voir ».

---

1. La maison de Saint-Cyr, créée par madame de Maintenon, accueillait les jeunes filles pauvres de la noblesse.

2. Elle a quinze ans, et Louis XV cinquante…

3. Il est douteux que cette lettre ait pu être écrite sans l'assentiment de cette vertueuse mère de famille…

4. Qui est l'auteur de cette supplique ? D'après Camille Piton, dans *Paris sous Louis XV. Rapports des inspecteurs de police au roi*, cité par Maurice Lever, il pourrait s'agir d'un certain M. Fabre de Marsillan, qui avait été condamné à l'exil.

Lebel, donc, avec la complicité de la marquise, se met à garnir la maison du Parc-aux-Cerfs. Il a comme consigne implicite de ne sélectionner que des filles du peuple ou de la bourgeoisie, éventuellement de la petite et obscure noblesse de province, en tout cas des filles qui ne pourront en aucune façon se poser en rivales. Les pensionnaires défilent. Et elles sont de plus en plus jeunes. Et, de préférence, vierges. « Il s'agissait d'adolescentes de quatorze à quinze ans, quelquefois plus jeunes encore, écrit Maurice Lever. Selon d'Argenson, certaines d'entre elles n'étaient même pas pubères… On avait persuadé le roi que des rapports avec de jeunes personnes fraîches et bien portantes étaient le meilleur moyen d'expulser ses humeurs malignes et de réveiller ses sens blasés… Nul médecin n'ayant osé contredire cette opinion que Richelieu et Lebel avaient gravée dans son esprit[1]. » C'était, en outre, le moyen le plus sûr d'échapper aux maladies vénériennes…

À quarante-cinq ans, Louis XV devient pédophile.

Les filles – jamais plus de deux – étaient logées dans la petite maison, en attendant que le roi les fasse venir ou s'y rende en personne. Il se faisait passer pour un seigneur polonais, s'amusant avec elles comme un père incestueux. Seule la tenancière, qu'on appelait la « mère abbesse », connaissait son identité.

Si elles tombaient enceintes, on les renvoyait chez elles, on les assistait pour l'accouchement, et soit elles reprenaient du service, soit on les dotait et on leur trouvait un mari. La femme de chambre de la Pompadour

1. Maurice Lever, *Louis XV, libertin malgré lui.*

fut un jour sollicitée pour s'occuper d'une de ces demoiselles sur le point d'accoucher. Une agence, dirigée par un notaire du nom de Delage, faisait office de bureau de placement : elle était chargée de recueillir les enfants naturels, de leur trouver des familles d'adoption et de verser les pensions.

On ne sait quasiment rien de la plupart de ces filles. Rares sont celles qui ont échappé à l'anonymat : une dizaine, pas plus. Une, cependant, fit parler d'elle.

Marie-Louise O'Murphy, dite « Morphise », entre dans la maison à quatorze ans. C'est une petite brune piquante et espiègle, une souillon qui sort de la lie du peuple, avec qui Casanova a couché alors qu'elle avait treize ans (il en parle dans ses *Mémoires*), sans toutefois, affirme-t-il, la déflorer… Sa mère la vend à Lebel. Sa spontanéité et ses reparties font rire Louis XV aux éclats. Il en devient sexuellement fou. Il l'engrosse deux fois. Il l'installe à Versailles. L'imprudente se croit arrivée. Elle traite la Pompadour de « vieille coquette » ! Erreur fatale de la petite écervelée : on la marie vite fait à un gentilhomme auvergnat, et elle disparaît de la circulation.

Ce lupanar exista pendant une dizaine d'années.

Et lorsque madame de Pompadour mourut, en 1764, une épitaphe courut dès le lendemain dans tout Paris :

« Ci-gît qui fut vingt ans pucelle
Quinze ans catin, et sept ans maquerelle. »

La du Barry : coup de foudre sexuel

C'est l'heure de la du Barry. En fait, elle s'appelle Jeanne Bécu, et c'est une prostituée de luxe. Une call-girl, dirait-on aujourd'hui.

Elle sort de rien. Son père est très vraisemblablement un moine, un frère franciscain qui a engrossé Anne Bécu, couturière aux formes généreuses. Celle-ci, grâce à la protection d'un financier prospère – dont elle fut peut-être brièvement la maîtresse –, quitte sa Champagne natale, trouve une place de cuisinière à Paris et parvient à inscrire la petite Jeanne dans un couvent, où elle va recevoir pendant neuf ans une fort bonne éducation : lecture, orthographe, dessin, chant, musique, danse, etc. Elle en sort bien plus instruite que les filles du peuple dont elle est issue, et n'aura pas grand-chose à envier, de ce point de vue, aux enfants mieux nés. Elle côtoie en outre, grâce au protecteur de la famille, le monde de la haute bourgeoisie éclairée.

Mais une sombre histoire de jalousie – sa mère a peut-être tenté de s'accaparer le maître de maison – prive brutalement la mère et la fille de tout soutien, et les jette à la rue. Jeanne a quinze ans. Il lui faut désormais trouver du travail. Elle va tour à tour exercer divers petits métiers : vendeuse ambulante, apprentie coiffeuse, femme de chambre, demoiselle de magasin… Mais l'adolescente, qui a vu dans son enfance le grand monde et a été éblouie par le luxe dans lequel il vit, n'a qu'une envie : avoir elle aussi une existence agréable, des toilettes et des bijoux. Et elle a un atout précieux : elle est de toute beauté. C'est une fille splendide, avec de grands cils bruns, des yeux d'un bleu sensuel, un petit nez fin, un teint de peau éclatant, un cou élancé, une poitrine à damner un saint et un corps de déesse. Et elle ne se prive pas d'en user.

Collectionnant les aventures, elle s'aperçoit très vite que les hommes sont prêts à la combler de cadeaux pour obtenir ses faveurs. C'est ainsi qu'elle entre, presque naturellement, dans la « carrière du charme », c'est-à-dire la prostitution galante. Elle accumule alors les amants de condition sociale de plus en plus élevée : de riches marchands, des financiers, des officiers, des ecclésiastiques et, pour finir, de grands seigneurs… Elle fait même sans doute un passage dans l'une des nombreuses maisons closes de luxe de la capitale, fréquentée par le gratin de l'aristocratie et du clergé.

Elle finit par être prise en main par un fripon de la pire espèce : Jean du Barry, qui, après avoir été son amant, devient son proxénète. Hâbleur, mégalomane, beau parleur, joueur, cynique, violent, d'un culot monstre, c'est le type même du maquereau tel qu'on le voit dans les romans policiers et les films noirs.

Conscient qu'il détient là un capital précieux, il la fait tourner dans la haute société sous le nom de mademoiselle Lange, ou l'Ange tout court – en souvenir de son père, « frère Ange » en religion…. Elle vaut cher, très cher. Le duc de Richelieu, vieillard libidineux de plus de soixante-dix ans, poudré et maquillé à faire peur, amateur de jeunes comédiennes et de pensionnaires des bordels chics, qui a besoin de partenaires aguerries pour réveiller ses sens, est un de ceux qui l'essaient : il se déclare ravi de ses prestations professionnelles. Elle a un petit air innocent qui contraste avec sa technicité sans faille et lui donne encore plus de piquant ! Elle passe alors entre les mains de tout ce que le royaume compte de grands seigneurs : des ducs, des princes du sang, des ambassadeurs, des millionnaires…

Du Barry a alors une illumination : il faut mettre ce morceau de choix, ce morceau de roi, dans le lit du roi ! Sa fortune sera assurée ! « Va voir Lebel », lui dit Richelieu. Le vieux valet de chambre de Louis XV, qui, depuis trente ans, recrute et teste les futures maîtresses de son maître, est en effet bien connu dans le milieu de la haute prostitution.

Ce n'est pas la première fois que le maquereau tâche de caser l'une de ses protégées auprès de Louis XV. Quelques années plus tôt, il avait essayé avec une certaine Dorothée, fille d'un porteur d'eau de Strasbourg, que le roi aurait bien consommée. Mais Lebel – tout comme la Pompadour, qui voulait bien que Louis XV ait des passades à condition de les choisir elle-même – l'avait mis en garde, en lui révélant que la fille était passée entre les mains d'un amant vérolé. Le roi, qui avait déjà attrapé une blennorragie avec la fille d'un boucher, et qui, depuis, avait une peur panique de la maladie, avait fui en courant. De toute façon, il y en avait tant d'autres…

Du Barry, pas gêné, revient à la charge auprès de Lebel et le harcèle tant que l'autre finit par accepter de rencontrer « l'Ange ». Il l'essaie à son tour et en sort ébloui. Au point qu'il en redemande. Jeanne, qui entrevoit déjà les ors et les fastes de Versailles, ne se fait pas prier. Au milieu des caresses qu'elle prodigue au vieux serviteur lubrique, elle lui demande instamment de la mettre sur le passage de Sa Majesté. Lebel y consent enfin. Mais il ne peut révéler au roi la véritable activité de Jeanne. Il prétendra que c'est une femme de condition, mariée à Jean du Barry.

Celui-ci, tout excité, se précipite chez Richelieu : « Ça y est, c'est bon, on le tient ! », et délivre mille conseils à Jeanne. Quant à Richelieu, il décide de prendre en main l'éducation « curiale » de Jeanne. Par elle, peut-être, accédera-t-il enfin au rêve qu'il caresse depuis toujours : devenir ministre…

Et à Versailles, c'est le coup de foudre sexuel ! Jeanne fait découvrir à son amant flétri des pratiques bien connues des maisons closes et l'initie à des perversions nouvelles. Elle se parfume le sexe avec de l'ambre, usage que d'autres imiteront. Louis XV, qui croyait tout savoir dans ce domaine, n'en revient pas. Il confie au duc d'Ayen qu'il n'a jamais rien connu de tel en matière d'érotisme. « On voit bien que Votre Majesté n'a jamais été au bordel ! », répond lestement l'autre. Sa passion est proche du délire. Il décide d'installer Jeanne auprès de lui. Lorsque Lebel tente de l'en dissuader, il entre dans une violente colère… Louis XV est pourtant un homme de tempérament doux. Lebel, qui le voit pour la première fois dans cet état, qui en trente ans n'a jamais été traité de la sorte, en sort tout ébranlé : le soir même, il a une de ses fréquentes crises de foie… et meurt deux jours plus tard.

Cependant, une vulgaire putain ne peut pas être présentée à la cour. Du Barry, qui est lui-même marié, lui fait alors épouser son frère, un gros sac à vin qui vit dans le Languedoc, « une espèce d'imbécile, borné et intéressé au point qu'il épouserait sa vachère pour de l'argent », d'après le comte d'Espinchal. En quelques semaines, Jeanne devient comtesse du Barry. C'est mieux.

Louis XV l'installe alors dans l'appartement de Lebel.

Comme il fallait s'y attendre, une cabale se monte immédiatement contre la « putain », avec à sa tête le puissant ministre Choiseul. Louis XV, d'habitude si hésitant, tranche cette fois-ci énergiquement : « Elle est très jolie, elle me plaît, cela suffit ; dès que je le voudrai, tout le monde sera à ses pieds », écrit-il à Choiseul.

La raison de cet entêtement est simple. Louis XV se sent vieux. Depuis la disparition de la Pompadour, quatre ans plus tôt, il songe de plus en plus souvent à la mort. Mais l'arrivée de cette jeune femme, qui ranime soudain son désir, lui insuffle une ultime jeunesse. Il sent bien que c'est la dernière fois. Et il est prêt à tout pour la faire durer le plus longtemps possible. C'est une histoire vieille comme le monde… Une chanson court d'ailleurs dans Paris :

« Quelle merveille !
Une fille de rien,
Une fille de rien,
Quelle nouvelle !
Donne au roi de l'amour,
Est à la cour !

Elle est gentille,
Elle a les yeux fripons,
Elle excite avec art
Un vieux paillard. »

Jeanne reçoit l'appui du clan Richelieu, qui rêve toujours de diriger le gouvernement. Mais elle ne s'occupera jamais de politique : elle n'y entend rien, et ça ne l'intéresse pas. En revanche, elle se jette dans une frénésie de luxe. Rien n'est trop beau pour cette fille du ruisseau : toilettes, bijoux, objets d'art, demeures, fêtes, elle va dépenser des sommes énormes pendant les cinq ans qu'elle passe à Versailles. Le château renoue avec la tradition du faste.

Après un accueil glacial, on finit par l'apprécier.

D'abord, il faut bien le dire, elle est somptueuse. Le jour de sa présentation officielle à la cour, c'est un éblouissement général. Bien décidée à frapper les esprits, elle s'est attardée chez son coiffeur et arrive avec une heure de retard. Louis XV, impatient et dépité, est sur le point d'annuler la cérémonie quand Richelieu, qui guettait devant l'escalier d'honneur, rentre en trombe et se précipite vers lui : « La voilà, Sire, la voilà ! » Son entrée laisse sans voix : une robe de soie blanche parsemée de bouquets de diamants, sa belle chevelure blonde piquée de dentelles, de plumes et de fleurs, un port de reine… À côté d'elle, les duchesses et les princesses font pâle figure : ce sont elles qui ont l'air de sortir de rien. Un air modeste et naturel, un sourire à tomber, pas une faute de goût dans les révérences à reculons, exercice périlleux où bien d'autres s'étaient couvertes de ridicule…

Ensuite, c'est une femme délicieuse : tous les contemporains louent sa gentillesse et sa générosité. Les années sordides qu'elle a vécues ne l'ont ni aigrie ni rendue cynique. Elle n'a en rien la morgue des parvenus. On lui reconnaît aussi une élégance naturelle et un goût très sûr. Elle innovera dans la mode, l'architecture, la peinture. Il n'y a rien de vulgaire en elle.

Avec le roi, dans l'intimité, elle ne joue pas à la marquise. Elle a gardé les manières spontanées et volontiers populaires de ses origines. On raconte qu'elle appelait Louis XV « La France » et qu'un jour, alors qu'il préparait lui-même son café, elle lui lança : « Eh ! La France, prends garde, ton café fout le camp ! »

Louis XV la gardera jusqu'au bout. Mais en mai 1774, à l'article de la mort, alors qu'il se sait atteint de la petite vérole, qui ne pardonne pas, l'Église, une fois de plus, l'oblige à renvoyer la favorite. Elle est pourtant prête à le veiller jusqu'au bout avec un dévouement sans faille, quand le roi lui-même lui enjoint de quitter Versailles… Après la mort de son royal amant, on l'enfermera pendant un an dans un couvent.

Ses dépenses inconsidérées et sa familiarité à l'égard du souverain aviliront cependant l'image de la monarchie aux yeux des Français. Lorsqu'il meurt à l'issue d'un règne qui aura duré cinquante-neuf ans, Louis XV n'est plus le Bien-Aimé depuis longtemps. Le carrosse transportant son corps quitte Versailles de nuit, dans la plus grande discrétion…

Quant à Jeanne, le peuple n'avait rien oublié. Elle fut condamnée à mort en 1793, pour conspiration contre la nation et dilapidation de l'argent de l'État. « Encore un instant, monsieur le bourreau ! », aurait-elle imploré avant que la guillotine s'abatte.

Est-ce vrai ? Est-ce faux ? Peu importe : cela lui ressemble.

*
**

Le bilan de la vie privée de Louis XV est lourd.

Mais le bilan du règne ? On est beaucoup moins sévère aujourd'hui qu'il y a un siècle. Certes, la France a perdu son empire colonial, mais elle s'est agrandie de la Lorraine et de la Corse. Relativement épargné par les guerres, le royaume est prospère et dynamique ; c'est le début de l'industrialisation ; les ports sont actifs, les villes sont embellies. L'instruction progresse. La science aussi. La culture française jouit d'un prestige sans égal dans toute l'Europe. Il y a pire…

L'obsession sexuelle de Louis XV ne l'a pas entraîné à de fâcheuses extrémités – contrairement, par exemple, à Henri IV.

Même si, pour reprendre l'expression de François Bluche, « le règne fut plus grand que le roi ».

Comment un des fils de Louis XV a failli tuer Napoléon…

Les nombreux enfants illégitimes de Louis XV connurent des destins très variés.

L'un fut un acteur et un auteur dramatique prolifique, qui sombra dans l'alcool et la misère.

Un autre (présumé) fut juge au Tribunal révolutionnaire qui condamna Marie-Antoinette (sa nièce…) à mort. Tandis que son demi-frère (mais ils ne se connaissaient pas), riche financier, participa à l'une des nombreuses tentatives pour la faire évader avant qu'elle monte sur l'échafaud…

Et deux furent des collaborateurs très proches de Napoléon.

Le premier, Louis de Narbonne, connut une brillante carrière. Amant de madame de Staël, ministre de la Guerre de Louis XVI pendant la Révolution, réfugié en Angleterre, puis en Allemagne sous la Terreur, il rentre en France une fois les choses calmées et fait des offres de service à Bonaparte. Après l'avoir utilisé dans des missions diplomatiques, Napoléon le nomme général et en fait, en 1811, l'un de ses aides de camp. Louis de Narbonne suit l'Empereur pendant la campagne de Russie. Toujours élégant, il se poudrait tous les matins, même au cours de la retraite qui se fit, comme on sait, dans des conditions effroyables. Une véritable intimité s'instaure entre Napoléon et Narbonne, bientôt nommé ambassadeur à Vienne, avec pour mission de maintenir à tout prix l'alliance avec l'Autriche. Mais il meurt quelques mois plus tard en Allemagne, victime du typhus. Son nom est inscrit parmi celui des généraux glorieux sur l'Arc de triomphe.

Le second fut encore plus intime de Napoléon, puisqu'il fut son pharmacien personnel. Charles-Louis Cadet de Gassicourt a été élevé dans une famille de chirurgiens, d'apothicaires et de pharmaciens ouverts aux idées nouvelles. Il commence par être avocat. Républicain convaincu mais modéré, il est un moment inquiété pendant la Révolution et doit se cacher. Il abandonne alors la politique pour se consacrer, suivant la tradition familiale, à la chimie, à la pharmacie et aux questions d'hygiène, tout en publiant de nombreux livres : des poésies, des pièces de théâtre, des biographies, des essais sur la chimie, la physique, la gastronomie, les vertus du thé…

Son officine devient l'une des plus importantes de Paris. À la suite d'un rapport sur la salubrité publique que ce touche-à-tout de talent a rédigé, Napoléon le charge de l'amélioration de la situation sanitaire de la capitale, avant d'en faire, en 1809, son pharmacien personnel.

Il est sans cesse aux côtés de l'Empereur : il a un logement aux Tuileries et le suit même dans certaines de ses campagnes militaires. Très attaché à Napoléon, qui l'anoblit, il le retrouve pendant les Cent-Jours. C'est là que se situe un événement peu connu et surprenant.

Au tout début du mois de juin 1815, quelques jours avant la campagne décisive où va se jouer le sort de l'Empire, Napoléon le fait venir et lui ordonne, sous le sceau du secret le plus absolu, de lui préparer une dose de poison infaillible, dans une petite fiole qu'il pourra avoir en permanence à portée de main. Gassicourt se récrie, supplie l'Empereur de renoncer à ce funeste projet, mais Napoléon reste inflexible. La mort dans l'âme, Gassicourt prépare la potion et la lui remet en main propre.

Ce que ne sait pas Gassicourt, c'est que Napoléon n'en est pas à son coup d'essai. Un an plus tôt, après sa première abdication à Fontainebleau, l'Empereur avait déjà tenté de se suicider en avalant un poison que lui avait préparé le docteur Yvan, en Russie. Mais la mort n'avait pas voulu de lui.

Le 18 juin 1815, c'est Waterloo.

Dans la nuit du 21 au 22 juin, Gassicourt est appelé d'urgence au palais de l'Élysée. Il découvre alors un Napoléon au teint blafard, qui lui dit qu'il vient d'avaler le poison mais qu'il s'est ravisé, et le presse de lui fournir séance tenante un antidote. Affolé, Gassicourt fait tout ce qui est en son pouvoir pour sauver l'Empereur, faisant boire abondamment son illustre patient pour provoquer des vomissements…

Une fois de plus, Napoléon s'en sortira. Mais Gassicourt restera toujours convaincu que la maladie d'estomac dont il devait mourir six ans plus tard à Sainte-Hélène était la conséquence d'une lésion due à cet empoisonnement…

La route de Napoléon, par ailleurs, aura croisé celle d'une autre descendante présumée de Louis XV (bien qu'il y ait de forts doutes sur sa paternité…) : Louise-Adélaïde Starot de Saint-Germain, l'aïeule de Valéry Giscard d'Estaing.

En 1785, tout jeune lieutenant en garnison à Valence, il tombe sous le charme de Louise-Adélaïde, fille du fermier général de la province. Il tente quelques approches auprès des parents, mais ceux-ci ont d'autres ambitions pour leur fille que ce petit officier sans nom et sans fortune, au destin bien incertain…

BIBLIOGRAPHIE SÉLECTIVE

ANTOINE, Michel, *Le Dur Métier de roi. Études sur la civilisation politique de la France d'Ancien Régime*, Paris, Presses universitaires de France, 1986.

ANTOINE, Michel, *Louis XV*, Paris, Fayard, 2006.

BLUCHE, François, *Louis XV*, Paris, Perrin, 2003.

CRAVERI, Benedetta, *Reines et favorites. Le pouvoir des femmes*, Paris, Gallimard, 2007.

DECKER, Michel (de), *La Marquise des plaisirs. Madame de Pompadour*, Paris, Pygmalion, 2007.

GAXOTTE, Pierre, *Le Siècle de Louis XV*, Paris, Fayard, 1997.

HAUSSET (Nicole du), *Mémoires de madame du Hausset sur Louis XV et madame de Pompadour*, Paris, Mercure de France, 2002.

LEVER, Maurice, *Louis XV, libertin malgré lui*, Paris, Payot, 2007.

SAINT-VICTOR, Jacques (de), *Madame du Barry. Un nom de scandale*, Paris, Perrin, 2002.

VALYNSEELE, Joseph, et BRUN, Christophe, *Les Bâtards de Louis XV et leur descendance*, Paris, Perrin, 1992.

– 5 –

NAPOLÉON Ier

REPÈRES

15 août 1769. Naissance à Ajaccio.

Mai 1779. Entre au Collège militaire de Brienne.

Septembre 1785. Reçu lieutenant d'artillerie.

1793. Capitaine au siège de Toulon. Ses talents lui valent d'être nommé général.

5 octobre 1795. Écrase l'insurrection royaliste de Saint-Roch. Nommé dans la foulée commandant de l'armée de l'intérieur.

Mars 1796. Épouse Joséphine de Beauharnais.

1796-1797. Écrase les Autrichiens en Italie.

1798-1799. Campagne d'Égypte.

9 novembre 1799. Coup d'État du 18 brumaire.

BIOGRAPHIQUES

2 décembre 1804. Sacré empereur.

2 décembre 1805. Victoire d'Austerlitz.

14 octobre 1806. Victoire d'Iéna.

14 juin 1807. Victoire de Friedland.

7 juillet 1807. Traité de Tilsit avec la Russie.

1808. Occupation de l'Espagne.

6 juillet 1809. Victoire de Wagram.

2 avril 1810. Épouse Marie-Louise d'Autriche.

1812. Invasion de la Russie.

4 avril 1814. Abdication et exil à l'île d'Elbe.

18 juin 1815. Défaite de Waterloo.

5 mai 1821. Mort à Sainte-Hélène.

Varsovie, 13 janvier 1807, 22 h 30

Tout à coup, quelqu'un frappe.

Voilà des heures qu'elle reste prostrée dans ce palais, hésitant sur la conduite à tenir, se tordant les mains d'angoisse, de honte, ne pouvant retenir ses larmes, attirée malgré elle tout en redoutant l'instant fatidique.

Les coups redoublent. Elle émerge péniblement. On la coiffe en hâte d'un grand chapeau qui lui voile à moitié le visage, on la couvre d'un manteau, et ils sortent dans la nuit glaciale. Tout dort. Au coin de la rue, une voiture anonyme l'attend. Elle y monte comme égarée, tandis que les chevaux s'ébrouent et la conduisent vers son destin. Elle regarde la nuit polonaise couverte de neige et frissonne.

La voiture s'arrête. Sans un mot, un homme descend du marchepied, lui tend un bras pour qu'elle s'y appuie et la conduit jusqu'au perron d'une maison où tremblent les flammes de deux torches. L'homme doit la soutenir tant elle défaille. Ils pénètrent dans le vestibule et se dirigent vers une porte dérobée qui s'ouvre soudain, avant même qu'ils parviennent à son seuil, comme si on l'attendait impatiemment, comme si l'on avait même guetté le bruit de ses pas. L'homme s'efface devant elle et disparaît. Elle entre dans une pièce d'une simplicité extrême, où brûle un feu de cheminée jetant des reflets orangés, tandis que son hôte, muet, referme doucement la porte. Au pied de l'âtre, un fauteuil. Elle s'y effondre, pantelante.

Alors il sort de la pénombre et se jette immédiatement à ses pieds en lui pressant la main. Il se met à parler, de façon saccadée, sans s'arrêter. Que dit-il ? Elle ne distingue qu'un mot sur deux. Elle a froid, elle a chaud, elle ne sait pas quoi faire de ses mains, de son corps, de sa tête qui lui semble appartenir à une autre. Elle l'aperçoit à peine tant elle pleure, de ces larmes étouffantes qui ne signifient pas la délivrance mais l'angoisse, au contraire. Sa gorge est serrée, elle hoquette et s'en veut, se disant, dans un ultime réflexe de coquetterie : « Comme je dois être laide !... »

Lui ne semble pas s'apercevoir de son désarroi. Il lui tient toujours la main et l'inonde d'un flot de paroles. Elle se souvient de ce bal quelques jours plus tôt, au cours duquel il ne cessait de l'épier de son regard d'aigle. De la gêne intense qu'elle a ressentie vis-à-vis de toute la noblesse polonaise présente ce soir-là, et surtout de son mari, le vieux comte Walewski, de quarante ans son aîné, qui ne se rendait compte de rien. Du billet que lui a remis sa femme de chambre, à peine revenue chez elle :

> « Je n'ai vu que vous, je n'ai admiré que vous, je ne désire que vous. Une réponse bien prompte pour calmer l'impatiente ardeur de…
>
> N. »

Elle se souvient de tous les bons conseils qu'on lui a prodigués : de l'hypocrisie sous la flatterie, du cynisme enrobé de beaux sentiments. « Tout doit céder, madame, en vue de circonstances si majeures pour une nation. » Elle se souvient des mots du grand maréchal Duroc : « Sa gloire est environnée de tristesse, et il ne tient qu'à vous d'y mettre quelques instants de bonheur. » De ce dernier mot, enfin, qu'il lui a glissé en partant : « Oh ! Venez, venez ! Tous vos désirs seront remplis. Votre patrie me sera plus chère quand vous aurez pitié de mon pauvre cœur. »

D'abord elle a dit « non », puis « peut-être », puis elle s'est laissé faire. Elle sert une cause sacrée qui la dépasse et sait que les femmes n'ont d'autres armes que le désir des hommes quand ils en ont pour elles. Or il la désire… Et puis, n'a-t-elle pas elle-même provoqué cette rencontre, en se jetant devant le conquérant à peine arrivé sur le sol polonais pour le supplier de libérer sa patrie ?

Il est 23 heures, minuit peut-être, elle ne sait plus. Depuis combien de temps est-elle là ? Le temps n'a pas de prise sur son âme tourmentée. Elle se dégoûte, mais quelque chose l'attire irrésistiblement vers cet homme qui tient le sort du monde entre ses mains. Le monde, elle s'en moque : seul importe le sort de sa Pologne. Elle croyait qu'elle céderait, le rouge au front, par pur intérêt. Mais un autre sentiment s'est insinué dans son cœur, où se mêlent l'admiration, la reconnaissance devant son attitude tendre et respectueuse, l'élan. Elle voudrait s'en défendre…

Soudain, elle entend : « Votre vieux mari… » Outrée, suffocante, elle pousse un cri et se lève comme pour s'enfuir. L'homme à ses pieds se lève à son tour, étonné.

Il ne comprend pas : que lui arrive-t-il ? Cette femme qui a accepté un rendez-vous nocturne, et qui tremble comme si on la menait au bourreau, qui prend la mouche de façon insensée, et qui fait mine à présent de quitter la pièce et de courir dans la nuit – mais pour aller où, grands dieux ? –, est-elle une folle, une sotte, une rouée ? Il ne l'a pas brusquée pourtant ; rien dans ses mots n'était injurieux, ni même familier… Est-ce un piège qu'on lui a tendu, à lui ? Il reste un moment les bras ballants, hésitant, partagé entre l'irritation et l'émotion devant cette beauté diaphane et fragile. Mais non… Il sait reconnaître les accents mensongers, les comédies : celle-là est sincère, et affolée comme une biche qui aperçoit la dague du chasseur.

Il la ramène avec une tendre fermeté vers le fauteuil, la fait asseoir à nouveau et, d'une voix plus caressante, l'interroge : l'a-t-on contrainte ? forcée ? N'est-elle pas ici de son plein gré ? A-t-on fait pression sur elle ? « Non, non… », répond-elle entre deux sanglots. Mais il veut en savoir davantage. Est-elle heureuse ? Qui l'a décidée à ce mariage si mal assorti ? Sa famille l'a-t-elle vendue à cet homme qui pourrait être son grand-père ? Inlassablement, il la presse de questions, de plus en plus personnelles, une main sur la sienne, l'autre remettant en place une boucle de cheveux blonds, avec des gestes d'une tendresse presque paternelle. Il veut tout savoir, de ses parents, de son enfance, de ses goûts, et d'abord son prénom. « Marie… », souffle-t-elle. Marie… Il répète ces deux syllabes… Marie… Il la prend dans ses bras. « Marie… Tu n'auras jamais rien à craindre de moi, petite fille… »

Peu à peu, elle se calme ; le tremblement qui l'avait saisie à peine entrée fait place à une langueur à laquelle elle s'abandonne.

Quelle heure est-il ? Deux heures du matin, peut-être plus… L'âtre rougeoie faiblement. Il y a longtemps que les braises ont succédé aux flammes.

On frappe à la porte, sans l'ouvrir. Deux coups discrets, comme un signal. « Quoi, déjà ? », dit-il. Il se lève. Elle l'observe. Elle n'est plus un animal traqué, mais une femme éblouie par sa gloire, émue par ses attentions. « Va te reposer, ma douce colombe, va… Je ne veux que ton cœur, et qu'il se livre au mien sans crainte. Il sera tout pour toi… » Il l'aide à attacher son manteau et, la main sur le loquet, lui fait promettre de revenir le lendemain. « Jure-le, Marie, et je te délivre comme je délivrerai ta Pologne… » Elle jure dans un souffle, passe devant lui, qui tend un bras comme pour la retenir, monte en hâte dans la voiture et se fond dans la nuit.

*
**

Napoléon n'aura aimé que deux femmes. Joséphine, quand il n'était que le petit général Bonaparte, à la situation encore peu assurée, et Marie Walewska, alors qu'il était devenu le maître tout-puissant de l'Europe. L'une avait la séduction accomplie d'une courtisane, l'autre la grâce naturelle d'une vierge.

Sinon, il ne faisait pas grand cas des femmes. Il en avait même une piètre idée. Il a laissé là-dessus une série de jugements définitifs qui ne laissent guère planer le doute, évoquant la « faiblesse de leur cerveau » et la « mobilité de leurs idées ». « Il vaut mieux qu'elles travaillent à l'aiguille que de la langue, surtout pour se mêler des affaires politiques. [...] Pour une femme qui nous inspire quelque chose de bien, il y en a cent qui nous font faire des sottises. [...] Vous, les femmes, prétendez à l'égalité ? Mais c'est folie ! La femme est notre propriété, comme l'arbre à fruits est la propriété du jardinier, car elle nous donne des enfants. [...] Il n'y a donc, mesdames, que le manque de jugement, les idées communes et le défaut d'éducation qui puissent porter une femme à se croire en tout l'égale de son mari. » D'ailleurs, « les femmes, quand on n'y pense pas, on n'en a pas besoin ».

Napoléon est d'abord un Corse, c'est-à-dire un Méditerranéen avec tout ce que cela suppose de machisme. Il ne supporte pas le sentimentalisme des femmes, leur sensiblerie, qu'il assimile à de la faiblesse : « Elles seules pleurent et se lamentent, les hommes prennent un parti », écrit-il à son frère Louis. À bord du bateau qui va le transporter vers l'exil, après Waterloo, il se moque des femmes de sa suite qui ont le mal de mer.

Quant à l'amour, il n'y croit pas davantage. « Je n'ai jamais aimé d'amour, dira-t-il au général Gourgaud, son officier d'intendance, à Sainte-Hélène, sauf peut-être Joséphine, un peu, et encore parce que j'avais vingt-sept ans lorsque je l'ai connue. » D'ailleurs, il ne croit pas les femmes capables d'aimer profondément. « Adieu, ma chère Louise, écrit-il à l'impératrice, aime-moi comme je t'aime, si toutefois cela est possible à la légèreté de votre sexe. » Pour lui, l'amour est une « sottise faite à deux », et « la seule victoire, c'est la fuite ».

Il ne supporte que les femmes bonnes, douces et jolies. Même un peu sottes. Jolies et intelligentes, il les redoute, écrit Louis Chardigny dans *L'Homme Napoléon*. Jolies, intelligentes et remuantes, il les exile. Mais lorsqu'elles s'avisent d'être laides, intelligentes et intrigantes, en un mot bas-bleus, quand elles se piquent de raisonner et de se mêler de politique, il les déteste.

C'était le cas de Germaine de Staël, qui pourtant n'avait d'yeux que pour lui. Ils se rencontrent pour la première fois à une réception chez Talleyrand. « Quel est donc cet hermaphrodite ? », demande-t-il à Talleyrand. Cet hermaphrodite est une femme de lettres déjà reconnue, fille de Necker, l'ancien ministre de Louis XVI, qui tient un salon renommé. Subjuguée par son énergie et son intelligence, elle rêve de mettre Napoléon dans son lit. À son retour d'Italie, elle le harcèle, le bombarde de missives enflammées, débarque à l'improviste chez lui. Excédé, il la reçoit exprès tout nu, dans son bain. « Peu importe, général, minaude-t-elle, le génie n'a pas de sexe ! » Une autre fois, raconte-t-il lui-même, elle le suit jusqu'aux toilettes. « Mais, madame, je vais à la garde-robe. – Ça m'est égal, je suis une vieille femme ! » Elle revient à la charge, lui demandant un jour dans un salon quelle est la femme idéale à ses yeux. « Celle qui fait le plus d'enfants, madame », répond-il, avant de tourner les talons.

Elle écrit des essais politiques (*De l'Allemagne*), des romans qui rencontrent un vif succès (*Delphine*, *Corinne*) et ne se prive pas de critiquer le régime. Napoléon ne supporte pas sa liberté de ton, surtout venant d'une femme. « C'est un corbeau, une peste, ne la laissez pas approcher de Paris ! » En 1807, il lui interdit d'entrer sur le territoire français.

Il s'en fera une ennemie mortelle : il n'y a pas pire rancunière qu'une femme blessée dans sa féminité. Vingt ans plus tard, à Sainte-Hélène, il reconnaîtra son erreur : « Après tout, madame de Staël est une femme d'un très grand talent, fort distinguée, de beaucoup d'esprit ; elle restera. Il est sûr que si elle m'eût adopté, au lieu de me dénigrer ainsi qu'elle l'a fait, j'y eusse pu gagner. »

Très logiquement, il a le plus profond mépris, lui qui ne s'est jamais laissé influencer par aucune personne du sexe faible, pour les hommes qui se font mener par le bout du nez. Surtout quand ils sont militaires, comme Moreau, « servilement soumis à sa femme », ou bien Oudinot – « Ce maréchal avait pour son malheur épousé une jeune femme qui le dominait entièrement » –, et Soult, « esclave dans son ménage ».

En somme, une misogynie ordinaire, bien d'un homme de son temps.

Au reste, l'image de Napoléon n'est pas du tout associée à celle d'un homme à femmes. On le connaît comme chef de guerre, stratège, conquérant, homme d'État, empereur, administrateur, concepteur du Code civil, tout à la fois héritier et fossoyeur de la Révolution. Il a redessiné la carte de l'Europe, promu le principe des nationalités et jeté les bases de l'État moderne. Face à cette œuvre immense, l'homme privé s'efface.

De lui, on sait qu'il était un bourreau de travail, d'une intelligence fulgurante, d'un caractère entier, jamais à court d'idées, impatient, cassant, écrasant. On sait aussi qu'il avait une famille remuante, corse dans ce que cela signifie de clanique, qu'il eut deux épouses, la volage

Joséphine et la placide Marie-Louise, et une longue liaison amoureuse avec la délicieuse Marie Walewska. Pour le reste, « ma maîtresse, c'est la France », avait-il coutume de dire, ajoutant, à Sainte-Hélène : « Je n'ai jamais couru après les femmes… J'avais d'autres chats à fouetter. »

Et pourtant… Pourtant, Napoléon eut un nombre impressionnant de maîtresses. On en recense une soixantaine. Finalement, il ne fait pas si pâle figure auprès de Louis XIV ou de Louis XV, qui sont des modèles du genre. Et, de l'aveu même des spécialistes qui se sont penchés sur le sujet, il reste d'autres d'aventures inconnues : provinciales croisées lors de ses garnisons, cantatrices italiennes, comédiennes, lectrices de l'impératrice, dames de la noblesse dans les pays conquis, femmes de la cour, consolatrices de l'exil… Son appétit était aussi vaste que son ambition.

Était-ce l'époque qui voulait ça ? Le Premier Empire a-t-il été un moment de licence, comme la Renaissance ou le XVIIIe siècle ? C'est exactement le contraire : après les débordements du Directoire, période qui a suivi la Révolution et au cours de laquelle les mœurs, comme après tous les moments de grande tension, se sont relâchées, on assiste, à partir de 1800, au retour en force de la rigueur morale, qui préfigure ce que sera tout le XIXe siècle en matière sexuelle. L'Empire est tout sauf libertin. La prostitution y est sévèrement réprimée. Dans le *Dictionnaire Napoléon*, somme de deux mille pages publiée sous la direction de Jean Tulard, cet éminent spécialiste consacre un long article à la sexualité, qu'il conclut ainsi : « Le Premier Empire est très prude et inaugure un siècle et demi d'hypocrisie bourgeoise. »

L'homme pressé

On l'a souvent décrit comme un soudard, à commencer par Stendhal, qui écrit dans son *Napoléon*[1] : « L'Empereur, assis à une petite table, l'épée au côté, signait des décrets. La dame entrait. Il la priait de se mettre au lit sans se déranger. Bientôt il la reconduisait lui-même avec un bougeoir et se remettait à lire ses décrets, à les corriger, à les signer. L'essentiel de l'entrevue ne durait pas trois minutes. Souvent son mameluk se trouvait derrière un paravent. Il eut seize entrevues de ce genre avec Mademoiselle George, et, à l'une d'elles, lui donna une poignée de billets de banque. [...] Cela fut arrangé par le valet de chambre Constant. Quelquefois il priait la dame d'ôter sa chemise, et, sans se déranger, la renvoyait. »

Une autre anecdote va dans le même sens. Bonaparte est alors Premier consul. On lui a vanté les talents d'une actrice du Théâtre-Français, mademoiselle Duchesnois – et surtout son corps, qui passe pour sublime. Elle a remporté un triomphe dans *Phèdre*. On ne parle que d'elle. Bonaparte la fait venir, puis l'oublie complètement. Il travaille à son bureau, lorsque son valet de chambre Constant vient lui rappeler que mademoiselle Duchesnois est là depuis un certain temps. « Qu'elle attende ! » Un peu plus tard, Constant réapparaît. « Qu'elle se déshabille ! » Le temps passe. Constant pointe à nouveau le bout de son nez : « Mademoiselle Duchesnois s'impatiente... et elle a froid... – Qu'elle

1. Stendhal, *Vie de Napoléon*, Paris, Payot, 1969.

aille au diable ! » Il en ira de même avec plusieurs dc ses passades.

On sait aussi qu'à d'autres moments il ne donnait pas dans la délicatesse et qu'il pouvait avoir des désirs brutaux. En 1809, au soir d'une bataille, il entre dans sa tente en criant : « Une femme ! Une femme ! Tout de suite… Qu'on m'amène une femme ! » Il les aime jeunes et jolies. Après avoir été initié par une femme mûre (Joséphine), il se rabat sur la jeunesse – Marie Walewska et Marie-Louise ont à peine vingt ans –, et de préférence blonde. Quand il apprend que l'archiduchesse autrichienne qu'on lui réserve est une blonde, il est ravi…

La vérité est cependant un peu plus nuancée.

À vingt ans, Bonaparte est un amoureux transi, sentimental, romantique en diable. Il ne rêve que de passion et d'île déserte avec l'élue de son cœur.

À vingt-cinq ans, au moment où sa carrière décolle, il a déjà une vision plus utilitaire : il cherche avant tout une femme qui servira ses ambitions.

À trente ans, après avoir été déçu par la volage Joséphine, il ne se fait plus d'illusions sur l'amour. Il prend les femmes qui s'offrent, sans penser au lendemain.

À trente-cinq ans, il est empereur, et ne se gêne plus pour convoquer les objets de son désir. Les femmes sont alors pour lui un exutoire, un moyen rapide d'assouvir un accès de brusque libido, au soir d'une bataille ou d'une journée tendue.

À quarante-cinq ans, l'Empire chancelle. Les femmes deviennent des confidentes de ses malheurs, des amies tendres avec lesquelles il sait se montrer charmant.

Il était toujours pressé, c'est vrai, malotru souvent, mais jamais brutal ni violent. Jamais agressif. Incapable de forcer une femme. Quand une de ses paroles avait blessé, il s'excusait, faisait passer un mot, ou envoyait de l'argent. Napoléon n'est pas méchant homme.

Ce n'est pas non plus un vicieux, ni un détraqué. Des libelles anglais ou royalistes venimeux l'accuseront d'avoir couché avec sa sœur Pauline – dont il était très proche –, avec sa belle-fille Hortense, la fille de Joséphine, qu'il aimait tendrement, ainsi qu'avec sa nièce, Stéphanie de Beauharnais. Ce sont pures calomnies, lancées alors qu'il était déchu, à la mesure de la haine aveugle qu'il a suscitée. Il n'attachera d'ailleurs pas grande importance à ces pamphlets. On les lui met sous les yeux à Sainte-Hélène. « Jésus ! Jésus !... », s'exclame-t-il, incrédule, tout en se signant. De temps en temps, il hausse les épaules de pitié, et, à d'autres moments, s'esclaffe carrément.

Bien qu'il n'ait guère de considération pour leur esprit, il aime la compagnie des femmes, à commencer par celles de sa famille. Avec elles, il se montre primesautier, joueur, bon enfant. Il demeurera d'une affection et d'une indulgence sans borne pour sa mère et ses sœurs, pourtant turbulentes, fantasques, avides d'honneurs et de richesses, et souvent néfastes.

Joséphine : l'amour fou

Il l'a aimée passionnément, contrairement à ce qu'il dira plus tard, à Sainte-Hélène. Témoignent de cette passion les lettres que le jeune marié lui envoie pendant sa campagne d'Italie.

Je n'ai pas passé un jour sans t'aimer ; je n'ai pas passé une nuit sans te serrer dans mes bras ; je n'ai pas pris une tasse de thé sans maudire la gloire et l'ambition qui me tiennent éloigné de l'âme de ma vie. Au milieu des affaires, à la tête des troupes, en parcourant les camps, mon adorable Joséphine est seule dans mon cœur, occupe mon esprit, absorbe ma pensée […]. Mon âme est triste ; mon cœur est esclave et mon imagination m'effraie… […]. Le jour où tu diras « je t'aime moins » sera ou le dernier de mon amour ou le dernier de ma vie […]. La nature m'a fait l'âme forte et décidée ; elle t'a bâtie de dentelle et de gaze. (30 mars 1796)

Adieu, femme, tourment, bonheur, espérance et âme de ma vie, que j'aime, que je crains, qui m'inspire des sentiments tendres qui m'appellent à la nature, à des mouvements tempétueux aussi volcaniques que le tonnerre. Je ne te demande ni amour éternel, ni fidélité, mais seulement… vérité, franchise sans borne. (31 mars 1796)

Mon unique Joséphine, loin de toi, il n'est point de gaîté ; loin de toi, le monde est un désert où je reste isolé […]. (3 avril 1796)

Cinq ou six cents jolies et élégantes figures (italiennes) cherchaient à me plaire, mais aucune ne te ressemblait… Je ne voyais que toi, je ne pensais qu'à toi… (23 mai 1796)

Tu ne m'écris plus ; tu ne penses plus à ton bon ami, cruelle femme ! Ne sais-tu pas que sans toi, sans ton cœur, sans ton amour, il n'est pour ton mari ni bonheur ni vie. Que je serais heureux si je pouvais assister à l'aimable toilette, petite épaule, un petit sein blanc, élastique, ferme [...]. Tu sais bien que je n'oublie pas les petites visites ; tu sais bien la petite forêt noire. Je lui donne mille baisers et j'attends avec impatience le moment d'y être. (21 novembre 1796)

J'arrive à Milan, je me précipite dans ton appartement, j'ai tout quitté pour te voir, te presser dans mes bras... Tu n'y étais pas : tu cours les villes avec des fêtes, tu t'éloignes de moi lorsque j'arrive, tu ne te soucies plus de ton cher Napoléon. Un caprice te l'a fait aimer, l'inconstance te le rend indifférent. (27 novembre 1796)

Pour moi, t'aimer seule, te rendre heureuse, ne rien faire qui puisse te contrarier, voilà le destin et le but de ma vie. [...] Quand j'exige de toi un amour pareil au mien, j'ai tort : pourquoi vouloir que la dentelle pèse autant que l'or ? (28 novembre 1796)

En Italie, il lui reste fidèle. Et il a du mérite. Dans *La Chartreuse de Parme*, Stendhal a décrit l'arrivée des Français en Lombardie, accueillis en libérateurs. Ce ne sont que réjouissances, liesses, fêtes, où toutes les femmes, de toute condition, ouvrent leurs bras à ceux qui les délivrent du joug autrichien. Bonaparte, jeune général de vingt-sept ans, y est choyé comme un héros antique...

Il conjure Joséphine de venir le retrouver. Elle fait la sourde oreille, tergiverse, cherche des prétextes, en trouve : elle est enceinte ! Le moindre déplacement risquerait d'être dangereux pour son état. Bonaparte est aux anges : « Reste à Paris, repose-toi, ne fais pas d'imprudence, rien ne compte que ta santé et celle du fruit de notre amour »... Évidemment, cette grossesse, c'est totalement faux.

Car pendant qu'il bat les Autrichiens en Italie et que sa légende commence à se forger, Joséphine collectionne les amants. Elle continue de participer à quelques parties fines où l'on danse, on s'enivre, on se met nue, on se livre... Elle a gardé Barras – l'homme fort du Directoire, celui qui a nommé Bonaparte à la tête de l'armée d'Italie – comme amant occasionnel. Mais surtout, elle s'est entichée d'un jeune capitaine de hussards qui l'amuse et la fait rire – un certain Hippolyte Charles, mondain beau parleur. « Il n'arrêtait pas de faire le polichinelle », dira la duchesse d'Abrantès.

À force d'insistance, Bonaparte parvient malgré tout à faire venir Joséphine en Italie. Elle ne s'y résout pas de bonne grâce, et emporte dans ses bagages le bel Hippolyte. Elle retrouve son mari à Brescia. Celui-ci, éperdu de désir, ne cesse de lui manifester, même en public, les signes de la plus intense passion, n'hésitant pas à l'embrasser à pleine bouche, ni à lui glisser la main dans le corsage. Miot de Melito, un diplomate italien, note : « Ils prenaient des libertés conjugales qui ne laissaient pas de nous embarrasser. » Elle, de son côté, n'a qu'une hâte : retrouver son Hippolyte.

En fait, elle n'a jamais aimé ce petit Corse. « Il est maigrichon, il a l'air d'un chat botté », confie-t-elle à une amie peu après leur rencontre. Mais elle pressentait son destin et l'a épousé pour faire une fin correcte. À trente-trois ans – six ans de plus que Bonaparte –, Joséphine, en effet, n'est plus de première jeunesse, et il est temps qu'elle se case.

Lorsque son premier mari, Alexandre de Beauharnais, monte sur l'échafaud, en juillet 1794, elle-même est emprisonnée et ne doit son salut qu'à la chute de Robespierre. Mais elle est ruinée et il faut bien vivre, d'autant qu'elle a deux enfants à nourrir.

C'est une femme charmante, une créole élevée aux îles, qui en a gardé une langueur exotique. Ses traits réguliers, son teint mat, son accent zézayant, ses gestes langoureux et sa câlinerie spontanée en font une compagnie des plus séduisantes. Ce n'est pas une beauté renversante, mais elle a une nonchalance sensuelle irrésistible et, pour tout dire, c'est plutôt une femme facile. Par indolence. « Je trouve infiniment plus commode de suivre la volonté des autres », écrit-elle à une amie.

Très vite, elle pénètre le cercle argenté et jouisseur des Tallien. Lui est un ancien conventionnel, Montagnard sans états d'âme et opportuniste – les pires –, intelligent et cynique, et sa femme une épicurienne humaniste qui a décidé de rattraper le temps perdu. L'heure n'est plus à la vertu, mais aux plaisirs. Joséphine fait partie de cette cohorte de jolies femmes que l'on retrouve dans toutes les fêtes, au milieu des « Incroyables » et des « Merveilleuses ». Fêtes qui se terminent souvent en parties fines, où l'échangisme n'est pas loin.

On l'y apprécie, car elle ne dit pas souvent non et possède une science érotique des plus accomplies. Elle est la maîtresse occasionnelle d'hommes politiques et de généraux qui ne tarissent pas d'éloges sur son art, et se la repassent… Hoche, Murat, Tallien, Barras, tous ont goûté à ses charmes. Barras rapporte même qu'elle lui a un jour prodigué dans une antichambre une fellation des plus expertes…

Quelques jours avant d'accorder enfin ses faveurs à Bonaparte, qui tournait autour d'elle depuis plusieurs semaines, Marie-Rose – car tel était son prénom, avant que Bonaparte ne la rebaptise – participait avec d'autres jolies femmes à une partie fine dans une maison de Croissy, en compagnie de Barras et de quelques jeunes gens vigoureux. Les femmes s'étaient mises nues, trempant leurs seins dans les verres de champagne, exécutant des danses aphrodisiaques, mimant l'amour à quatre pattes sur le tapis, avant de passer d'un partenaire à l'autre… Cette nuit de plaisir n'était ni la première ni la dernière. L'aube les surprit endormis par terre, dans le désordre où les avaient jetés leurs ultimes étreintes.

C'est par les sens, d'ailleurs, qu'elle tiendra Bonaparte. C'est elle qui lui fait découvrir le plaisir physique. Elle est à cet égard son initiatrice.

Car il n'a connu jusque-là que des amours sages, des passades vénales ou des liaisons sans intérêt.

Les classes amoureuses d'un futur général

Lorsque Bonaparte sort officier d'artillerie de l'École militaire de Paris, il a seize ans à peine. Le tout jeune lieutenant est envoyé en garnison à Valence, puis en Corse, puis à Lyon. Il y connaît ses premiers émois, tombant systématiquement amoureux de la première frimousse qui passe. Il y aura ainsi une Emma, une Caroline, une demoiselle de Lauberie – dont on n'a pas retenu le prénom –, une Marie… Autant de déclarations maladroites d'un garçon timide et emprunté, autant d'amours platoniques. Il en reverra certaines, plus tard, en pleine gloire ; mariées ou non, elles lui rappelleront en souriant l'époque où il leur faisait la cour, et il se montrera toujours généreux avec elles, n'hésitant pas à ouvrir sa cassette si elles en ont besoin. C'est une constante chez lui : il a la reconnaissance du cœur, autant que celle du corps. Il sera toujours d'une grande générosité avec ses anciennes amies, les mariant, les dotant, leur offrant des places. À plusieurs reprises, il fit des dons de plus de 50 000 francs – somme considérable pour l'époque : un maréchal d'Empire touchait une solde annuelle de 40 000 francs… Napoléon n'était pas un ingrat, ni sur le plan amoureux, ni sur le plan professionnel : il a récompensé au-delà de leurs espérances ceux qui l'avaient bien servi, sans être dupe pour autant de leur réel talent. Mais la fidélité à sa personne passait avant toute autre considération.

Le voici à Paris, en 1787. Un officier à la fin de l'Ancien Régime n'est pas surmené : il a tout loisir de se promener, d'aller à l'Opéra ou au théâtre. Un soir de novembre, sortant des Italiens, ses pas le dirigent vers les galeries du Palais-Royal. C'est le haut lieu de la prostitution parisienne, et qui le restera bien après l'Empire : Balzac y a souvent campé ses personnages dans les années 1830. Cafés, restaurants, boutiques, tripots, maisons de tolérance s'y succèdent. À chaque embrasure de porte, une femme propose ses appâts aux nombreux passants. On évalue à cette époque à plus de soixante mille les filles galantes de la capitale, pour une population de cinq cent mille habitants – proportion énorme : c'est comme s'il y avait aujourd'hui plus de deux cent cinquante mille prostituées…

Il a raconté lui-même cet épisode[1] : « Mon âme, agitée par les sentiments vigoureux qui la caractérisent, me faisait supporter le froid avec indifférence. J'étais sur le seuil de ces portes de fer, quand mes regards errèrent sur une personne du sexe. L'heure, la taille, sa grande jeunesse ne me firent pas douter qu'elle fût une fille. Je la regardai : elle s'arrêta, non pas avec cet air grenadier des autres, mais un air convenant parfaitement à l'allure de cette personne. Sa timidité m'encouragea, et je lui parlai […]. »

La fille est de Nantes. Elle lui raconte avoir été séduite par un officier, puis abandonnée. « Allons chez vous, lui dit-elle. – Mais qu'y ferons-nous ? demande-t-il hypocritement. – Nous nous chaufferons, et vous assouvirez votre plaisir. »

Bonaparte a dix-huit ans. C'est sa première expérience sexuelle. À vrai dire, il n'est pas le seul à être déniaisé par une prostituée : longtemps, cela restera monnaie courante chez les militaires, les étudiants, et même les bourgeois…

Il repart en garnison. Et de nouveau tourne autour de quelques donzelles : une nouvelle Marie, une Manesca. Mais on ne répond pas à ses attentes. Il faut dire qu'il

1. Napoléon Ier, *Manuscrits inédits, 1786-1791*, Paris, Paul Ollendorff, 1907.

est petit, efflanqué, pâle, pauvre, affublé d'un nom bizarre, d'une dégaine médiocre… Il en conçoit quelque amertume. « L'amour est nuisible à la société […], ce serait un bienfait d'une divinité protectrice que de nous en défaire et d'en délivrer le monde », écrit-il dans le style ampoulé de l'époque.

Il aura quand même quelques consolations, avec une fermière (ce n'est cependant pas avéré), avec une Corse au lit accueillant, qui, jalouse, tentera de l'empoisonner, avec une intrépide Charlotte… Il a eu une liaison certaine avec la femme du receveur du grenier à sel, dans la petite cité de Seurre, une madame Prieur. Quinze ans plus tard, en route vers l'Italie, il s'arrête à Chalon, où une dame demande à le voir. Lisant son nom, il se tourne vers son chambellan et lui dit : « Il paraît que vous connaissez mes aventures de garnison. Soyez discret, et faites entrer. » Madame Prieur est introduite. Elle repartira avec une bourse d'études pour son fils…

Il a goûté aux délices de la chair, et y a pris goût. Les amours faciles et passagères se succèdent…

Nous voici à Toulon, quelques années plus tard, en 1793. Toulon assiégé par les Anglais. Le jeune capitaine d'artillerie (il a vingt-quatre ans) y fait merveille. Son énergie et sa détermination farouche séduisent la femme de son général, Catherine Carteaux, de huit ans son aînée. Elle pousse son protégé auprès de son mari. Là aussi, l'Empereur ne devait pas se montrer ingrat : il donnera un commandement à Carteaux – pourtant réputé incapable – et une riche pension à sa veuve…

Il y en aura d'autres : notamment une Marguerite, mariée à un représentant du peuple en mission à l'armée, mais surtout maîtresse du frère de Robespierre ; c'est pour lui l'occasion de se rapprocher du pouvoir. Mais Robespierre tombe, et Bonaparte retombe dans l'ombre, voire dans la disgrâce. Il fait alors la connaissance de la fille d'un négociant, une Émilie, dont le père cependant lui refuse la main. À Sainte-Hélène, il dira à Las Cases, son mémorialiste : « N'ayant pu avoir la fille, je me suis rattrapé avec la mère. Elle était moins fraîche, mais avait aussi plus d'expérience. » Il flirte également avec les jolies vendeuses d'un magasin de Nice, où il se trouve momentanément.

Une nouvelle occasion de côtoyer un personnage en vue se présente : Turreau, un Montagnard influent, vient d'être nommé représentant du peuple aux armées. Il a une jolie femme de vingt-quatre ans, Félicité, que le Corse courtise assidûment et dont il devient l'amant. Mais Félicité est volage et le trompe avec d'autres officiers. Napoléon rompt. Peu rancunier, il lui versera plus tard une pension impériale.

Surgit alors celle qu'il aurait pu épouser, celle en tout cas avec laquelle les projets de mariage furent sérieux. Nous sommes en 1795. La famille Bonaparte vivote à Marseille, dans la gêne. Bonaparte a beau être général, il est retombé dans l'anonymat. Les Clary, marchands d'étoffes, sont des amis de la famille et les accueillent généreusement. Joseph, son frère aîné, est fiancé à l'une des filles, Désirée, tandis que Napoléon semble naturellement promis à sa sœur Julie. Mais l'homme fort de la famille qu'il est déjà ne l'entend pas de cette oreille. Il décrète que Julie ira mieux à Joseph et que Désirée sera sa femme. Ils se fiancent. Voilà longtemps qu'il songe à s'établir. S'il tient à ce que les femmes restent à leur place, il estime qu'un homme a besoin d'une fidèle compagne à ses côtés. Et il semble vraiment épris. Désirée, en tout cas, est très amoureuse de lui.

Mais le général est rappelé à Paris. Ils se quittent avec des serments d'amour. Qui ne tiendront pas longtemps… Désirée Clary épousera Bernadotte, futur maréchal d'Empire, et deviendra reine de Suède. Presque toutes les familles royales d'Europe descendent d'elle…

À Paris, Bonaparte tombe très vite sous le charme de la nouvelle reine du Directoire, la belle et très en vogue madame Tallien, dans l'ombre de laquelle gravite Joséphine. Il lui fait la cour, à sa façon, brusque, maladroite. De plus, il n'est ni beau parleur, ni brillant, ni drôle, ni riche, ni puissant. Thérésa Cabarrus, épouse Tallien, que tous ses contemporains décrivent comme une femme ravissante et pleine d'esprit, qui sort d'une grande famille espagnole, qui a tous les hommes à ses pieds et ne vit que pour le plaisir, le remarque à peine et s'en moque ouvertement. Qu'irait-elle faire avec ce Corse obscur ? Il en sera mortifié, n'oubliera pas cette humiliation – ce qui n'est pas dans sa nature – et lui refusera plus tard l'entrée des Tuileries.

Son obsession, c'est de trouver une femme riche et influente, qui lui donnera une position et le poussera dans les cercles du pouvoir. Il a beau être général à vingt-six ans, il se rend bien compte que sa situation est précaire et qu'il n'a pas les moyens de tenir son rang.

Il faut absolument qu'il se mette à l'abri d'un nouveau revers de fortune. Le voici coureur de dot.

Il jette son dévolu sur une veuve de quarante-cinq ans, madame Permon, qui pourrait être sa mère, et, un soir, dans sa loge de théâtre, il ose lui demander sa main. Elle lui rit carrément au nez : « Laissons cette plaisanterie, elle m'afflige devant vous ! » Il insiste. En vain. Qu'importe : à défaut de la mère, il aura la fille, Laure Permon, femme de Junot, futur maréchal d'Empire et duc d'Abrantès. Trente ans plus tard, la duchesse d'Abrantès aura un jeune amant, du nom de Balzac, qu'elle lancera dans le monde…

Tout à sa quête, il se tourne vers une autre : madame Le Beau de L'Esparda de Maisonnave. Encore un échec. Vient le tour d'une demoiselle Montansier, fort riche elle aussi, et fort âgée, puis d'une Anglaise, du nom de Grace Dalrymple, ancienne maîtresse du prince de Galles et du duc d'Orléans. À chaque fois, il repart bredouille… Il se console avec une petite ouvrière nommée Suzanne, qu'il retrouve dans sa mansarde, et qui le bichonne, s'occupant de son linge, reprisant ses bas, lui préparant des petits plats…

Il a déjà croisé Joséphine, dans l'entourage des Tallien. Mais celle-ci est la maîtresse de Barras et ne prête guère attention à lui.

Sauf que, le 5 octobre 1795, Bonaparte est appelé par Barras (ils se sont rencontrés par l'intermédiaire de sa sœur, la belle Pauline Bonaparte, alors maîtresse du bras droit de Barras), qui cherche un général disponible et déterminé. Bonaparte accepte la mission et écrase l'insurrection royaliste de Saint-Roch. Le voici promu chef de l'armée de l'intérieur : c'est désormais un homme qui compte, et Joséphine se met à le regarder d'un autre œil.

Elle lui fait bonne mine, et il ne tarde pas à être subjugué. Elle est coquette, raffinée, parisienne en diable, elle connaît les bonnes manières de l'Ancien Régime, elle aime le luxe : de quoi éblouir le petit provincial qu'il est. De plus, il la croit riche – alors qu'elle vit d'expédients et de la largesse de ses amants. Elle le reçoit chez elle et déploie ses charmes. Il finit par revenir tous les jours, et obtient enfin ce qu'il désirait ardemment.

Et c'est le coup de foudre.

Au lendemain de leur première nuit, il lui adresse ce billet : « Je me réveille plein de toi. Ton portrait et le souvenir de l'enivrante soirée d'hier n'ont point laissé de repos à mes sens. [...] Ah ! C'est cette nuit que je me suis bien aperçu que votre portrait n'est pas vous ! Tu pars à midi, je te verrai dans trois heures. En attendant, *mio dolce amor*, reçois un millier de baisers ; mais ne m'en donne pas, car ils brûlent mon sang. »

Et il l'épousera… et ils n'auront pas d'enfant, et il sera très malheureux.

Une nuit de noces perturbée

Le 9 mars 1796, Bonaparte et Joséphine s'unissent au 3 rue d'Antin, dans l'hôtel particulier d'un ci-devant mis à la disposition de la mairie du 2e arrondissement. Bonaparte est aux anges ; la fortune lui sourit. Il épouse l'une des jolies femmes de Paris, et dans deux jours il part prendre le commandement de l'armée d'Italie, où la gloire l'attend, il n'en doute pas. Alors qu'il y a à peine un an il traînait ses guêtres à Marseille, pauvre et inconnu.

Il n'a qu'une hâte : s'enfermer avec elle, et jouir toute la nuit de sa grâce et de sa science. Mais un intrus va s'inviter dans la chambre des nouveaux mariés : Fortuné, le carlin chéri de Joséphine, un affreux petit bouledogue qui s'est installé sur le lit, grogne et montre les dents quand Bonaparte veut le chasser. De toute façon, Joséphine entend le garder auprès d'elle. « C'est lui ou toi ! » Bonaparte n'a pas le choix et se plie de mauvaise grâce.

Mais l'animal est jaloux et, pendant la nuit, il le mord cruellement au mollet. Joséphine est obligée d'appliquer des compresses de tilleul sur la blessure. Il en gardera longtemps une petite cicatrice, mais ne lui en voudra pas. « Millions de baisers, écrit-il d'Italie, et même à Fortuné, en dépit de sa méchanceté. »

Un amoureux trahi

De retour d'Italie, Bonaparte ne se fait plus d'illusions. Renseigné par mille espions – dont son frère Joseph – il sait la vie que Joséphine a menée en son absence. « Au retour d'Italie, racontera-t-il bien plus tard, une femme de chambre, qui couchait avec Junot – ce que Joséphine désapprouvait –, voulut se venger et me dit qu'un jeune adjudant d'état-major, Charles – une petite figure à putains que vous devez avoir vue en Italie – suivait Joséphine, couchait dans les mêmes auberges, montait dans sa voiture… »

À Paris, même en sa présence, Joséphine ne se gêne pas pour poursuivre sa liaison avec Hippolyte. Ils se rejoignent quasiment tous les jours chez un ami commun, rue du Faubourg-Saint-Honoré. « Oui, mon Hippolyte, ils ont toute ma haine, lui écrit-elle ; toi seul a ma tendresse, mon amour. [...] Hippolyte, je me donnerai la mort ; oui, je veux voir finir une vie qui me sera désormais à charge si elle ne peut t'être consacrée. [...] Je ferai tout au monde pour te voir dans la journée. Si je ne le pouvais pas, je passerai ce soir chez Bodin et demain matin je t'enverrai Blondin pour t'indiquer une heure pour te trouver au jardin des Mousseaux. Adieu mon Hippolyte Charles, mille baisers brûlants, comme mon cœur, et aussi amoureux... »

Bonaparte se fâche, et commence à parler de divorce. Joséphine, alors, est aux cent coups. Elle aime Hippolyte, mais son mari, devenu riche et puissant, lui assure une situation enviable et protège ses enfants – Eugène et Hortense. De plus, elle est criblée de dettes.

Elle sait qu'elle est sur le fil du rasoir. Le clan Bonaparte la déteste. Elle est plus élégante que les sœurs, et pour les frères, c'est une vieille femme qui leur paraît indigne de Napoléon. D'ailleurs, ils l'appellent entre eux « la vieille » et poussent Bonaparte à s'en séparer. Alors Joséphine va jouer son va-tout, dans une scène digne de la comédienne accomplie qu'elle sait être.

Une nuit, elle décide de reconquérir son mari et d'implorer son pardon. Elle frappe à sa porte, s'agenouille, l'appelle et se met à sangloter. Bonaparte ne répond pas, n'ouvre pas. De guerre lasse, elle s'apprête à renoncer lorsque sa femme de chambre court chercher les enfants, qui se mêlent aux supplications de leur mère.

Bonaparte ouvre alors et, les yeux rougis de larmes, apparaît en tendant les bras…

Mais il sait désormais à quoi s'en tenir. Et lui qui a repoussé à Milan les avances des plus belles Italiennes, il ne se gênera plus. En amoureux déçu et trahi.

Il part en Égypte, seul. Après avoir goûté aux charmes indigènes, il jette son dévolu sur la femme d'un officier de chasseurs à cheval, Pauline Fourès, venue clandestinement au Caire déguisée en homme pour suivre son mari. C'est une blonde frisée, gaie et espiègle, ancienne apprentie modiste à Carcassonne, qui a gardé l'accent du Midi. Lors d'un déjeuner offert par l'état-major à quelques dames françaises au cercle Tivoli[1], l'un des convives renverse maladroitement son verre sur la robe de Pauline. Bonaparte, empressé, la conduit dans une pièce voisine pour réparer le malheur. Ils ne réapparaîtront que deux heures plus tard…

Peu après, le général en chef l'installe dans une maison qu'il fait meubler, près du palais d'Elfy-Bey où lui-même réside. Il éloigne le mari, qu'il charge d'une mission prétexte pour le Directoire. Mais le bâtiment sur lequel celui-ci embarque tombe aux mains des Anglais, qui, avertis, se font un malin plaisir de le renvoyer en Égypte. Après quelques explications orageuses, le mari bafoué demande le divorce.

1. Sorte de jardin privé, au Caire, où les officiers français pouvaient retrouver les rares femmes européennes qui avaient accompagné le corps expéditionnaire.

Dès lors, Pauline, connue dans l'armée sous les pseudonymes de « Bellilote » (de son nom de jeune fille, qui était Bellisle) et de « Cléopâtre », s'affiche ouvertement en favorite. Elle passe le plus clair de son temps au palais, fait les honneurs de la maison, se montre en calèche avec Bonaparte, caracole en habit de général sur un cheval dressé spécialement pour elle. Elle porte au cou une longue chaîne avec au bout la miniature de Bonaparte. Celui-ci l'abreuve de billets doux, et lui fait même miroiter le mariage si elle lui donne un enfant.

Mais l'aventure, favorisée par l'exotisme et la rareté des femmes européennes au Caire, tournera court. Bientôt Bonaparte, qui a vent de la situation fragile du Directoire et médite déjà son futur coup d'État, n'a qu'une hâte : rentrer en France.

Pauline reste au Caire, où elle devient vite la maîtresse de Kléber, qui a remplacé Bonaparte à la tête du corps expéditionnaire. Celui-ci finit par la renvoyer en France, où le nouveau Premier consul l'installe dans une petite maison, discrète et luxueuse, près de Paris, avec une rente très généreuse. L'ex-mari cependant clame haut et fort son infortune. Bonaparte le fait arrêter, puis exiler. Mais leur liaison ne se poursuit pas : Bonaparte a retrouvé Joséphine, et d'autres femmes lui tendent les bras…

Il ne perdra jamais de vue Pauline : il lui trouvera un nouveau mari, un poste de consul pour son époux, et continuera de lui faire parvenir beaucoup d'argent. Mais Pauline est vexée d'avoir été éconduite : sous l'Empire, elle deviendra antibonapartiste, multipliera les aventures, publiera quelques romans et brûlera avant sa mort – soixante-dix ans plus tard, elle s'est éteinte à quatre-vingt-onze ans ! – toutes les lettres de son ancien amant…

1799. Retour d'Égypte. Coup d'État du 18 brumaire. Le voici maître de la France. Avec Joséphine, quelque chose s'est définitivement brisé. Les rôles sont désormais inversés : c'est elle qui, soudainement éprise, va souffrir de ses infidélités répétées, tandis que lui la sonne quand il en a envie, tout en la traitant avec une tendre affection. Au début, il continue de l'honorer de temps à autre, entre deux maîtresses, tandis qu'elle, qui vieillit, s'attache de plus en plus à lui. Mais il y aura toujours entre eux une complicité que le temps n'effacera pas. Il aime beaucoup parler avec elle, le soir, quand elle le rejoint dans sa chambre, ou le matin, quand ce lève-tôt la rejoint dans la sienne.

Mais l'idée du divorce s'impose de plus en plus. Pourtant, il retardera pendant dix ans cette triste échéance, par pitié pour cette femme qui pleure chaque fois qu'il évoque cette éventualité, et en souvenir de l'amour fou qu'il a éprouvé pour elle. Le 4 novembre 1804, un mois avant le sacre, il dit au conseiller d'État Roederer : « C'est par justice que je n'ai pas voulu divorcer. Mon intérêt, l'intérêt même du système, demandait que je me remariasse. Mais j'ai dit : “Comment renvoyer cette bonne femme à cause que je deviens plus grand !” Non, cela passe ma force. J'ai un cœur d'homme ; je n'ai pas été enfanté par une tigresse. Quand elle mourra, je me remarierai, et je pourrai avoir des enfants. Mais je ne veux pas la rendre malheureuse. »

Il ne divorcera qu'en 1809, juste avant d'épouser Marie-Louise d'Autriche.

Et malgré ses nombreuses aventures, il gardera toujours pour Joséphine une profonde affection. Quelque chose, même, qui ressemble à l'amour. À sa belle-fille Hortense, pendant les Cent-Jours, alors que Joséphine vient de mourir quelques semaines plus tôt, il confie : « Nous n'avons jamais eu qu'un sujet de querelle : c'était pour ses dettes, et je l'ai assez grondée. C'était bien la personne la plus remplie de grâce que j'aie jamais vue. Elle était femme dans toute la force du terme, mobile, vive, et le cœur le meilleur. » Et à Sainte-Hélène, au soir de sa vie : « Joséphine était jolie, bonne, mais menteuse et dépensière au dernier degré. Je l'ai réellement aimée ; je ne l'estimais pas. Elle était trop menteuse. Mais elle avait un je-ne-sais-quoi qui plaisait ; c'était une vraie femme ; elle avait le plus joli petit cul qui fût possible. […] Elle était pleine de grâce pour se mettre au lit, pour s'habiller. »

Cantatrices et comédiennes

Amateur d'opéra et de théâtre, Napoléon va aussi y trouver beaucoup de partenaires amoureuses. À commencer par Giuseppina Grassini, le rossignol de Milan, qui triomphait tous les soirs à la Scala. Elle s'était déjà offerte à lui lors de la première campagne d'Italie, mais, toujours épris de Joséphine, il avait repoussé ses avances. Quatre ans plus tard, en 1800, lors de la seconde campagne, il n'a plus de raison de résister à la prima donna, qui chante pour le vainqueur de Marengo, celui qui a chassé les Autrichiens hors d'Italie. Quoique le corps soit un peu lourd, elle a un regard ardent, des sourcils charbonnés et de splendides cheveux. Et puis, écrit son secrétaire Bourrienne, « sa voix ravissait le Premier consul… Il l'aurait écoutée chanter des heures entières avec délice ».

Il la fait venir à Paris, où elle se produit lors des fêtes organisées en l'honneur de Bonaparte ainsi que dans plusieurs concerts, et l'installe dans une maison de la rue de Caumartin, où il la rejoint pour des visites brèves et furtives : il ne vient que pour assouvir son plaisir. Du coup, elle le trompe avec un célèbre violoniste. C'est Fouché, son ministre de la Police, qui le lui apprend : « Bonaparte, écrit-il dans ses *Mémoires*, me dit qu'il s'étonnait qu'avec mon habileté reconnue je ne fisse pas mieux la police, et qu'il y avait des choses que j'ignorais. “Oui, répondis-je, il y a des choses que j'ignorais, mais que je sais maintenant. Par exemple : un homme d'une petite taille, couvert d'une redingote grise, sort assez souvent par une porte secrète des Tuileries, à la nuit noire, et, accompagné d'un seul domestique, il monte dans une voiture borgne, et va furetant la signora Grassini. Ce petit homme, c'est vous, à qui la bizarre cantatrice fait des infidélités en faveur de Rode, le violon, qui demeure rue du Mont-Blanc.”»

Devenu empereur, Napoléon aura encore quelques passades avec Giuseppina, qui deviendra en 1815 la maîtresse de Wellington, le vainqueur de Waterloo.

Il y eut d'autres cantatrices : Louise Joséphine Rolandeau, de l'Opéra-Comique, et Caroline Branchu, qui triomphait dans *La Vestale*, opéra de Spontini très à la mode – fort laide, au dire des contemporains.

Et puis des actrices, beaucoup d'actrices, à commencer par les plus célèbres de l'époque : Mademoiselle George et Mademoiselle Mars.

Avec la première, contrairement à ce qu'écrit Stendhal[1], ce ne furent pas seize entrevues, mais une liaison de deux ans entrecoupée, des deux côtés, d'autres aventures – dont, pour elle, avec Lucien, le frère de Napoléon. C'était une femme ravissante, pulpeuse, sensuelle, qui ne dédaignait pas, semble-t-il, les amours saphiques. À seize ans, son interprétation dans *Iphigénie* provoque un affrontement entre ses partisans et ses adversaires. Le Premier consul la fait venir au château de Saint-Cloud. Elle a raconté leur première rencontre : « "Comme votre main tremble ! Vous avez donc peur de moi ? Je parais effrayant ?" Il était tendre et délicat… heureux de trouver une résistance timide. » La première fois, elle ne cède pas : « Je ne veux pas être votre joujou. – Mais si, vous êtes mon joujou préféré. » La deuxième fois non plus. La troisième, oui. « Il se faisait enfant et petit pour me plaire. Il vous enlaçait avec douceur, ses paroles étaient tendres et pudiques. »

Bonaparte aime sa jeunesse, sa légèreté, sa bonne humeur, sa conversation amusante, pleine de potins et de cancans (il en a toujours été friand) qui l'amusent. Il lui donne parfois quelques liasses de billets, qu'elle accepte sans faire de chichis. Il la fera nommer sociétaire de la Comédie-Française. Elle aura d'autres amants célèbres :

1. Voir p. 236.

Jérôme Bonaparte, roi de Westphalie, Bernadotte, roi de Suède, Murat, roi de Naples, Alexandre, tsar de Russie, Talleyrand… Et s'éteindra en 1867, sous le règne de Napoléon III.

Avec Mademoiselle Mars, ce fut plus tardif, et plus furtif. Sur la beauté de cette interprète renommée de Molière et de Beaumarchais, les avis divergent… Quoi qu'il en soit, elle restera toute sa vie une fidèle bonapartiste. C'est elle qui créa en 1830 le rôle de Doña Sol dans *Hernani*, la pièce de Victor Hugo qui devait déclencher une célèbre bataille et ouvrir l'ère du drame romantique.

On pourrait en citer beaucoup d'autres. Notamment une certaine Thérèse Bourgoin, ancienne danseuse, membre de la Comédie-Française. Elle avait aussi comme amant le chimiste Chaptal, qui était par ailleurs ministre de l'Intérieur. Mais celui-ci avait l'antériorité et supportait mal de la partager avec le presque empereur. Napoléon, de son côté, ne supportait plus ce vieux savant austère et voulait s'en débarrasser. Au cours d'une séance de travail, on annonça l'arrivée de mademoiselle Bourgoin. « Dites-lui de se déshabiller, j'arrive… », lança, impassible, Napoléon. Alors Chaptal, sans un mot, mit ses papiers dans son portefeuille et s'en alla brusquement. Le lendemain, il remettait sa démission. Quant à la Bourgoin, Napoléon la fit renvoyer séance tenante.

De toute façon, elle ne pouvait pas faire long feu : elle était prétentieuse et indiscrète. Au retour des Bourbons, elle fut, pour se venger, la maîtresse du duc de Berry, le fils du futur Charles X.

Dames du palais

Napoléon se servit aussi abondamment parmi les nombreuses femmes de la suite de Joséphine ou de ses sœurs. On dénombre au moins une dizaine d'aventures avec des dames d'honneur, des lectrices ou des habituées de la cour.

Il semble qu'il ait éprouvé un véritable sentiment pour Adèle Duchâtel, connue lorsqu'il était encore Premier consul. Mariée à un homme beaucoup plus âgé qu'elle, bien faite, élégante, elle savait danser, chanter, jouer du piano et de la harpe, sans manquer d'esprit. Joséphine est fort jalouse. Napoléon a pour elle des impulsions de collégien, des transports irrésistibles. Il se rend à plusieurs reprises en voiture banalisée dans la propriété de Villiers, prêtée par son beau-frère Murat, où le fidèle Duroc, son vieux condisciple de Brienne qu'il a fait grand maréchal du Palais, pourvoyeur de maîtresses et compagnon des escapades nocturnes, lui organise des rendez-vous avec la belle. Une nuit, à Villiers, se croyant surpris, Napoléon n'hésite pas à s'enfuir précipitamment en sautant le mur, manquant de se blesser, au grand dam de Duroc…

Pris en flagrant délit

Contrairement aux rois de France, qui s'affichaient en public avec leurs maîtresses, Napoléon est toujours resté très discret sur ses liaisons. On peut y voir un côté « bourgeois » qui veut sauver les apparences. On peut y voir aussi de la délicatesse, à l'égard de sa femme légitime comme de ses sujets qui n'ont pas à assister aux frasques de leur souverain. Plus encore chez lui, il y a la volonté bien arrêtée de ne donner aucun pouvoir à celles que son cœur ou ses sens ont élues. On sait le peu d'estime dans lequel il tenait les femmes en général, et il ne supportait pas les intrigantes ou celles qui voulaient profiter de leur situation pour exercer une influence sur les affaires de l'État.

Pourtant, malgré toutes les précautions dont il s'entourait, Napoléon s'est fait prendre à plusieurs reprises. Avec Mademoiselle George, par exemple. Elle le rejoint souvent au château de Saint-Cloud, où il a l'habitude de résider. Une nuit, vers 2 heures du matin, il a un malaise et perd connaissance. Il faut faire venir un médecin. Le bruit réveille Joséphine, qui se lève, entre dans la chambre, et aperçoit son mari dans le même lit que l'actrice, à moitié nue, qui le tient dans ses bras.

Peu de temps après, Joséphine le découvre dans une situation non équivoque avec une autre de ses liaisons durables, madame Duchâtel, jolie petite blonde de vingt ans qui restera longtemps sa maîtresse. Il faisait pourtant très attention, la rejoignant de nuit dans sa chambre, au château de Malmaison, sans souliers ni pantoufles, pour que personne ne l'entende. Mais une femme de chambre de Joséphine fait le guet, à moitié cachée dans l'ombre d'un corridor. Napoléon l'aperçoit, regagne, furieux, ses appartements, et envoie son valet dire à la drôlesse qu'elle sera chassée si d'aventure elle parle. Peine perdue : Joséphine découvrira le pot aux roses un peu plus tard. Après les tours pendables qu'elle avait joués à Napoléon au début de leur mariage, elle se révélait d'une jalousie maladive. Napoléon mit un jour les choses au point : « Je n'accepte de conditions de personne, et je me refuse à être espionné par vous. »

Néanmoins, par la suite, il redoubla quand même de précautions, au point de voir des espions et espionnes partout, et de sauter par-dessus les murs pour s'enfuir, comme ce fut le cas à Villiers.

De plus, la charmante Adèle n'était pas intéressée, ce qui ne pouvait manquer de plaire à Bonaparte. Elle savait aussi flatter sa virilité : un jour, alors qu'ils se reposaient des joies de l'amour, elle lui dit en riant : « Et dire que l'on vous trouve bon à rien ! » Napoléon, qui avait un tempérament plus amoureux que sensuel, n'était pas en effet crédité de prouesses érotiques. Au reste, comme l'a montré l'autopsie de Sainte-Hélène, il avait un sexe de taille modeste, particularité que connaissait parfaitement Fouché – au courant de tout, même des secrets d'alcôve –, qui écrivait à propos d'une autre passade de Napoléon, une dénommée Anna : « Elle aime pourtant à être environnée d'hommes qui ont… de la taille. »

Mais beaucoup de ces dames avaient une fâcheuse tendance à profiter de leur situation, ce qui irritait fort le maître. Car Napoléon, tout empereur qu'il fût, était un enfant de la Révolution : il détestait les passe-droits, les faveurs imméritées. En plus, ces dames allaient parfois vraiment trop loin. Marie-Antoinette de Vaudey notamment, dame du palais de Joséphine, se mit en tête de le courtiser. Parvenue à ses fins, elle n'eut de cesse de lui soutirer de l'argent, menaçant de se suicider si ses dettes n'étaient pas payées. Quand il l'écarta, elle alla trouver un émigré pour lui proposer de tuer Napoléon…

Félicité de Faudoas, femme du général Savary, collectionneuse d'hommes, réclama le bâton de maréchal pour son mari, et aussi, tant qu'à faire, pour l'un de ses amants… La mère de Virginie Guillebeau, autre relation intime de l'Empereur, enjoignit par lettre à sa fille de se faire mettre enceinte le plus vite possible… C'est Joséphine, dont elle était la lectrice, qui l'avait poussée dans le lit de Napoléon, en espérant qu'une liaison durable écarterait la menace d'un divorce. On mit la lettre sous les yeux de l'Empereur, qui révélait en outre que la mère de la jolie lectrice était anglaise ! Napoléon la fit renvoyer sur-le-champ. Marie-Madeleine Maret, la femme du ministre des Relations extérieures, ne cessait, quant à elle, de lui faire des scènes pour qu'il promeuve son mari…

Pour échapper à ces innombrables quémandeuses, il loua un temps une petite maison dans l'allée des Veuves – actuelle avenue Montaigne –, où son valet Constant faisait venir des demoiselles discrètement convoquées. Il s'y rendait de nuit, incognito… surveillé dans l'ombre par les sbires de Fouché, à qui rien n'échappait, comme d'habitude.

Entremetteurs familiaux

Ah, la famille ! Dieu sait si les Bonaparte causèrent du souci à l'Empereur ! Sans cesse quémandant, cupides, tracassiers pour des questions de préséance, jaloux, jamais contents : rien n'était trop beau pour eux.

Joseph, l'aîné, pas bête mais mou, et dénué de tout sens politique. Nommé roi de Naples, puis d'Espagne, ses nouvelles fonctions lui monteront à la tête. En l'absence de son frère, il tentera de coucher avec Marie-Louise…

Louis, dépressif et neurasthénique, grognon, fait roi de Hollande, médiocre souverain, qui finira misanthrope.

Lucien, intelligent mais rebelle, et jaloux de la réussite de son frère, à qui il s'oppose systématiquement.

Jérôme, le petit dernier, fait roi de Westphalie, étourdi, insouciant, jouisseur, panier percé, sans consistance.

Pauline, la préférée. Jolie, piquante, légère, fantasque, et dépensière. On ne compte plus ses amants – dont le chancelier d'Autriche Metternich, l'ennemi juré de Napoléon. Elle a le feu aux fesses. Son propre médecin écrira d'elle qu'elle est dans un état « habituel et constant d'excitation de l'organe utérin ».

Caroline, belle femme également, épouse de Murat, reine de Naples, ambitieuse et calculatrice.

Elisa, enfin, celle pour qui il avait le plus de considération. La plus moche de la famille, mais la tête la mieux faite. Cela ne l'empêche pas d'être d'une avidité sans borne et d'un tempérament de parvenue.

Mais ils rendirent aussi à leur cher frère, à qui ils devaient tout, quelques menus services d'ordre privé, et lui présentèrent un certain nombre de jolies femmes.

Pauline, notamment, fut une infatigable pourvoyeuse de chair fraîche pour son frère. Napoléon manifestait-il quelque intérêt pour l'une de ses dames d'honneur et celle-ci rechignait-elle au sacrifice ? La rétive se faisait convoquer par Pauline, qui lui disait : « Savez-vous bien, madame, que l'on ne doit jamais dire non à une volonté exprimée par l'Empereur, et que moi, qui suis sa sœur, s'il me disait : "Je veux", je lui répondrais : "Sire, je suis aux ordres de Votre Majesté" ? » C'est ainsi que succomba Christine de Mathis, une blonde Piémontaise farouche et craintive. Bien des années plus tard, quand l'Empereur sera exilé à l'île d'Elbe, Pauline débarquera avec de charmantes créatures qui adouciront la captivité du proscrit…

Caroline aussi a su se montrer compréhensive. C'est elle qui favorisa les débuts de la liaison de madame Duchâtel avec Napoléon. Mariée à Murat, reine de Naples, elle résidait à Paris et avait une charmante lectrice du nom d'Éléonore Denuelle de La Plaigne, belle femme brune, élancée, vive et coquette. Napoléon la remarqua, et Caroline s'empressa de « prêter » sa lectrice à l'Empereur. Elle y voyait aussi l'occasion de jouer un bon tour à Joséphine, qu'elle détestait. Le tour, on le verra dans quelques pages, réussit au-delà de ses espérances…

Murat se mit aussi de la partie. À deux reprises au moins, il mit une femme dans le lit de son beau-frère. Une Génoise, d'abord : « Elle est belle, spirituelle, et a le plus grand désir de vous voir… » Le valet Constant rapporte dans ses *Mémoires*[1] : « J'amenai la belle Génoise, qui, pour éviter le scandale, bien qu'il fît nuit close, fut introduite par un petit jardin derrière les appartements de Sa Majesté. La pauvre femme était bien émue et pleurait ; mais elle se consola promptement en se voyant bien accueillie. » Une Viennoise ensuite : « Je veux vous

1. Constant Wairy, *Mémoires de Constant, premier valet de chambre de l'Empereur, sur la vie privée de Napoléon, sa famille et sa cour*, Paris, Ladvocat, 1830.

faire connaître une femme charmante qui est folle de vous, ne veut que vous… » On amène la dame au palais de Schönbrunn, où le vainqueur d'Austerlitz a pris ses quartiers. À Sainte-Hélène, Napoléon dira à Gourgaud : « Elle ne parlait pas un mot de français, et moi pas un mot d'allemand. Elle me plut tant que je passai la nuit avec elle. Au jour, elle m'a réveillé, et depuis je ne l'ai jamais revue. Je n'ai jamais su qui elle était… »

Le repos du guerrier

Napoléon a passé la moitié de sa vie en campagnes militaires dans toute l'Europe : Italie, Autriche, Allemagne, Pologne, Espagne, Russie… Il y déployait, outre ses talents de général en chef, une activité de tous les instants touchant à tous les domaines, continuant, à des milliers de kilomètres, à administrer l'État. Le rythme de ses journées – quinze à seize heures de travail par jour – restait le même qu'à Paris. Soldat avant tout, il n'était pas affecté par l'inconfort de ses bivouacs. Mais – sa correspondance l'atteste – il éprouvait parfois une grande fatigue, due aux déplacements incessants et aux tensions propres à la guerre.

Pour le soulager et le détendre, son entourage lui présente de temps en temps une admiratrice – et elles ne manquent pas. Elles ne restent en général qu'une nuit, voire une heure…

C'est ainsi qu'il reçoit à Vienne, en 1805, une fort jolie Autrichienne, et à la même époque, au même endroit, une native de Slovénie. Elle le rejoindra plus tard sur l'île d'Elbe. Certains auteurs prétendent qu'elle eut un fils de lui… Plus tard, alors qu'il se trouve au château de Charlottenburg, une jeune Berlinoise se présente avec sa mère. Napoléon, reconnaissant, lui fait remettre en partant une coquette somme… Puis vint une belle comtesse saxonne, à Dresde, en 1807. Celle-ci l'aima tendrement, et le revit à Paris. Leur relation épistolière dura jusqu'à Sainte-Hélène. En Espagne, enfin, se présenta une très jeune Madrilène, dont les parfums l'incommodèrent.

Une aversion pour les parfums

Napoléon ne supportait pas les odeurs fortes, sauf celle de l'eau de Cologne, dont il usait et abusait. Sur le point de rentrer aux Tuileries, où il sait que l'on achève des travaux d'intérieur, il ordonne, depuis Vienne, juste après la victoire d'Austerlitz « qu'on ne mette dans les appartements ni odeur de peinture à la colle ou autres ».

Il était tout autant fortement indisposé par les femmes parfumées. Au Caire, pendant l'expédition d'Égypte, son entourage, le voyant désespéré par les nouvelles infidélités de Joséphine, se met en tête de lui trouver une femme pour lui changer les idées. Le général Junot, son compagnon d'armes, s'adresse au gouverneur turc de la ville, qui fait préparer six belles Circassiennes, à la mode orientale. Les jeunes femmes plantureuses sont introduites auprès de Bonaparte, qui les fait chasser séance tenante : « Emmenez vos outres parfumées !... »

Dix ans plus tard, à Madrid, alors qu'il tente de redresser la situation périlleuse des armées françaises en Espagne, on lui amène une jeune actrice, toute pure, lui a-t-on assuré, qui vit chez sa tante, une vieille dame qui la surveille comme une duègne. À peine est-elle entrée, Napoléon fronce le sourcil en sentant les essences dont elle s'est couverte. Mais elle est si jolie qu'il passe quand même deux heures avec elle. Avant de sonner brutalement son valet : « Constant, emmène-moi cette petite ! Elle me fera mourir avec ses odeurs... Ouvre les fenêtres, les portes, mais surtout, emmène-là ! Dépêche-toi... »

Constant, tout gêné vu l'heure tardive, enjoint à la jeune fille de se retirer. Elle ne comprend pas, ou fait mine, se met à pleurer. Constant a beau lui expliquer qu'une voiture va la ramener, rien n'y fait. Ce n'est qu'en voyant les 30 000 francs que Napoléon avait fait préparer pour elle qu'elle consent à s'éclipser. « En rentrant, je trouvai l'Empereur encore assis dans son cabinet, et se frottant les tempes avec de l'eau de Cologne. Il s'appuya sur moi pour aller se recoucher. »

Et surtout, parmi toutes ces étrangères, il y eut l'émouvante Polonaise Marie Walewska. Quelques mois après leur brève rencontre de Varsovie, elle le rejoint au château de Finckenstein, en Prusse orientale. Là, pendant trois semaines, ils filent le plus parfait amour. « Elle ne cessa, écrit le valet Constant, de témoigner à Sa Majesté la tendresse la plus vive, comme aussi la plus désintéressée. L'Empereur, de son côté, paraissait parfaitement comprendre tout ce qu'avait d'intéressant cette femme angélique, dont le caractère plein de douceur et d'abnégation m'a laissé un souvenir qui ne s'effacera jamais. Ils prenaient tous leurs repas ensemble ; je les servais seul ; ainsi j'étais à même de jouir de leur conversation toujours aimable, vive, empressée de la part de l'Empereur, toujours tendre, passionnée, mélancolique de la part de madame V. Lorsque Sa Majesté n'était point auprès d'elle, madame V. passait tout son temps à lire, ou bien à regarder, à travers les jalousies de la chambre de l'Empereur, les parades et les évolutions qu'il faisait exécuter dans la cour d'honneur du château, et que souvent il commandait en personne… Son caractère charmait l'Empereur, et la lui faisait chérir tous les jours davantage. »

Enfin père !

Pendant de longues années, Napoléon crut qu'il était stérile. C'est l'une des raisons qui lui firent longtemps différer son divorce avec Joséphine.

Mais en décembre 1806, il a la preuve qu'il peut procréer. Sa maîtresse du moment, Éléonore Denuelle de La Plaigne, dix-huit ans, lectrice de sa sœur Caroline, reine de Naples, met au monde un fils dont la paternité ne fait pas de doute. L'Empereur est averti de la naissance alors qu'il se trouve en Pologne. C'est pour lui un choc. Les deux amants ne sont guère amoureux l'un de l'autre : Napoléon a mis Éléonore dans son lit parce qu'elle lui plaisait, et Éléonore s'est laissé faire par intérêt. Elle racontera même qu'elle avançait en douce les aiguilles de la pendule pour écourter leurs ébats… Depuis, il ne la convoque aux Tuileries que pour de brèves étreintes.

Tout en dotant grassement la mère – il couchera aussi l'enfant, prénommé Léon, sur son testament –, il fait dresser une liste de princesses européennes à marier. Il peut à présent songer à l'avenir de sa dynastie.

Éléonore, qui était divorcée, se remariera deux fois, et Napoléon embrassera une dernière fois son fils au lendemain de Waterloo. Celui-ci mènera une vie de bâton de chaise, dilapidant sa fortune au jeu, et mourra dans la misère en 1881.

Quatre ans plus tard, en 1810, Marie Walewska lui offre une nouvelle preuve de sa capacité à procréer. Elle accouche d'un garçon – Alexandre –, que Napoléon reverra à l'île d'Elbe où, toujours amoureuse, elle viendra le retrouver avec leur fils. Après leur idylle polonaise, il l'avait fait venir à Paris, pour l'installer dans un hôtel particulier quai Voltaire. Il l'y rejoignait parfois et se déguisait pour aller se promener avec elle incognito dans le jardin des Tuileries. Ni mondaine, ni intrigante, ni ambitieuse, ni quémandeuse, elle ne vivait que pour lui et passait ses journées à l'attendre. Elle se remariera avec un général (d'Ornano) qui l'aimait en secret et mourra en couches en 1817. Quant à leur fils, Alexandre Colonna Walewski, il sera sénateur sous le Second Empire et aura pour maîtresse la plus célèbre tragédienne de son temps : Rachel.

On prête aussi à l'Empereur une fille, Émilie, qui serait née quelques mois après la naissance d'Alexandre, d'une certaine madame Pellapra, Lyonnaise mariée à un receveur des finances. Émilie deviendra princesse de Chimay, et ses nombreux descendants n'en démordent pas : Napoléon était son père. Mais les historiens sont beaucoup plus sceptiques : l'Empereur a bien eu une aventure avec sa mère, mais deux ans après la naissance d'Émilie…

« La belle génisse »

En 1810, Napoléon vient enfin de divorcer, après avoir longtemps tergiversé. Il lui faut à présent asseoir sa dynastie et, pour ce faire, s'allier avec une princesse européenne. Il a d'abord jeté son dévolu sur une sœur du tsar, qui s'est dérobée. L'Autriche, qu'il bat à plate couture depuis dix ans sur tous les champs de bataille, dont il a occupé la capitale à deux reprises et qu'il pourrait démanteler si l'envie lui en prenait, lui sacrifie alors l'une de ses filles pour éviter le pire. Le sort tombe sur la toute jeune archiduchesse Marie-Louise, qui, trois mois plus tôt, souhaitait « de tout son cœur » la mort de « l'Ogre corse ».

« Sacrifier », c'est peut-être beaucoup dire. Certes, l'Autriche n'a pas vraiment le choix. Certes encore, les vieilles dynasties européennes – au premier rang desquelles les Habsbourg –, dont le snobisme ne met rien au-dessus de l'ancienneté de leur maison, considèrent Bonaparte comme un parvenu, issu d'une famille obscure et qui, de surcroît, est un enfant de la Révolution. Cette Révolution honnie qui, non contente de vouloir saper les bases de leur pouvoir, a, en plus, coupé la tête de leur prestigieux cousin : Louis XVI, un Bourbon, ce qui se fait de mieux dans le gotha. Mais en même temps, toutes ces vieilles dynasties ne peuvent s'empêcher d'admirer cet homme exceptionnel, ce conquérant digne d'Alexandre et de César, et, au fond, elles seraient toutes prêtes à admettre une nouvelle famille régnante en Europe, celle des Bonaparte. Elles n'ont pas oublié que leurs propres ancêtres, dans des temps reculés – quasi immémoriaux –, ont assis, eux aussi, leur pouvoir sur la force et l'audace.

L'empereur François II se résout donc à donner sa fille. Marie-Louise est une grande oie dodue, un peu grasse, totalement ingénue, voire niaise, qui n'entend rien – et n'entendra jamais rien – à la politique. D'un tempérament passif, docile et lascif. Sensuelle sans le savoir. Pas vraiment jolie, mais appétissante : une blonde au teint rose, presque rougeaud, et à la belle poitrine, avec la lèvre un peu épaisse des Habsbourg, qui n'est pas toujours gracieuse mais peut se révéler utile dans les jeux de l'amour.

Frédéric Masson[1], qui fut au début du siècle dernier le spécialiste incontesté de tout ce qui touche de près ou de loin à Napoléon, en a donné cette description : « À dix-huit ans et demi, Marie-Louise a une belle taille [...], des épaules bien tombantes, un peu fortes, la gorge belle mais grosse ; ses bras tout minces, rouges, contrastent avec l'épaisseur du buste [...]. Le visage vaut par les cheveux blonds, fins et abondants ; les yeux bleus, d'un bleu clair inanimé – faïence –, saillent, à fleur de tête, sur la figure [...], gravée de petite vérole et piquetée de rouge [...] ; le bas est lourd, gourmand, sensuel, avec la lèvre inférieure tombant à l'autrichienne, montrant des dents blanches assez séparées et portées un peu en

1. MASSON, Frédéric, *Napoléon et les femmes*, Paris, France-Empire, 2010.

avant. [...] Des parties de corps d'une nymphe à la Rubens, d'autres d'une enfant à peine formée [...]. »

« C'est une belle génisse », disent les compagnons d'armes de l'Empereur. Elle donnera à Napoléon, il en est sûr, les « bons gros garçons » dont il rêve. Elle voue une adoration à son « cher papa », l'empereur d'Autriche, qui lui a bien recommandé de « faire absolument tout ce que l'empereur Napoléon lui dira, et de lui obéir en tout ce qu'il exigera ».

Le petit nobliau d'Ajaccio, qui n'en revient toujours pas de son destin, est ébloui d'épouser la descendante de Charles Quint. Il bout d'impatience. Il a presque vingt-cinq ans de plus qu'elle, et s'inquiète soudain de paraître vieux et mal dégrossi. Il décide de faire plus attention à l'embonpoint qui le menace. De soigner sa tenue. De prendre des cours de valse et de maintien – avant d'y renoncer, tant il est peu doué. Il prépare sa venue avec fébrilité. Il envoie tous les jours à sa fiancée, en route pour Paris, des lettres, des bouquets, des faisans tirés aux chasses impériales.

Enfin il n'y tient plus, et part au-devant d'elle, sur la route de Soissons. Il a hâte de goûter à sa nouvelle femme. Il a demandé à l'évêque de Nantes s'il pouvait coucher avec elle avant le mariage officiel. Le prince de l'Église a levé toutes ses craintes. Il la rejoint devant l'église de Courcelles et pénètre brusquement dans sa berline, alors que Marie-Louise ne l'attendait pas si tôt.

La suite, c'est lui-même qui la racontera à Gourgaud, son officier d'ordonnance à Sainte-Hélène : « La pauvre enfant avait appris un long discours qu'elle devait me réciter, étant à genoux. Elle ne faisait que le repasser toute la route. J'avais bien envie de la baiser... Je lui dis que quand elle serait seule au lit, je viendrais l'y trouver. Elle me dit que c'était bien. Je vins, elle fit tout cela en riant. C'était une charmante enfant. » Le lendemain, Napoléon écrit à son beau-père : « Elle remplit toutes mes espérances, et depuis deux jours, je n'ai cessé de lui donner et de recevoir des preuves des tendres sentiments qui nous unissent. Nous nous convenons parfaitement. »

Sexuellement, Marie-Louise était douée et comblera Napoléon. « La première nuit, confiera-t-il, elle me disait : "Encore !" [Plus tard], elle rougissait si je lui en parlais, m'affirmait n'avoir jamais dit cela. Elle aimait bien, au reste, avec ses seins, ou de quelque manière, tenter d'éveiller mes sens. » Elle crie de plaisir, ce qui le met en joie.

Il n'y a pas d'amour entre eux, mais une bonne entente sexuelle. De son côté à elle, c'est la découverte du plaisir, et du côté de Napoléon la fraîcheur d'une chair jeune, pleine et complaisante. Il est enchanté. Il la couvre de bijoux hors de prix. Ne se résout pas à la quitter : il annulera même deux départs pour l'Espagne, où la situation militaire est fort inquiétante. Dans les très nombreuses lettres qu'il lui adresse, il lui donne, comme autrefois à Joséphine, du « *mio dolce amore* »… Il en devient exclusif, au point de lui reprocher, alors qu'il est en campagne en Allemagne, de recevoir l'archichancelier (Cambacérès, qui était notoirement homosexuel) tandis qu'elle est encore au lit… Il établit autour d'elle un véritable cordon, interdisant l'accès de sa chambre à tout homme, quel qu'il soit. Il la fait venir en Allemagne, à Mayence, juste pour passer quelques nuits avec elle. « Cela est si doux… », dira-t-il.

S'aiment-ils pour autant ? « Il n'appartient qu'à Dieu de sonder les reins et les cœurs, écrit Louis Chardigny. On peut risquer cependant que Napoléon a éprouvé pour Marie-Louise une affection sans arrière-pensée, et que Marie-Louise n'a jamais aimé Napoléon que charnellement[1]. »

De fait, elle ne se précipitera pas pour le rejoindre à l'île d'Elbe et, pendant les Cent-Jours, elle redevient définitivement autrichienne – jusqu'à remettre aux autorités de son pays natal les lettres non ouvertes que son mari continue de lui envoyer. Elle aura quelques amants, d'autres enfants, alors que Napoléon croyait qu'elle ne pouvait plus en avoir après la naissance du roi de Rome – le futur Aiglon. Elle épousera un obscur officier allemand, le général Neipperg, borgne et insignifiant, et finira duchesse de Parme, toujours aussi indolente, avec quelques kilos en plus…

Quand elle apprend la mort de Napoléon, en 1821, elle se contente de dire : « Je lui aurais désiré encore bien des années de bonheur et de vie, pourvu que ce fût loin de moi. »

Consolations d'exil

Quelques créatures compatissantes viendront adoucir sa solitude de banni. Soit qu'elles fassent le voyage à Elbe, île de la Méditerranée située à une dizaine de kilomètres seulement des côtes italiennes, soit qu'elles

1. Louis Chardigny, *L'Homme Napoléon*.

vivent sur place, à Sainte-Hélène, rocher perdu au fin fond de l'Atlantique sud.

À Elbe, il y eut ainsi une Hispano-Polonaise, qui, plus tard, voulut absolument, mais en vain, partager son sort à Sainte-Hélène (elle alla au Pérou et ouvrit un pensionnat de jeunes filles à Lima...) ; puis l'épouse d'un Grec, puis celle d'un Italien...

À Sainte-Hélène, ce fut le tour d'Albine de Montholon. Une croqueuse d'hommes, femme d'un général qui avait accompagné Napoléon dans son exil, et qui devait, trente ans plus tard, partager une nouvelle captivité avec le futur Napoléon III. L'Empereur déchu, mais toujours auréolé d'une gloire intacte, la mit facilement dans son lit. Courtisane dans l'âme, elle espérait en tirer quelque avantage... Napoléon essaya également de séduire madame Bertrand, l'épouse du grand maréchal, femme splendide mais fidèle, allant même jusqu'à demander à son médecin, Antommarchi, de jouer pour lui les entremetteurs, lui suggérant d'intervenir auprès de Bertrand pour qu'il convainque sa femme. En vain, et il en concevra une colère de satrape frustré.

Pour finir, il se rabattra sur une mulâtresse, du nom d'Esther...

*
**

Chacun juge Napoléon comme il l'entend. Il y a ceux qui sont fascinés par ce destin, cette énergie, cette intelligence hors pair, cet accoucheur de l'Europe moderne. Et ceux qui vomissent le dictateur, l'homme qui mit le continent à feu et à sang, et fut responsable de centaines de milliers de morts.

Au-delà – ou en deçà – de l'homme public, il y a l'homme privé. C'est un être qui ne manque ni de cœur ni de lucidité.

Le cœur : il est arrivé à Napoléon, homme de son temps – un temps où la vie n'avait pas l'importance qu'elle revêt aujourd'hui –, et soldat avant tout, emporté de surcroît par un tempérament impatient, de faire preuve d'insensibilité, voire de dureté. Mais – tous les témoignages concordent – il avait aussi de nombreux retours sur lui-même et s'arrangeait toujours pour dire un mot aimable quand il avait conscience d'avoir été odieux ou blessant. Un jour, en Russie, il blâme durement et publiquement Larrey, le chirurgien en chef des armées, qu'il accuse d'avoir négligé l'approvisionnement en matériel sanitaire. Détrompé par un rapport de Larrey, il lui rend justice le lendemain devant son état-major, lui serre les deux mains et le proclame « l'un des meilleurs serviteurs de l'État ». Une autre fois, pris de colère parce qu'un cheval mal dressé l'a désarçonné, il cingle le piqueur d'un coup de cravache et, quelques heures après, ordonne qu'on lui remettre 2 000 francs. Un jour qu'il a eu en public, à Saint-Cloud, des mots blessants pour la comtesse de Périgord et que celle-ci s'est enfuie en pleurs, il l'invite à sa table et la traite avec beaucoup d'égards. On a mille exemples de cette mansuétude, comme de sa bienfaisance envers les petits. Le cocher César, qui l'a sauvé lors de l'attentat dont il a été victime en 1800 en enlevant prestement les chevaux, un ivrogne notoire, recevra chaque année une gratification de 3 000 francs pris sur la cassette personnelle de l'Empereur. À son plus ancien domestique, un certain Hébert, qui l'a suivi en Italie et en Égypte, il donne la conciergerie du château de Rambouillet, qui comporte de hauts gages, et prend son père comme huissier.

Il en va de même avec les femmes. Il prendra toujours des nouvelles de ses anciennes maîtresses, autant par goût des potins que par souci de leur sort. En 1808, alors que leur liaison est terminée depuis longtemps, il apprend, par un bulletin de police, le nom des amants du jour de Mademoiselle George : Metternich, et deux aristocrates russes. Ça l'amuse... Et s'il apprend que l'une de ses conquêtes est dans la gêne, il ouvre sa cassette sans compter, verse des pensions, place les maris, les fils, les neveux...

Cela ne l'empêche pas, au fond de lui-même, d'avoir un mépris d'acier pour le genre humain. Du fait de sa supériorité, sans doute, mais plus encore à cause des innombrables marques d'intéressement, de servilité et de bassesse dont il est l'objet depuis qu'il est au sommet. Et dont il n'est pas dupe.

Car la lucidité est une autre de ses vertus majeures. La raison en est simple : il sait d'où il vient, et il ne l'oubliera jamais. Il a connu les rebuffades, la précarité, la misère même. Comme il est très intelligent, il sait aussi la part de chance qu'il y a dans tout destin, et ce que son aventure inouïe doit aux circonstances. « Le hasard est la providence des aventuriers », dira-t-il. Ce n'est pas un enfant gâté – ce que furent tous les rois de France. On ne lui a pas seriné dans son enfance qu'il était un dieu vivant, qu'il descendait de l'Olympe et que tout mortel devait s'agenouiller devant lui. Il a conscience de n'être qu'un parvenu et que la roche Tarpéienne n'est jamais loin du Capitole. Tout peut s'écrouler du jour au lendemain. Sur un champ de bataille, à l'issue d'un complot ou sous la dague d'un assassin. Tout est fragile, éminemment précaire. C'est la raison pour laquelle, en pleine campagne de Russie, il rentre précipitamment à Paris, en décembre 1812, laissant là ce qui reste de la Grande Armée : la conspiration du général Malet a rencontré en son absence une complaisance inquiétante, et beaucoup trop de complicités à ses yeux… Son succès ne l'a jamais rendu aveugle.

D'où son indulgence. Malgré le fait qu'il soit sans illusions sur les hommes, il est sans rancune. Le hasard l'a placé, lui, très haut, et d'autres plus bas. Ils pouvaient avoir des mérites, simplement ils n'ont pas eu de chance ou n'ont pas su la saisir. Et Napoléon peut le comprendre.

Cette indulgence se manifeste d'abord à l'égard de sa propre famille, composée pourtant d'incapables voraces – et là, on peut sans doute parler de faiblesse. À l'égard aussi de ses collaborateurs, des plus élevés aux plus humbles, qu'il combla tous d'honneurs et de bienfaits, et qui se révélèrent, pour beaucoup d'entre eux, des ingrats. À l'égard, enfin, des femmes qu'il a connues, pour qui il fut d'une générosité constante. C'est peut-être aussi pour ce trait de caractère, qui ne l'a jamais quitté, même au sommet de sa gloire – outre tous les autres, fascinants –, et que l'on devinait facilement chez l'homme dès qu'on avait un peu d'intimité avec lui, qu'elles l'ont aimé…

BIBLIOGRAPHIE SÉLECTIVE

CHALMIN, Pierre, *Napoléon moraliste*, Paris, Éditions Rémi Perrin, 2001.

CHARDIGNY, Louis, *L'Homme Napoléon*, Paris, Perrin, 2010.

GORDEAUX, Paul, *L'Épopée amoureuse de Napoléon*, Nice, Éditions Alain Lefeuvre, 1978.

MASSON, Frédéric, *Napoléon et les femmes*, Paris, France-Empire, 2010.

MASSON, Frédéric, *Napoléon chez lui*, Paris, Tallandier, 1977.

NAPOLÉON, *Écrits*, présentés par Octave Aubry, Paris, Buchet-Chastel, 1969.

PIGEARD, Alain, *Napoléon amoureux*, Paris, Tallandier, 2007.

ROLIN, Vincent, *La Vie très privée de Napoléon*, Paris, Vuibert, 2005.

TULARD, Jean, *Napoléon. Les grands moments d'un destin*, Paris, Fayard, 2006.

TULARD, Jean (dir.), *Dictionnaire Napoléon*, Paris, Fayard, 1999.

– 6 –

NAPOLÉON III

REPÈRES

20 avril 1808. Naissance à Paris de Louis-Napoléon Bonaparte, deuxième fils d'Hortense de Beauharnais, fille de Joséphine, et de Louis Bonaparte, frère de Napoléon Ier.

1816. Après la chute du Premier Empire, la famille doit s'exiler en Suisse.

1823-1836. Nombreux séjours à Rome et à Londres.

1836. Échec d'une première tentative de coup d'État, à Strasbourg ; exilé aux États-Unis.

1838-1840. Vit à Londres.

1840. Échec de la seconde tentative de coup d'État, à Boulogne ; condamné à la prison à vie ; enfermé à la forteresse de Ham, en Picardie.

1846. S'évade de prison et rejoint Londres.

1848. Élu député triomphalement ; élu à la fin de l'année président de la République.

2 décembre 1851. Coup d'État, massivement approuvé par un plébiscite.

2 décembre 1852. Devient Napoléon III.

1854-1856. Guerre de Crimée.

1859. Victoires de Magenta et de Solférino contre l'Autriche.

1870. Défaite contre la Prusse ; proclamation de la République.

9 janvier 1873. Mort de Napoléon III.

Paris, 6 avril 1857, 3 heures du matin

La porte de l'hôtel particulier, au numéro 28 de l'avenue Montaigne, s'est ouverte sans bruit. Un homme de petite taille en sort, s'arrête sur le seuil, regarde à droite et à gauche. Ayant aperçu le modeste coupé qu'il cherchait, il se dirige vers lui en coiffant son chapeau haut-de-forme, d'une démarche lente, les pieds en dehors, le corps légèrement penché vers la gauche.

« Ah, Virginia, Virginia… », murmure-t-il, en pensant à la femme qu'il vient de quitter, alanguie sous ses draps de satin noir. Au souvenir de ses seins lourds, au galbe parfait, sur lesquels il a posé un ultime baiser avant de s'éclipser, il tortille sa moustache en souriant, comme souvent dans les moments de désir ou de satisfaction. « Elle est vraiment faite comme une déesse… », songe-t-il en s'approchant de la voiture. Et Dieu sait s'il a des points de comparaison !

En entendant son passager arriver, le cocher est rapidement descendu pour ouvrir la portière avant de remonter sur son siège. L'homme, tout à ses pensées, s'engouffre dans l'habitacle, lui jette distraitement : « Aux Tuileries ! », et referme la portière sur lui.

Mais à peine les chevaux ont-ils commencé à s'ébrouer que trois individus, surgissant de l'ombre, se précipitent vers la voiture, avec d'évidentes mauvaises intentions. Le passager ne peut réprimer un mouvement de stupeur. D'habitude, à cette heure avancée de la nuit, l'avenue Montaigne est totalement déserte… À part le policier qui surveille discrètement ses escapades nocturnes, à cent pas de là…

L'un des assaillants n'est plus qu'à trois mètres de lui quand il entend un vigoureux claquement de fouet. C'est le cocher, qui a la présence d'esprit de lancer brutalement ses chevaux pour échapper aux malandrins avant qu'ils saisissent les brides. Sous la douleur, les animaux bondissent, renversant au passage l'un des hommes, et la voiture s'éloigne au galop.

« Il s'en est fallu de peu…, murmure celui qui, une fois de plus, vient d'échapper à une agression. Bah ! Ce n'est ni la première, ni, sans doute, la dernière. »

Le soir même, tout Paris est au courant de l'attentat dont a été victime Napoléon III. Le comte Horace de Viel Castel, familier de la princesse Mathilde – la cousine de l'empereur –, au courant de tous les potins de la cour, note dans ses *Mémoires* : « On s'entretient tout bas d'un événement qui aurait pu avoir les conséquences les plus fatales ; voici ce qui s'est passé… »

La police est sur les dents, tandis que la presse reçoit l'ordre de ne pas ébruiter l'affaire. Il suffira de quinze jours pour identifier les coupables : des patriotes italiens, qui reprochent à Napoléon III de ne rien faire pour sauver leur pays occupé par les Autrichiens…

Les deux obsessions

Ce n'est pas la première fois que l'irrésistible goût de Louis-Napoléon Bonaparte pour les femmes lui fait courir un danger. Il s'en moque. Sa vie entière est dominée par deux passions : le pouvoir, qu'il a toujours été sûr d'obtenir un jour, malgré des échecs à répétition, et le sexe, dont il ne peut pas se passer.

Le pouvoir

Louis-Napoléon est né Bonaparte, un nom magique, un nom qui résonne dans le cœur des Français. L'Empire a beau avoir saigné le pays, avoir été défait à Waterloo, la France a beau avoir été occupée, privée des territoires qu'elle avait gagnés à la Révolution, l'Empereur a beau avoir été proscrit sur une île lointaine, le souvenir de son épopée, à laquelle tous les Français ont participé, de près ou de loin, leur a mis dans l'âme une fierté que rien ne peut dissiper. Vingt ans après sa mort, les cendres de l'Empereur ont été ramenées à Paris, au milieu d'une foule galvanisée : la gloire de l'Empire est devenue un mythe, et le nom de Bonaparte un sésame.

De cela, Louis-Napoléon a toujours été conscient, dès son plus jeune âge. Sa certitude est inébranlable, tout comme sa foi aveugle en son étoile. Pour lui, c'est une évidence : le nom de Bonaparte ne peut pas s'éteindre. Sa famille est faite pour régner à nouveau sur la France, et même sur l'Europe. Peu importe le temps que cela prendra. On lui a souvent rapporté la scène suivante : après Waterloo, sa mère le conduit à Malmaison, où l'Aigle vaincu s'est réfugié. Napoléon, sombre, considère longuement l'enfant à table et dit d'un ton désabusé : « Qui sait ? Cet enfant est peut-être l'avenir de ma race… »

Il le sera. C'est son destin.

Le sexe

Il y a d'abord l'éducation. Comme beaucoup d'hommes qui ont été élevés et choyés par des femmes, Louis-Napoléon aimera toujours leur compagnie. Et qui dit leur compagnie dit leur esprit, leur intuition, leur affection, leur charme… et leur corps.

Il y a ensuite le tempérament. Cet homme est un curieux mélange d'idéaliste et d'égocentrique, de rêveur et de cynique, de romantique et de sensuel. Dans sa jeunesse, il a rêvé du grand amour. Ne le trouvant pas, il l'a remplacé par le sexe.

Il y a enfin la vie que l'on mène. Celle de Louis-Napoléon, avant d'arriver tardivement au pouvoir – à quarante ans bien sonnés – est faite d'exils, d'ennuis d'argent, d'oisiveté. L'érotisme – et bientôt la pornographie – fut alors pour lui le moyen de remplir le vide de son existence et de compenser les vicissitudes qu'il subissait.

Oui, qu'importe cet attentat raté ! Il en a connu d'autres. Et rien ne vaut les bras d'une femme – surtout quand c'est l'une des plus belles d'Europe.

*
**

Louis-Napoléon Bonaparte est le deuxième fils de Louis, frère cadet de Napoléon, et d'Hortense de Beauharnais, la fille de Joséphine. Ce mariage arrangé est un échec total. Louis, bombardé roi de Hollande, est un homme prématurément usé, qui a contracté quelques années plus tôt la syphilis en Italie et ne s'en remettra jamais. Quand il épouse Hortense, c'est déjà une épave, à moitié paralysé, couvert de furoncles, en proie à de profondes crises de neurasthénie. Le militaire prometteur qu'il était est devenu taciturne, maussade, suspicieux. Alors qu'Hortense est charmante, gaie, sémillante, et ne demande qu'à s'amuser.

Le couple ne s'entendra jamais. Hortense aura de nombreux amants, et Louis-Napoléon n'entretiendra avec son père, toujours grognon et critique, que des rapports lointains. D'ailleurs, est-il vraiment son père ? Un doute plane. Lorsqu'il a été conçu, dans les Pyrénées, où Hortense était allée en villégiature pour tromper son ennui, elle était entourée de nombreux soupirants, avec lesquels elle ne se contentait pas de gravir les montagnes… De toute façon, Louis est d'une jalousie maladive : il accusera son propre frère, Napoléon, celui à qui il doit tout, d'avoir couché avec sa femme et d'être le père de leur premier fils…

À la chute de l'Empire, tous les Bonaparte sont obligés de quitter le territoire français. Hortense, séparée de son mari, se réfugie en Suisse, au château d'Arenenberg, avec ses deux fils : l'aîné, Napoléon-Louis, et le deuxième, Louis-Napoléon – c'est le grand homme de la famille qui a choisi le prénom de ses neveux, et tous s'appellent Napoléon… Arenenberg est une demeure romantique et relativement modeste, bâtie en surplomb du lac de Constance, qui deviendra la maison de famille des garçons. Ils y couleront des jours heureux, veillés par une mère aimante. Le cadet est un enfant facile – Hortense l'appelait « Oui-Oui » –, réservé, un peu rêveur. Elle le met entre les mains d'un bon précepteur, fils d'un ancien conventionnel, homme rigoureux et austère qui conciliera à l'égard de son jeune élève fermeté et bienveillance.

Premières armes amoureuses

Pendant son adolescence, Louis-Napoléon fait de fréquents séjours à Rome, où beaucoup de membres de la très nombreuse famille Bonaparte se sont installés. Il y prend le goût des fêtes… et des femmes. Le jeune lord Malmesbury, qui le fréquenta dans la Ville éternelle, le décrit comme un « excellent cavalier et très bon athlète […] au visage grave et mélancolique mais éclairé par un sourire singulièrement brillant ». Louis-Napoléon n'est pas grand – il est même court sur pattes –, mais il a les épaules larges, le tronc fort, le front haut, le visage allongé, les yeux d'un bleu clair, le regard voilé, au fond duquel brille parfois une lueur de désir ou d'amusement, le nez fort et saillant… Sans être un apollon, il ne déplaît pas aux femmes, intriguées par cette personnalité insondable, que l'on devine complexe, mystérieuse et sensuelle.

C'est en Italie qu'il fait son éducation sentimentale – et peut-être sexuelle – et que ses idées politiques commencent à prendre corps. Les deux frères font la connaissance de jeunes libéraux italiens, qui rêvent de délivrer leur patrie du joug autrichien et d'installer la démocratie dans une Italie unifiée. En 1830, une nouvelle fièvre révolutionnaire s'est emparée de l'Europe. En France, elle met définitivement à bas les Bourbons au profit de la dynastie des Orléans, tandis que la péninsule est en proie à une vague d'insurrections. Les jeunes Bonaparte s'enflamment pour le mouvement et font même le coup de feu avec les insurgés. Bientôt recherchés par la police, ils doivent s'enfuir. Mais, en mars 1831, Napoléon-Louis décède brutalement, à vingt-cinq ans, d'une épidémie de rougeole qui sévissait à Forli. Le cadet se rapproche des marches du trône : après le fils de Napoléon Ier et de Marie-Louise – l'Aiglon –, retenu à la cour de Vienne, c'est désormais lui l'héritier de la dynastie. Un héritier qui, pour l'heure, est un fugitif… Sa mère vient le chercher, et ils parviennent à passer la frontière.

Dans les cinq années qui suivent, le jeune prince voyage – en Suisse, en Allemagne, en Belgique, en Angleterre –, menant une triple activité : intellectuelle, politique… et amoureuse. Il lit beaucoup, notamment *Le Mémorial de Sainte-Hélène*, écrit quelques essais – des *Rêveries politiques*, des *Considérations politiques et militaires sur la Suisse* –, rencontre des personnages illustres – Chateaubriand, La Fayette – et se forge une vraie conscience politique. Celle-ci est double, et peut nous paraître aujourd'hui contradictoire. D'une part, la croyance en l'homme providentiel – ce que fut son oncle –, donc au gouvernement d'un seul ; d'autre part, la conviction qu'il est nécessaire de faire participer le peuple à la conduite des affaires – d'où son goût pour le plébiscite – et d'assurer son bien-être –, d'où son intérêt, bien avant qu'il arrive au pouvoir, pour la condition ouvrière et les questions sociales.

Dans une lettre écrite à vingt-six ans à son premier précepteur, il se décrit ainsi : « Je sais que je suis beaucoup par mon nom, rien encore par moi-même ; aristocrate par naissance, démocrate par nature et par opinion ; taxé d'ambition personnelle dès que je fais un pas hors de ma sphère accoutumée, taxé d'apathie et d'indifférence si je reste tranquille dans mon coin. C'est parce que je connais toutes les difficultés qui s'opposeraient à mes premiers pas dans une carrière quelconque que j'ai pris pour principe de ne suivre que les inspirations de mon cœur, de ma raison, de ma conscience [...] m'efforçant ainsi de m'élever assez haut pour qu'un des rayons mouvants de Sainte-Hélène puisse encore m'éclairer. »

Mais il est loin d'être un pur esprit. En Suisse, il s'est rapidement fait une réputation de libertin et de trousseur de jupons, sans considération pour l'origine de ses conquêtes : il court les paysannes du canton comme les dames bien nées, proposant le mariage à une amie de sa mère, ainsi qu'à la jeune veuve d'un planteur qui revenait des îles. Il est dans le domaine amoureux comme dans le domaine politique : oscillant entre des aspirations contraires. Deux hommes qui l'ont très bien connu – Persigny, l'un des complices du futur coup d'État qui enfantera le Second Empire, et l'écrivain Prosper Mérimée, familier des fêtes que l'empereur donnera régulièrement à Compiègne – portent le même jugement. Le premier : « Il était à la fois romanesque et réaliste, il traitait l'amour avec les mêmes contradictions que la politique, tantôt à la façon d'un barde, tantôt en soldat aux volontés impatientes réclamant une satisfaction immédiate. » Le second : « Il s'éprend de tous les chats coiffés, s'imagine que c'est pour toujours, puis n'y pense plus au bout de quinze jours. »

Il a notamment une aventure avec la femme d'un menuisier d'un village voisin d'Arenenberg. Trente ans plus tard, Napoléon III recevra une lettre d'une inconnue, fille de la menuisière, venue lui demander quelques subsides pour émigrer en Amérique. Elle explique dans sa lettre qu'elle n'a jamais eu de doute sur l'identité de son père. Il s'exécutera sans broncher…

Inquiète des foucades de son fils, Hortense se met en tête de lui trouver une femme digne de son rang. Après avoir envisagé plusieurs princesses européennes, le choix se porte sur sa cousine Mathilde, fille de Jérôme Bonaparte, l'ex-roi de Westphalie. Elle vient à Arenenberg. Les deux cousins semblent filer le parfait amour (platonique, cette fois), et les parties s'entendent sur le futur contrat de mariage.

Les frasques sexuelles et sentimentales du fiancé ne le détournent pas pour autant de son obsession : s'emparer du pouvoir, rétablir sa famille sur le trône de France. Depuis la mort de l'Aiglon, en 1832, c'est lui l'héritier de l'Empire, et il se sent investi d'une mission sacrée. Il suit de très près l'actualité française, constate que la fièvre révolutionnaire n'est pas retombée, que le régime de Louis-Philippe n'emballe personne, tandis que s'installe la légende du demi-dieu dont il porte le nom. Il se persuade bientôt qu'il lui suffira d'apparaître en France pour qu'aussitôt ce nom rassemble autour de lui le pays tout entier. Il consulte, conspire, échafaude des plans. Son heure est venue, il n'en doute pas.

En 1836, enfin, une occasion se présente. En octobre, il quitte clandestinement Arenenberg : il ne sera jamais l'époux de Mathilde…

Il a longuement mûri son plan. Il a des amis dévoués prêts à l'épauler. Et surtout, pour réussir le coup de main qu'il projette, il a un atout de cœur : une femme.

Des complots et des femmes

Elle s'appelle Éléonore Gordon, elle est cantatrice à Londres et fut longtemps la maîtresse de Persigny, un aventurier bonapartiste entré dans les bonnes grâces du prince. Celui-ci l'a d'ailleurs brièvement mais intimement fréquentée dans la capitale anglaise, malgré leur différence de taille : elle mesure un mètre quatre-vingt-cinq, et lui un mètre soixante-six...

Les conspirateurs ont jeté leur dévolu sur Strasbourg : l'objectif est de mobiliser les régiments qui s'y trouvent, puis de marcher sur Paris, en ralliant l'armée à eux au fur et à mesure de leur avancée triomphale. Louis-Napoléon, rêveur éveillé, veut refaire le coup du vol de l'Aigle, quand Napoléon Ier, au début des Cent-Jours, avait progressé de ville en ville dans une France qui l'acclamait...

Or, il se trouve que l'un des colonels de la garnison est un homme vaguement bonapartiste, et surtout un grand amateur du sexe faible. Éléonore est chargée de le séduire et de le convaincre de marcher avec eux. Elle est envoyée en éclaireur. Toute dévouée à la cause, elle n'hésite pas à se sacrifier et parvient sans peine à ses fins.

La petite troupe débarque à Strasbourg, Louis-Napoléon en tête, en uniforme d'officier d'artillerie. Mais le général commandant la garnison refuse de marcher dans la combine. En quelques heures, l'affaire tourne en eau de boudin. Les conjurés sont rapidement acculés par la troupe dans une rue étroite et doivent se rendre. Louis-Napoléon, qui essaie de s'enfuir à cheval, est appréhendé et conduit au corps de garde.

Le préfet alerte Paris. Que va faire le pouvoir ? Théoriquement, le prétendant encourt la peine de mort. Mais cette équipée d'opérette suscite plus dc rire que de peur. À Paris, on se gausse de cette entreprise chimérique menée par un garçon lunatique et pas plus dangereux qu'une mouche. « Un enfantillage », dit-on. L'oncle était un géant, le neveu est un guignol. Le roi Louis-Philippe, bon prince, se contente de le mettre dans un bateau en partance pour l'Amérique, tout en lui faisant parvenir de l'argent de poche pour payer la traversée… Preuve que le ridicule non seulement ne tue pas, mais peut aussi sauver.

Louis-Napoléon ne reste que quelques semaines aux États-Unis, avant de cingler pour l'Angleterre… et d'ourdir de nouveaux complots. Tout en menant une vie princière, au milieu des fêtes et des femmes. Il est riche : il a hérité de sa mère, qui vient de mourir. Il fréquente le monde des dandys, les cercles, les théâtres, les champs de courses, les chasses à courre… Mais entre deux danseuses et deux gourgandines, il rencontre aussi des hommes politiques britanniques, des républicains français proscrits, comme Ledru-Rollin et Louis Blanc, et publie un opuscule, *Des idées napoléoniennes*, qui connaît un vif succès.

Car l'échec de Strasbourg ne l'a en rien découragé. Très vite, il médite un second coup. Sur ses propres deniers, il affrète un vapeur, achète mille fusils, des ballots de vivres, des chevaux, fait confectionner des uniformes, imprimer des tracts, et, un matin d'août 1840, s'embarque avec une poignée de bonapartistes fanatiques pour Boulogne.

Revêtus de l'uniforme du 40e régiment d'infanterie, les conjurés débarquent sur la plage et tentent de s'emparer du château. Mais les gardes nationaux ripostent, et ils doivent s'enfuir sous une grêle de balles. Rattrapés dans l'eau alors qu'ils essaient de rejoindre le navire, ils sont tous faits prisonniers, dont Louis-Napoléon, que l'on repêche trempé et grelottant. La deuxième tentative est encore plus pitoyable que la première, et elle a fait deux morts.

Cette fois-ci, on ne rit plus. L'éternel conspirateur sauve à nouveau sa tête, mais pas sa liberté : il est condamné à perpétuité (« La perpétuité, demande-t-il, ça dure combien de temps en France ? ») dans la sinistre forteresse picarde de Ham. Ce n'est pas un cachot – il est quand même prince… –, mais un appartement modeste : trois pièces mal chauffées.

Il va y rester six ans, en compagnie de deux de ses comparses : le comte de Montholon, qui avait déjà partagé l'exil de l'oncle à Sainte-Hélène, et le docteur Conneau, le médecin de sa mère, la reine Hortense.

Que faire ? Comme toujours : lire, écrire, rêvasser, recevoir des visites, monter à cheval dans la cour de la prison… et courir les jupons. Montholon, qui a fait venir sa maîtresse, miss O'Hara, hardie Irlandaise de trente-cinq ans, la cède de temps en temps au prince. À Sainte-Hélène, il avait déjà prêté sa femme Albine à l'Empereur : c'est sa façon d'être bonapartiste…

Il entretient aussi une longue correspondance amoureuse avec une admiratrice. Mais les relations éthérées ne lui suffisent pas. Il sollicite l'autorisation de recevoir quelques dames. Après plusieurs refus, l'administration y consent. Il en a repéré une à portée de main : Éléonore Vergeot, dite Alexandrine, une modeste fille du peuple de vingt-trois ans, qui vient livrer en sabots le linge fraîchement repassé du vieux Montholon. Le directeur de la prison ferme les yeux sur la présence assidue de la « belle sabotière », qui partage bientôt le quotidien du prince. Il lui apprend à lire, et lui fait deux enfants ! Bien des années plus tard, Napoléon III dotera généreusement ses fils et les fera comtes… Pendant les grossesses d'Alexandrine, Louis-Napoléon batifole avec Éléonore Gordon, la fidèle cantatrice qui vient de temps en temps lui rendre visite, ou avec miss O'Hara, qui met à son tour au monde un autre garçon, dont on ne sait s'il est de Montholon ou de lui…

Cependant, son idée fixe ne le quitte pas. En captivité, il écrit son livre le plus célèbre, *Extinction du paupérisme*, dans lequel il fustige l'exploitation des ouvriers et leur vie misérable. Mais pour mettre ses convictions en pratique, il faut être libre. En mai 1846, après avoir longuement mûri son projet, le prisonnier parvient enfin à s'évader dans des conditions rocambolesques : feignant d'être malade et couché, il glisse un mannequin dans son lit, emprunte la tenue d'un maçon (nommé Badinguet, un surnom qui le suivra longtemps), coupe sa moustache, se grime, se met une planche sur l'épaule et une pipe entre les lèvres, passe le poste de garde, monte dans un cabriolet qui l'attendait, et fouette cocher, en route pour Bruxelles, première étape avant Londres…

L'argent de miss Howard

Dans la capitale anglaise, de nouveau, c'est la folle vie. Il court les lupanars, les comédiennes, et accumule les maîtresses, dont la fameuse Rachel, célèbre tragédienne qui adorait les Bonaparte : elle en eut plusieurs dans son lit…

Petits arrangements en famille

Le prince Napoléon-Jérôme, cousin germain de Napoléon III, jaloux et frondeur, lui lança un jour au cours d'une conversation orageuse : « L'Empereur ? Mais vous n'avez rien de lui ! » Sans se démonter, avec sa placidité habituelle, Napoléon III lui rétorqua : « Pardon ! J'ai sa famille… »

Et en effet, de même que les frères et sœurs de Napoléon Ier lui causèrent bien des tracas, la tribu des Bonaparte, faite d'innombrables cousins et alliés, était fort remuante. Tocqueville n'était pas tendre avec eux : « Rien n'était au-dessus de ses familiers, écrit-il en parlant de l'Empereur, si ce n'est sa famille, composée en majeure partie de vauriens et de drôlesses. »

L'un des premiers à qui il a eu affaire est le comte Léon. Fils naturel de Napoléon Ier et d'une lectrice de sa sœur Caroline[1]*, ce bon à rien, fornicateur, joueur, tricheur, voleur, débarque en 1840 à Londres, alors qu'il sort de prison pour dettes, et demande à rencontrer Louis-Napoléon. Celui-ci faisant la sourde oreille, l'autre, froissé, ne trouve rien de mieux que de le provoquer en duel. Ils se retrouvent donc sur le pré, mais la police surgit, interdit*

1. Voir p. 269.

la confrontation, et les deux cousins se séparent. Ils ne devaient jamais se revoir.

Le deuxième est le comte Walewski, dont nous aurons l'occasion de reparler[1].

Autre bâtard : Auguste de Morny, fils d'Hortense et du comte de Flahaut, lui-même fils naturel de Talleyrand. Napoléon III entretint toujours des rapports ambigus avec ce demi-frère intelligent mais cynique, fin politique mais affairiste, habile diplomate mais joueur. « Il a les manières du monde et les mœurs de la roulette », disait de lui Victor Hugo. À vrai dire, ils ne s'aiment pas trop, mais ils ont besoin l'un de l'autre. Morny fut l'un des artisans du coup d'État qui devait établir l'Empire, et poussera plus tard Napoléon III à libéraliser le régime.

Il n'était jamais fait allusion à leur mère commune, mais Morny, que Napoléon III fera duc – par esprit de famille –, arborait parfois un hortensia à sa boutonnière, et avait fait accrocher aux murs de son hôtel particulier de grands portraits de Flahaut et de la reine Hortense… Outre leur génitrice, ils avaient un autre point commun : ils étaient aussi obsédés et coureurs l'un que l'autre. Ils partagèrent de nombreuses maîtresses – dont la comédienne Rachel et la prostituée de luxe Cora Pearl ; Napoléon III eut une aventure avec la comtesse Le Hon, maîtresse attitrée de Morny, et peut-être même avec sa femme, la princesse Troubetskoï, troublante beauté russe…

Voici enfin Napoléon-Jérôme, dit « Plon-Plon », trublion vaniteux et sanguin, querelleur et encombrant, héritier

1. Voir encadré p. 316.

du trône jusqu'à la naissance du prince impérial. Il ressemble physiquement au grand homme de la famille et s'estime beaucoup plus capable de régner que son cousin. Jacobin et anticlérical, c'est l'homme de gauche de la famille. L'État lui verse une pension de 5 millions d'euros par an, ce qui lui suffit à peine pour entretenir ses nombreuses maîtresses. À Londres, il a enlevé Rachel à son cousin, sans que celui-ci, d'ailleurs, ne s'en émeuve outre mesure. À Paris, il mène une vie tapageuse, scandaleuse, s'affichant sans vergogne au bras de cocottes ainsi que dans les bordels de la capitale. Son mariage avec la fille du roi d'Italie ne changera rien à ses habitudes. Viel Castel, qui le déteste, en dit pis que pendre dans ses Mémoires. Il restera toujours dans l'opposition au régime, qu'il juge trop conservateur : une opposition hargneuse et malfaisante…

Outre Walewski, Rachel eut donc aussi pour amant le prince Napoléon-Jérôme, dit « Plon-Plon », autre cousin, et le futur duc de Morny, fils naturel d'Hortense, donc demi-frère de l'empereur : tout cela restait en famille (pour être objectif, elle eut aussi comme amant le prince de Joinville, l'un des fils de Louis-Philippe…). Bien des années plus tard, elle donnera même des cours de maintien à l'impératrice Eugénie…

Mais la rencontre déterminante, celle sans laquelle Louis-Napoléon n'aurait jamais régné sur la France, s'appelle miss Howard.

Quand il la croise chez lady Blessington, Elizabeth-Ann Howard a vingt-quatre ans. Cette fille de bottier

(« une tête de camée antique sur un corps grec »), qui voulait être comédienne, s'est vite aperçue qu'elle vivrait beaucoup mieux en se faisant entretenir par quelques riches amants. Elle est alors entrée dans le monde de la galanterie de haut vol. Après avoir essoré plusieurs victimes, dont un maquignon, elle a mis le grappin sur un officier, gentleman aussi généreux que fortuné, qui lui fait mener grand train après qu'elle lui eut donné un fils. Elle saura faire fructifier habilement les dons de son amant et se trouve, quand elle rencontre Louis-Napoléon, à la tête d'un joli magot.

Cela tombe bien, car lui est quasiment ruiné. Comme certaines Anglaises excentriques, miss Howard voue un culte à Napoléon Ier, et le neveu en profite. Il s'installe dans son hôtel particulier, et va se faire entretenir pendant des années. Ils forment bientôt un vrai couple, même s'il continue de tromper, par habitude, celle qu'il appelle sa « douce hôtesse ». Notamment avec des prostituées, dont il a toujours été grand amateur. Il a ses habitudes dans un appartement de Regent Street, où deux jeunes filles, Betsy et Helen, qui se prétendent sœurs, lui font le meilleur accueil. Le prince est d'une telle vigueur qu'une de leurs amies se joint parfois à elles…

Miss Howard ne sera pas seulement une sorte d'épouse morganatique et complaisante, c'est elle qui va lui permettre de réaliser enfin le rêve de sa vie : rentrer dignement en France, non plus comme un proscrit, mais comme un vainqueur.

En février 1848, nouvelle révolution : la monarchie de Juillet, à la surprise générale, est balayée. S'ensuit une époque confuse, au cours de laquelle la république s'installe par effraction, alors que le pays est profondément conservateur et n'aspire qu'au retour à l'ordre. Depuis Londres, Louis-Napoléon suit de très près les événements. Plusieurs fois tenté de débarquer sans crier gare, il prend son mal en patience : échaudé par ses expériences malheureuses, il entend cette fois-ci agir à coup sûr. En attendant, grâce à l'argent de miss Howard, qui lui consent des prêts importants, il entretient dans le pays une propagande très active.

Aux élections législatives de juin, il est triomphalement élu député dans quatre départements[1]. Cette fois-ci, la magie du nom a joué à plein – aidée par la propagande. Pour la première fois, il peut fouler le sol de France sans craindre d'être poursuivi. Et le miracle se poursuit : en décembre, le nouveau député est élu président de la République !

Il y a mille raisons politiques à cela, mais aussi le fait que tout le monde l'a sous-estimé. La première fois qu'il prit la parole à l'Assemblée, ce fut pour ânonner un discours tout fait, d'une voix traînante et avec un accent suisse. Ses pairs étaient consternés. D'autres, au contraire, se frottaient les mains. « C'est un crétin, qu'on mènera avec de l'argent et des femmes », jubilait Thiers.

Charles de Rémusat, parlementaire aguerri, en dresse un portrait peu flatteur : « Le prince a un long visage et des traits lourds, un teint livide et maladif, un grand nez de perroquet, une bouche gâtée comme tous les Beauharnais, point de regard [...]. Une démarche molle

1. Jusqu'à la loi du 17 juillet 1889, votée après l'élection du général Boulanger qui faillit mettre à bas la IIIe République, on pouvait être candidat à la députation dans plusieurs circonscriptions.

et comme embarrassée dans les reins ; un son de voix sourd et nasillard, une manière de parler froide et monotone. [...] Il a l'air d'un homme bien élevé mais étranger, empesé et gauche. »

Même son demi-frère Morny n'est pas tendre : « Il avait les idées qu'on prend naturellement dans un exil prolongé, une espèce de libéralisme sentimental naturel aux proscrits, mais avec lequel on ne conduit pas longtemps un gouvernement. »

Tocqueville, plus fin, qui sera un temps son ministre, écrira plus tard : « Louis-Napoléon avait, comme homme privé, certaines qualités attachantes : une humeur bienveillante et facile, un caractère humain, une âme douce et même assez tendre [...] une parfaite simplicité, une certaine modestie pour sa personne au milieu de l'orgueil immense que lui donnait son origine. [...] Sa dissimulation, qui était profonde comme celle d'un homme qui a passé sa vie dans les complots, s'aidait singulièrement de l'immobilité de ses traits et de l'insignifiance de son regard : car ses yeux étaient ternes et opaques [...]. Très insouciant du danger, il avait un beau et froid courage dans les jours de crise et, en même temps, était fort vacillant dans ses desseins. [...] Il avait, dit-on, été très adonné aux plaisirs vulgaires, et peu délicat dans le choix. [...] Son intelligence était incohérente, confuse, remplie de grandes pensées mal appareillées qu'il empruntait tantôt aux exemples de Napoléon, tantôt aux théories socialistes, quelquefois aux souvenirs de l'Angleterre où il avait vécu [...]. Il était naturellement rêveur et chimérique. Mais quand on le forçait de sortir de ces vagues et vastes régions, [...] son esprit [...] se trouvait capable de justesse, quelquefois de finesse et d'étendue, et même d'une certaine profondeur [...]. On peut dire, au demeurant, que ce fut sa folie plus que sa raison qui, grâce aux circonstances, fit son succès et sa force [...]. S'il avait une sorte d'adoration abstraite pour le peuple, il ressentait très peu de goût pour la liberté. [...] Lui-même, à travers ses bonnes manières, laissait percer quelque chose qui sentait l'aventurier et le prince de hasard[1]. »

C'est Victor Hugo, qui lui a fait des offres de service avant de devenir son ennemi le plus acharné, qui aura le dernier mot : « Les chefs de la droite disaient volontiers de Louis Bonaparte : c'est un idiot. Ils se trompaient. Certes, ce cerveau est trouble, ce cerveau a des lacunes, mais on peut y déchiffrer par endroits plusieurs pensées de suite et suffisamment enchaînées. [...] Il sait ce qu'il veut, et il y va. »

En vérité, le nouveau président de la République se moque de tous ces jugements – d'autant qu'il a joué le benêt pour endormir les autres. Il est en train d'atteindre son rêve – le pouvoir, enfin ! – et continue de conter fleurette à droite et à gauche.

Mais un président de la République ne peut décemment pas vivre à l'Élysée avec sa maîtresse – malgré tout le désir qu'elle en a. Il a déjà eu le tort d'exhiber miss Howard à l'Opéra, couverte de diamants, de faire des promenades à cheval avec elle dans le bois de Boulogne, de l'emmener dans des voyages en province en la logeant dans la même demeure que lui, ce qui a fait grincer des dents... Elle acquiert donc un petit hôtel particulier à deux pas, rue du Cirque. Le prince-président la rejoint le soir par une petite porte du jardin ; ils reçoivent

1. Alexis de Tocqueville, *Souvenirs*, Paris, Calmann-Lévy, 1893.

quelques invités dans une atmosphère détendue, devisent de tout et de rien. Son chien – un petit beagle blanc et brun que Louis-Napoléon adore, adopté en captivité et nommé « Ham », comme la citadelle où il croupissait – reste fidèlement à ses pieds ou sur ses genoux. Puis, les invités partis, le prince demeure chez sa miss pour la nuit, en lui promettant, sur l'oreiller, que bientôt elle aura toute sa place au palais...

Cela ne l'empêche pas de recevoir dans la journée de nombreuses dames à l'Élysée : des actrices, des marquises, la fille d'un charcutier, Alice Ozy, modèle du peintre Théodore Chassériau, et jusqu'à la maîtresse officielle de Morny – dont il fera plus tard son principal ministre –, la ravissante comtesse Le Hon, la femme de l'ambassadeur de Belgique. Nombreux sont les témoins qui, ayant rendez-vous avec le Président, ont croisé dans un petit salon ces jeunes femmes qui s'éclipsaient dans un frou-frou évocateur… Félix Baciocchi, un vague cousin nommé grand chambellan et surintendant des spectacles, qui avait lui-même attrapé une fâcheuse maladie avec une beauté exotique, lui servait de rabatteur et d'organisateur de ses rendez-vous galants. Avec d'autres : son directeur de cabinet, Jean-François Mocquard, et le responsable de sa sécurité rapprochée, le commissaire Alphonse Hyrvoix…

Enfin empereur !

Ces gaudrioles ne lui font pas oublier l'essentiel : le rétablissement de la monarchie. Mais l'Assemblée y est résolument hostile. Elle refuse même de réviser la

Constitution, ce qui permettrait de rendre Louis-Napoléon rééligible. Dès lors, aux yeux du prince, il n'y a plus qu'une solution : un coup d'État. Il va le fomenter en douce – en fumant cigarette sur cigarette – avec sa garde rapprochée : Morny, Persigny, Saint-Arnaud, plus quelques complices qu'il nomme à des postes clés, comme le général Magnan, commandant des troupes de la capitale, ou Maupas, promu préfet de police de Paris.

Mais monter un coup d'État coûte cher, ne serait-ce que pour acheter quelques consciences. Une fois de plus, ce sont des femmes qui vont le financer : miss Howard, toujours elle, avance en espèces 200 000 francs (2 millions d'euros) ; la comtesse Le Hon, 450 000 francs (près de 5 millions d'euros) ; la marquise Campana, que Louis-Napoléon avait bien connue à Londres, près de 40 000 francs (400 000 euros). Mathilde, l'ancienne fiancée, y va aussi de son obole…

L'opération, baptisée « Rubicon », a lieu le 2 décembre 1851. La date n'a pas été choisie au hasard : c'est celle d'Austerlitz, et du sacre de l'oncle… À l'aube, les troupes de Saint-Arnaud, ministre de la Guerre, prennent possession de la capitale et procèdent à l'arrestation de nombreux parlementaires, tandis qu'un « appel au peuple » du prince-président est placardé sur les murs. Dans les quarante-huit heures qui suivent, trente mille soldats sont déployés dans Paris et matent sans pitié les rares mouvements insurrectionnels. On dénombrera quelque quatre cents tués. En province, trente-deux départements sont mis en état de siège, et vingt-sept mille personnes arrêtées (des milliers seront déportées).

Le peuple, qui n'aspire qu'à l'ordre – et notamment l'immense masse paysanne –, ne bronche pas. Mieux encore : lors du plébiscité organisé les 20 et 21 décembre, il approuve le changement de Constitution par 90 % des voix ! Dès lors, on se dirige doucement mais sûrement vers l'Empire. Le président signe « Louis-Napoléon », et se laisse appeler « Altesse impériale ». En novembre, un nouveau plébiscite, approuvé encore une fois à 90 %, rétablit la dignité impériale. L'ancien proscrit devient Napoléon III.

Eugénie : jamais avant le mariage !

Le nouvel empereur, qui songe sérieusement à se marier, en pince pour mademoiselle de Montijo. La jeune comtesse de Teba est issue d'une grande famille espagnole, cousine des ducs d'Albe et de Ferdinand de Lesseps, le futur « perceur » du canal de Suez. Vive, passionnée, elle est d'une distinction naturelle et d'une singulière beauté : des cheveux blonds tirant sur le roux, le teint pâle, les yeux bleus peints au crayon noir, un beau décolleté… Mais elle n'a aucunement l'intention de se laisser traiter comme les autres : « Le chemin de mon lit passe par la chapelle », dit-elle à Napoléon III lorsqu'il devient pressant. Il fait mine d'acquiescer, tout en essayant quand même de devancer l'appel. Il l'invite à une réception au château de Compiègne et, la première nuit, se glisse dans sa chambre par une porte dérobée qu'il a fait ouvrir quelques jours plus tôt. Comme il tente d'obtenir par la force ce qu'il n'a pas réussi par la persuasion, Eugénie ne se démonte pas et lui administre un coup mal (ou plutôt, bien) placé. L'empereur repart la queue basse…

Mais son désir ne faiblit pas, et il se persuade bientôt qu'il est amoureux. Puisqu'elle le veut, il l'épousera.

Cependant, miss Howard ne désarme pas et use du chantage pour parvenir à ses fins : elle menace de rendre publiques les lettres qu'il lui a écrites pendant les six années de leur liaison. Une semaine avant son mariage avec Eugénie, Napoléon III passe la nuit chez la belle Anglaise – qui ignore tout de ses intentions – et lui demande de se rendre à Londres pour récupérer des documents qui pourraient être compromettants pour lui. Arrivée au Havre, elle découvre dans le journal l'annonce officielle des fiançailles de l'empereur des Français avec mademoiselle de Montijo. Furieuse, elle regagne Paris, pour s'apercevoir qu'en son absence son hôtel a été fouillé de fond en comble et que la correspondance amoureuse de Louis-Napoléon a disparu ! Celui-ci a en effet envoyé la police la récupérer…

Elle le somme alors de venir s'expliquer. Il la rejoint, lui explique, en effet, qu'il n'est pas libre de son destin, lui rembourse largement les sommes qu'elle lui avait prêtées (elle recevra près de 5,5 millions de francs, soit près de 60 millions d'euros…), lui offre un château près de Marly-le-Roi et la fait comtesse de Béchevet. Ils retombent dans les bras l'un de l'autre…

Au début, Napoléon III est sincèrement épris de sa femme et lui restera fidèle six mois. Eugénie est belle et attirante, incontestablement, mais l'amour la dégoûte. « Quelle saleté ! lâche-t-elle quelques jours après son mariage à une amie d'enfance. Dire que tous les hommes ne pensent qu'à ça… » Quelques années plus tard, à la princesse Murat qui lui confiait son hésitation à épouser un homme beaucoup plus âgé qu'elle, elle lancera : « Bah ! Ne vous en faites pas pour cela ! Qu'importe qu'un homme soit beau ou laid, puisque au bout d'une semaine, c'est toujours la même chose ! »

Napoléon III, en effet, ne pense qu'à ça : dames d'honneur, femmes du monde, comédiennes, danseuses, soubrettes, aventurières, prostituées… le ballet ne s'arrête pas. Même des revenez-y avec miss Howard. Sa réputation est si bien établie qu'un soir à l'Opéra le roi de Piémont, Victor-Emmanuel (« un véritable sous-officier, juge Viel Castel ; il en a le ton et les manières ; il fréquente beaucoup les filles… Il nomme les femmes les plus considérables de Turin en disant : "Celle-là a couché avec moi !" »), apercevant une danseuse qui lui plaît, se tourne sans gêne vers l'empereur et lui demande : « Combien coûterait cette petite fille ? » Hypocritement, Napoléon III, qui connaît parfaitement le tarif, répond : « Demandez à Baciocchi ! »

Une robe trompeuse…

L'anecdote est à prendre avec des pincettes. Mais elle est fort amusante…

Le mieux est de citer l'auteur, Michel de Decker : « Un soir, sa folle envie de toujours visiter de nouveaux vergers avait failli lui jouer un tour pendable. Lors d'un raout passablement arrosé, traversant un salon obscur et apercevant une silhouette féminine alanguie sur un divan, il n'avait pu résister à l'envie de s'approcher, de relever la robe à gestes menus, et de glisser lascivement sa main sur la jambe qui se trouvait là. La pénombre aidant, il allait commencer de s'aventurer en amont quand un grognement sourd et viril l'avait soudain dissuadé de pousser plus loin ses privautés.

Il avait alors hâtivement pris la poudre d'escampette.

Renseignements pris auprès d'un de ses valets, il fut stupéfié d'apprendre que le mollet qu'il avait caressé appartenait à l'évêque de Nancy qui s'était benoîtement endormi sur une ottomane[1]*... »*

Virginia, la Castiglione

Au dire de tous les témoins de l'époque, Virginia Oldoïni, comtesse de Castiglione, est la plus belle femme de son temps. Une lourde chevelure sombre, des yeux vert foncé et velouté, un petit nez mutin, des traits d'une régularité romaine, une bouche de rêve s'ouvrant sur des dents parfaites, une gorge rebondie, une taille de nymphe, une chute de reins troublante. Et elle le sait. Rien ne compte, à ses propres yeux, que son incomparable beauté, devant laquelle, estime-t-elle, le monde entier doit s'incliner. Elle n'a que dix-huit ans, mais elle est snob, prétentieuse, hautaine, ne sourit guère et ne s'adresse qu'aux hommes – quand elle daigne s'exprimer. De préférence aux grands de ce monde, qui ont alors droit à ses faveurs : le futur roi d'Italie, le prince Poniatowski, le prince de La Tour d'Auvergne... Dans

1. Michel de Decker, *Napoléon III ou l'Empire des sens.*

les dîners, elle rit d'une façon égrillarde aux propos un peu lestes – d'un rire de gorge qui en émeut plus d'un. Son mari, qu'elle trompe abondamment, l'ennuie. En quatre ans, le train qu'elle mène à Paris le ruinera. Au départ, sa fortune était pourtant de 70 millions d'euros…

On sait maintenant, sans l'ombre d'un doute, qu'elle a été chargée par son cousin Cavour, le Premier ministre de Victor-Emmanuel, de séduire l'empereur pour faire avancer la cause de l'unité italienne. « Réussissez, ma cousine, par les moyens qu'il vous plaira, mais réussissez. » Et de fait, Napoléon III entrera en guerre contre l'Autriche et sera l'artisan de la création de l'Italie. La comtesse de Castiglione s'en attribuera tout le mérite. N'exagérons rien, l'empereur s'est lancé dans l'aventure italienne pour bien d'autres considérations : la fidélité au principe napoléonien des nationalités, le souvenir de sa jeunesse proche des carbonari, le désir de jouer un rôle majeur en Europe, la perspective d'agrandir le territoire français de Nice et de la Savoie… Les beaux yeux – et surtout les beaux seins – de Virginia ne furent que la cerise sur le gâteau.

Il la croise pour la première fois – alors qu'Eugénie est enceinte – à un bal chez la princesse Mathilde. Une deuxième fois au Palais-Royal, dans l'escalier de son oncle Jérôme Bonaparte. « Vous arrivez bien tard, madame ! – C'est vous, Sire, qui partez bien tôt ! » À un grand bal qu'il donne aux Tuileries, elle apparaît dans une somptueuse robe de soirée bleu argent. Un murmure d'admiration salue son arrivée. Pendant toute la soirée, l'empereur n'a d'yeux que pour elle.

Ils se revoient en privé. Virginia ne cède pas encore. Elle tient un journal codé dans lequel elle note par le menu son emploi du temps et toutes ses rencontres. Quand son partenaire se contente de l'embrasser, elle fait suivre son nom de la lettre B. Quand il va plus loin, il a droit à un BX. Et quand il l'honore, à un F. Le 9 novembre 1855, Victor-Emmanuel vient lui rendre visite. Le lendemain, elle inscrit plusieurs F à la suite de son nom. Ce qu'elle ignore encore, c'est que le roi lui a laissé un souvenir fâcheux : une maladie vénérienne…

En juin 1856, Napoléon l'invite à une fête champêtre à Villeneuve-l'Étang. Et là, sous les yeux de tous, et notamment de l'impératrice, ils montent tous deux dans une barque décorée de lampions vénitiens, avant de disparaître pendant deux heures. Eugénie, à qui rien n'a échappé, est prise d'un malaise. Horace de Viel Castel note : « La comtesse de Castiglione s'est longtemps égarée dans une île placée au milieu du petit lac avec l'empereur ; elle en est revenue, dit-on, un peu chiffonnée. » Dans le journal de Virginia, l'empereur eut droit à de nombreux F…

Elle devient la reine de Paris. Lors d'un bal au ministère des Affaires étrangères, elle apparaît vêtue d'un costume extravagant parsemé de cœurs, la gorge dénudée. Viel-Castel en profite pour admirer ses beaux seins… Napoléon III est là, tournant autour d'elle sous un domino qui ne trompe personne : on le reconnaît à sa démarche lente et de côté, et à sa manie de tirer sa moustache en parlant… Leur liaison fait jaser. L'empereur la reçoit dans son cabinet des Tuileries, qu'il a fait interdire à tout le monde, même à l'impératrice. Il ne sait plus cacher son désir. Au cours d'un spectacle donné à Compiègne, apercevant la comtesse qui se lève soudain et s'éclipse, il tortille sa moustache et en fait de même, abandonnant là, au vu de tous, la pauvre Eugénie. Il la couvre de bijoux. La duchesse de Dino note que « l'empereur a donné dernièrement à madame de Castiglione une émeraude de 100 000 francs (un million d'euros), la plus belle qui existe ». Il la pensionne grassement : la princesse Mathilde, restée très proche de son ancien fiancé, affirmera plus tard qu'il lui versait 400 000 francs (4 millions d'euros) par mois…

Cette liaison va durer deux ans – ce qui est un record pour l'empereur. Il est vrai que ni l'un ni l'autre ne seront très fidèles. En raison d'une part de leur tempérament volage, d'autre part de la probable frigidité de Virginia. Elle est belle à damner, mais guère sensuelle. Le général Estancelin, l'un de ses amants, l'appelait « femme de marbre ». Et Napoléon III, qui a trente ans de plus qu'elle, ne vibre plus qu'aux femmes expertes. Ce qui est le cas, notamment, d'une autre Italienne, la comtesse Walewska, la femme de son cousin. Le mari est d'une complaisance totale[1], et elle parfaitement cynique : alors que sa liaison avec l'empereur commence à s'ébruiter, elle va trouver l'impératrice et lui dit : « Je me vois forcée de demander à Votre Majesté de ne plus m'inviter à ses soirées particulières, car dans le monde on m'accuse d'être la maîtresse de l'empereur, et je ne veux pas que cette calomnie me nuise dans l'esprit de Votre Majesté ;

1. Voir encadré ci-après.

qu'Elle m'éloigne donc de sa personne jusqu'à ce que tous ces vilains bruits soient apaisés. » Très émue par cette noblesse d'âme, Eugénie se lève, la prend dans ses bras, et en fera une de ses intimes…

Un époux très compréhensif

Le comte Walewski, enfant naturel que Napoléon Ier a eu avec Marie Walewska, est un personnage plutôt falot. Sa naissance lui vaudra une belle carrière sous le Second Empire – il sera sénateur et même ministre des Affaires étrangères. Il aura une longue liaison avec la comédienne Rachel, qui lui donnera un fils. Mais il a surtout une femme pimpante, Marie-Anne, qui deviendra la maîtresse de l'empereur. Y voyant son intérêt, il fut d'une complaisance sans borne. Un témoin rapporte qu'un jour le comte et lui se trouvent dans une pièce précédant la chambre de l'empereur. Surgit alors son directeur de cabinet, qui, ayant des choses urgentes à dire à son maître, pénètre dans la chambre. Les deux visiteurs aperçoivent alors très distinctement Marie-Anne et Napoléon III en pleine action. Imperturbable, Walewski fait celui qui n'a rien vu… La princesse Mathilde raconte une scène semblable qui s'est déroulée dans un train en partance pour Compiègne. Une partie de la cour est là, dans le wagon impérial divisé en deux compartiments. L'impératrice avec sa suite – dont Walewski – est dans l'un d'entre eux, l'empereur avec Marie-Anne dans l'autre. Mais le mouvement du train fait battre la porte de séparation, et tout le monde peut apercevoir l'empereur à cheval sur les genoux de Marie-

Anne, en train de l'embrasser à pleine bouche et de plonger la main dans sa poitrine… Walewski ne broncha pas.

Le calcul était bon : outre la gratitude de Napoléon III, qui le bombardera ministre à plusieurs reprises, Walewski y gagnera une vaste propriété dans les Landes, d'un revenu annuel de plus de 2 millions d'euros…

Pour ses autres « petites distractions », l'empereur a fait louer, sous des prête-noms, plusieurs appartements dans Paris – dont l'un, rue du Bac, constamment gardé par des policiers aux ordres du chef de la sécurité impériale – qui lui permettent de recevoir les femmes qu'il désire. Tout lui est bon : du tout-venant comme des morceaux de choix. Lasse d'être sans cesse bafouée, Eugénie fugue régulièrement, pour de longs séjours en Espagne, en Angleterre, en Allemagne, sur la côte basque…

Quant à Virginia, toujours à court d'argent, elle monnaie son corps auprès de riches prétendants. Elle se donne ainsi au baron James de Rothschild et à un vieil Anglais richissime, lord Hertford, moyennant un million de francs (10 millions d'euros…) pour une seule nuit (d'après Viel Castel, repris par l'historien Georges Poisson). Sans toujours honorer ses promesses : le banquier Laffitte, qui rêvait de la mettre dans son lit et lui octroiera plusieurs prêts pour un montant total de 5 millions d'euros, ne verra jamais les pieds de la comtesse et récupérera à peine la moitié de son argent…

La rupture est consommée après l'attentat de l'avenue Montaigne, fomenté par un patriote italien, car la police se méfie de la Castiglione. L'empereur lui ordonne alors de quitter le territoire français. Virginia retourne en Italie.

Elle tentera pendant des années, mais en vain, de rentrer en grâce auprès de lui. À la chute de l'Empire, elle regagne Paris et s'y installe définitivement (place Vendôme). Elle y vivra recluse jusqu'à sa mort, buvant du champagne tous les jours, recevant de temps à autre quelques admirateurs dans une chambre tendue de glaces, perdue dans un délire narcissique, se faisant photographier sous toutes les coutures, et rêvant sans cesse à son heure de gloire… Certains historiens pensent qu'elle a eu un enfant de Napoléon III – qui deviendra un dentiste réputé et, jusqu'à sa mort, un familier de l'impératrice. Ce n'est pas sûr, mais avec lui, qui en a semé partout, il ne faut rien exclure…

Jusqu'à la fin…

Après le départ de Virginia, la fête continue. Au sens propre du terme : tous ceux qui ont laissé des Mémoires racontent le tourbillon des bals et des réceptions. Aux Tuileries, chez les ministres et les sénateurs, chez les duchesses de Morny, de Bassano, de La Pagerie, d'Albe, chez la comtesse Walewska… l'Empire s'amuse.

Napoléon III en tête, qui profite de ces mondanités pour aller à la pêche. Il aura une aventure avec la courtisane Cora Pearl, qui avait aussi été la maîtresse de son oncle Jérôme, de son cousin le prince Demidoff, de son demi-frère Morny, avant d'être celle de Bismarck. Un soir, devant une trentaine de convives, elle apparaît nue, sur un plateau d'argent garni de violettes…

Avec Marguerite Bellanger, ancienne couturière devenue comédienne et courtisane, fille du peuple gouailleuse et indiscrète, il se fit « pincer » bêtement – c'est le cas de le dire…

Un petit cocker bien gênant

À près de soixante ans, Napoléon III eut une liaison suivie avec l'une des lionnes du Second Empire, la piquante Marguerite Bellanger, dite Margot, de trente ans sa cadette. Elle le rejoignait partout où il se rendait : à Biarritz, à Plombières, à Vichy…

Dans cette dernière ville, où il était venu prendre les eaux en compagnie de l'impératrice, il l'installa dans un petit pied-à-terre, non loin du chalet où résidait le couple impérial. Il filait régulièrement la retrouver.

Un soir qu'il se promenait sur la place de la ville au bras d'Eugénie, un petit cocker noir surgit soudain à toute allure et se mit à tourner autour de lui en aboyant joyeusement. Chaque fois que l'empereur se baissait pour tenter de le repousser, l'autre se mettait à lui manifester les plus grands signes d'amitié et lui léchait les mains avec affection…

« Cet animal semble bien vous connaître, dit Eugénie d'un air soupçonneux. – Mais pas du tout, vous savez comme j'aime les chiens, il a dû le sentir… »

En vérité, ce petit chien le connaissait en effet fort bien : c'était celui de Margot, et cela faisait des mois qu'il assistait à tous leurs ébats.

Eugénie ne mit pas longtemps à apprendre l'identité du cocker. Et s'il était là, c'est que sa maîtresse n'était pas loin…

Elle fit une scène épouvantable à son mari. Pour la

première fois, celui-ci dut reconnaître ses infidélités. Eugénie exigea des noms. Piteux, il lui en donna. Elle découvrit alors l'étendue de son infortune. Le soir même, elle quittait Vichy, où elle ne remettrait jamais les pieds.

C'est Marguerite Bellanger elle-même qui raconte cette historiette, dans ses Confessions, *mémoires anecdotiques, publiées vingt ans plus tard.*

Ravi des prestations de Marguerite, Napoléon III lui envoie un jour ce billet, signé N. : « Chère belle, venez me voir lundi à 8 heures où vous savez. Nous ne resterons pas longtemps. Comme je veux vous voir chez vous, je vous conduirai dans une charmante villa que j'ai achetée et fait meubler à votre intention. » Il s'agit en fait d'un hôtel particulier dans l'un des beaux quartiers de la capitale. En 1864, elle lui donne un garçon – à moins que ce ne soit celui de Valentine Haussmann, la fille du préfet qui reconstruisit Paris. Quelques mois plus tard, en pleins ébats amoureux, Napoléon III a une crise cardiaque chez elle. Eugénie, bouleversée et furieuse, débarque chez Marguerite et lui lance : « Mademoiselle, vous êtes en train de tuer l'empereur ! »

L'empereur, en effet, n'est plus jeune. La captivité, les soucis du pouvoir et ses frasques sexuelles ont profondément détérioré sa santé. Il a le teint jaune, s'est tassé et a pris de l'embonpoint. L'accident avec la Bellanger n'est pas la première alerte : Horace de Viel Castel raconte que, quelques mois plus tôt, il a perdu connaissance deux fois, après une nuit trop bien remplie à Biarritz avec une femme « jeune, élégante, et très excellente écuyère ». Depuis longtemps déjà, son entourage

– famille, amis, mais aussi ministres – est inquiet des conséquences de sa vie débridée. Il est victime de nausées chroniques et ne peut plus lutter contre la somnolence qui le gagne de plus en plus souvent. Si le sexe ne l'a pas tué, il l'a en tout cas considérablement affaibli. De plus, il est atteint de la maladie de la pierre – un calcul rénal – qui le fait atrocement souffrir.

Il continuera pourtant à courir le guilledou. Avec l'une de ses dernières conquêtes, Louise de Mercy-Argenteau, et, assurent certains auteurs, avec une lingère des Tuileries, qu'il aurait engrossée.

Mais en août 1869, il est quasiment à l'article de la mort. Incapable de présider le Conseil des ministres au-delà de quelques minutes, il fait plusieurs syncopes. Soigné à l'opium, il reste hébété pendant des heures. Dans ses moments de lucidité, sa voix est inaudible, et son écriture illisible.

Et en 1870, lorsque éclate la guerre avec la Prusse, c'est un homme très amoindri, et du coup déprimé, qui prend la tête des troupes. Son calcul lui fait tellement mal qu'il ne peut plus se tenir à cheval. À plusieurs reprises, il s'expose au feu de l'ennemi, comme s'il cherchait la mort. Commandée par des généraux incapables, l'armée française est balayée. Lui-même est fait prisonnier. L'Empire tombe.

La famille impériale se réfugie alors en Angleterre. Les traitements que suit le monarque déchu améliorent provisoirement son état et lui redonnent quelque vigueur. Son âme de conjuré se réveille : en décembre 1872, avec quelques fidèles, il envisage un nouveau débarquement en France, sur le modèle de Strasbourg, ce qui n'était pas une référence très encourageante…

Mais le sursis est de courte durée : quelques semaines plus tard, une nouvelle crise se déclare. Des chirurgiens anglais tentent une opération, qui échoue. Le 9 janvier 1873, Napoléon III s'éteint dans le modeste manoir de Camden Place, dans un petit village du Kent. Il y avait séjourné trente ans plus tôt et y avait courtisé la fille du propriétaire, devenue marquise Campana, l'une de celles qui avaient financé son coup d'État…

*
**

Napoléon III a longtemps été vilipendé. Depuis une vingtaine d'années, les historiens ont plutôt tendance à le réhabiliter, faisant valoir que son règne a été marqué par une grande prospérité économique, un agrandissement du territoire national et une préoccupation de justice sociale. Reste la faute originelle : l'établissement de la monarchie par un coup de force, même si le régime, après avoir été autoritaire, est devenu plus libéral.

L'homme décontenançait ses contemporains : on ne savait pas par quel bout le prendre. Derrière son regard voilé, indéchiffrable, on ne savait jamais ce qu'il pensait. Pas plus ses maîtresses, qui n'avaient aucune influence politique sur lui, que ses ministres. Certains le tenaient pour un esprit confus, un ambitieux lunatique qui se prenait pour son oncle ; d'autres, au contraire, louaient l'intelligence véritable de cet homme ouvert, polyglotte – il parlait couramment l'anglais, l'allemand et l'italien –, et curieux de tout, notamment des sciences.

Mais tous ceux qui l'ont approché sont unanimes pour lui reconnaître de profondes qualités humaines. Même ses ennemis politiques. L'homme n'est pas d'un tempérament hautain : il est sobre, il a des goûts simples et méprise le luxe. Il ne manque ni d'indulgence ni d'humour. « Quel gouvernement que le mien ! s'écrie-t-il un jour. L'impératrice est légitimiste, Napoléon-Jérôme républicain, Morny orléaniste ; je suis moi-même socialiste. Il n'y a de bonapartiste que Persigny, mais il est fou. »

Peu rancunier, il nommera sénateur plusieurs des juges qui l'avaient condamné après son équipée de Boulogne. En 1851, peu après le coup d'État qui allait faire de lui un empereur, le commandant de la garnison du fort de Ham, un certain Demarle, qui l'avait eu comme prisonnier, reçoit l'ordre de se rendre immédiatement à Paris. Persuadé que sa dernière heure est venue, il arrive en tremblant aux Tuileries… pour s'entendre nommer gouverneur du palais de Saint-Cloud. « Vous m'avez si bien gardé à Ham que vous me garderez aussi bien à Saint-Cloud. » Le futur Napoléon III en profite pour remercier sa femme des attentions culinaires qu'elle avait eues à son endroit pour améliorer l'ordinaire médiocre de son régime.

Il est généreux. Victor Duruy, qui fut son ministre pendant six ans, écrit dans ses *Notes et souvenirs* : « Que de fois l'ai-je vu arriver au Conseil avec des projets d'assistance pour les faibles et les dépourvus ! Sa main était ouverte : elle s'ouvrait même trop[1]. » Émile Ollivier, un autre de ses principaux ministres, le confirme : « On ne conteste plus qu'il ne fut très bon… La qualité royale, c'est la justice ; elle est la véritable bonté des rois. L'empe-

1. Victor Duruy, *Notes et souvenirs (1811-1894)*, Paris, Hachette, 1901.

reur la possédait à un haut degré ; cela corrigeait un peu l'excessif de sa bonté… » Il avait un vrai souci du peuple et de l'amélioration du sort des plus défavorisés. Il a légalisé la grève. À maintes reprises, il a puisé dans sa cassette personnelle pour des caisses de retraite de travailleurs, des logements ouvriers, des hospices. Cette générosité se manifestait aussi envers ses anciennes maîtresses : elles ont toujours pu compter sur lui.

Il ne manquait pas de compassion. Il gracia à titre personnel de nombreux condamnés. Comme Louis XV, il répugnait à faire couler le sang : il fut bouleversé par les quarante mille morts de la bataille de Solférino.

Enfin, il n'a jamais été un homme d'argent. Il a longtemps connu des difficultés financières, au point d'être souvent dans la gêne. Prisonnier, il a même dû se défaire de son cheval, faute de pouvoir l'entretenir, renonçant ainsi à l'une de ses rares distractions. Une fois arrivé au pouvoir, il ne s'est pas privé de puiser largement dans les caisses de l'État pour satisfaire ses caprices amoureux, mais il ne s'est jamais constitué une fortune personnelle considérable. Il n'a jamais boursicoté, ni fait de placements lucratifs, ce qui lui aurait été facile.

Il ne mourra pas riche. Il laissera quelque 50 millions d'euros, dont la moitié servit à rembourser des dettes. Pour un homme qui a régné sur la France, c'est une misère. On est loin, très loin, de l'immense patrimoine des Orléans, autre famille régnante déchue, qui, elle, avait amassé une énorme fortune…

BIBLIOGRAPHIE SÉLECTIVE

ALBERT, Nicole G., *La Castiglione, vie et métamorphoses*, Perrin, 2011.

ANCEAU, Éric, *Napoléon III*, Paris, Tallandier, 2012.

CARMONA, Michel, *Morny, le vice-empereur*, Paris, Fayard, 2005.

DECAUX, Alain, *La Castiglione*, Paris, Perrin, 2001.

DECKER, Michel (de), *Napoléon III ou l'Empire des sens*, Paris, Belfond, 2008.

GLIKMAN, Juliette, *Louis-Napoléon prisonnier. Du fort de Ham aux ors des Tuileries*, Paris, Aubier, 2011.

MILZA, Pierre, *Napoléon III*, Paris, Perrin, 2004.

SMITH, William, *Eugénie, impératrice et femme (1826-1920)*, Paris, Olivier Orban, 1989.

VIEL CASTEL, Horace de, *Mémoires du comte Horace de Viel Castel sur le règne de Napoléon III (1851-1864)*, Paris, Guy Le Prat Éditeur, 1979.

CONCLUSION

À première vue, le bilan n'est pas édifiant.

Voilà des hommes peu faits pour exercer le pouvoir, mal préparés, souvent incultes, parfois grossiers. Des hommes qui ne se sont pas privés de faire passer leur plaisir avant leur devoir. Qui ont souvent négligé les affaires de l'État. Qui l'ont entraîné dans des aventures hasardeuses, ainsi que dans des guerres, pour des motifs strictement privés. Qui ont largement puisé dans les caisses publiques pour satisfaire leur libido. Qui ont profité de leur situation pour abuser de femmes, voire d'enfants. Dans certains cas, des violeurs et des pédophiles qui, aujourd'hui, iraient croupir en prison.

Qui sont coupables, en somme, d'incompétence, d'inconsistance, de prévarication, de gaspillage et de crimes. C'est le procès qu'on fit aux Capet à la Révolution, et l'opprobre dans laquelle on a longtemps tenu Napoléon III.

Ces monarques étaient-ils pour autant tous des monstres, dépourvus d'humanité et de tout sens moral ? Des cyniques absolus ? Des pervers dans l'âme ? Ont-ils, dans d'autres domaines, fait preuve de déviances, de cruautés, d'infamies ? En aucune manière : François Ier est brave, Henri IV a du cœur, Louis XIV sait se montrer délicat, Louis XV est sensible, Napoléon III est généreux. Dans l'ensemble, ces souverains ne sont pas des hommes pires que les autres. Au demeurant, tous n'étaient même pas naturellement portés vers les plaisirs de la chair : c'est le cas de Louis XV, par exemple, qui devint pourtant un forcené de la chose et que l'historien Maurice Lever qualifie de « libertin malgré lui ».

Ce n'est donc pas du côté des individus qu'il faut chercher les raisons de ces dérèglements, mais plutôt du côté de la nature de leur pouvoir. Car il y a un constat historique que l'on peut faire pour n'importe quelle époque : toute dictature dégénère en bacchanale. Staline, Mao ou Kadhafi ont également été de féroces prédateurs sexuels. Au-delà du plaisir ou de l'amour, le sexe est aussi affaire de morale : tout est-il permis ? Jusqu'où peut-on aller sans porter atteinte à l'intégrité de l'autre ? Or, le pouvoir absolu repousse les limites de la morale – quand il ne l'abolit pas purement et simplement. Dès lors, pourquoi se gêner ?

Il y a cependant quelque chose de morbide dans cette addiction, comme si le sexe avait été pour eux une sorte de divertissement pascalien. Un moyen d'échapper à la mort lente que constituait une vie pour laquelle la plupart n'étaient pas faits : renier sa nature, c'est mourir à petit feu. L'une des dimensions du plaisir, c'est aussi l'oubli…

Quelque chose de morbide et de maladif. Peut-être, en effet, faut-il faire la part de l'effroyable consanguinité qui frappe la majorité d'entre eux. Le généalogiste André de Maricourt et le docteur Maurice de Bertrandfosse ont calculé, dans leur livre *Les Bourbons*[1], que Louis XV, au lieu de compter soixante-quatre aïeux sur six générations, comme un homme normal, en avait seulement... vingt-huit, par suite de mariages entre cousins, ou entre oncles et nièces. C'est-à-dire moins de la moitié. Il descendait sept fois d'Henri IV, mort cent ans seulement avant sa naissance ! Louis XIV lui-même, son arrière-grand-père, avait épousé Marie-Thérèse d'Autriche, qui était deux fois sa cousine germaine, par leur père et leur mère respectifs.

Chez nombre de Valois et de Bourbons, cette consanguinité a produit beaucoup de tarés. La famille des Condé – des cousins des Bourbons – en offre un exemple saisissant : ils sont presque tous, sur plusieurs générations, atteints de tares congénitales, physiques ou mentales : bossus, fous, violents ou sadiques. Dans nombre de familles royales d'Europe, poussées pendant des siècles par des considérations politiques et dynastiques à s'allier entre elles, on constate aussi de nombreux cas de démence ou de débilité. Le célèbre tableau de Goya représentant les Bourbons d'Espagne en est une cruelle illustration...

De ce point de vue, ce ne sont pas des gens tout à fait comme les autres : ces hommes ont dû assumer

1. André de Maricourt et Maurice de Bertrandfosse, *Les Bourbons*, Paris, Éditions Émile-Paul frères, 1963.

une lourde – très lourde – hérédité, qui n'est peut-être pas étrangère à leurs débordements…

Finalement, qu'aurions-nous fait à leur place ? D'un côté demi-dieux, maîtres sans partage et riches comme Crésus, de l'autre privés d'amour par raison d'État, d'amis désintéressés, et rongés par l'ennui de la charge. Avec toutes les femmes à leurs pieds. Qu'aurions-nous fait ?…

TABLE DES MATIÈRES

Direction littéraire
Huguette Maure
assistée de Marion Salort

Composition PCA
44400 – Rezé

Imprimé en Espagne
Dépôt légal : avril 2013
N° d'impression : 01
ISBN : 978-2-7499-1888-4
LAF 16-68